LGPD NA ADMINISTRAÇÃO PÚBLICA

O GEN | Grupo Editorial Nacional – maior plataforma editorial brasileira no segmento científico, técnico e profissional – publica conteúdos nas áreas de concursos, ciências jurídicas, humanas, exatas, da saúde e sociais aplicadas, além de prover serviços direcionados à educação continuada.

As editoras que integram o GEN, das mais respeitadas no mercado editorial, construíram catálogos inigualáveis, com obras decisivas para a formação acadêmica e o aperfeiçoamento de várias gerações de profissionais e estudantes, tendo se tornado sinônimo de qualidade e seriedade.

A missão do GEN e dos núcleos de conteúdo que o compõem é prover a melhor informação científica e distribuí-la de maneira flexível e conveniente, a preços justos, gerando benefícios e servindo a autores, docentes, livreiros, funcionários, colaboradores e acionistas.

Nosso comportamento ético incondicional e nossa responsabilidade social e ambiental são reforçados pela natureza educacional de nossa atividade e dão sustentabilidade ao crescimento contínuo e à rentabilidade do grupo.

LUÍS MANOEL BORGES DO VALE
RAFAEL CARVALHO REZENDE OLIVEIRA

LGPD NA ADMINISTRAÇÃO PÚBLICA

- Os autores deste livro e a editora empenharam seus melhores esforços para assegurar que as informações e os procedimentos apresentados no texto estejam em acordo com os padrões aceitos à época da publicação, e todos os dados foram atualizados pelos autores até a data de fechamento do livro. Entretanto, tendo em conta a evolução das ciências, as atualizações legislativas, as mudanças regulamentares governamentais e o constante fluxo de novas informações sobre os temas que constam do livro, recomendamos enfaticamente que os leitores consultem sempre outras fontes fidedignas, de modo a se certificarem de que as informações contidas no texto estão corretas e de que não houve alterações nas recomendações ou na legislação regulamentadora.

- Fechamento desta edição: 01.11.2024

- Os autores e a editora se empenharam para citar adequadamente e dar o devido crédito a todos os detentores de direitos autorais de qualquer material utilizado neste livro, dispondo-se a possíveis acertos posteriores caso, inadvertida e involuntariamente, a identificação de algum deles tenha sido omitida.

- Atendimento ao cliente: (11) 5080-0751 | faleconosco@grupogen.com.br

- Direitos exclusivos para a língua portuguesa
  Copyright © 2025 by
  Editora Forense Ltda.
  Uma editora integrante do GEN | Grupo Editorial Nacional
  Travessa do Ouvidor, 11 – Térreo e 6º andar
  Rio de Janeiro – RJ – 20040-040
  www.grupogen.com.br

- Reservados todos os direitos. É proibida a duplicação ou reprodução deste volume, no todo ou em parte, em quaisquer formas ou por quaisquer meios (eletrônico, mecânico, gravação, fotocópia, distribuição pela Internet ou outros), sem permissão, por escrito, da Editora Forense Ltda.

- Capa: Aurélio Corrêa

- **CIP-BRASIL. CATALOGAÇÃO NA PUBLICAÇÃO**
  SINDICATO NACIONAL DOS EDITORES DE LIVROS, RJ

V243L

    Vale, Luís Manoel Borges do
        LGPD na administração pública / Luís Manoel Borges do Vale, Rafael Carvalho Rezende Oliveira. - 1. ed. - [2. Reimp] - Rio de Janeiro : Forense, 2025.
        232 p. ; 24 cm.

    Apêndice
    Inclui bibliografia
    ISBN 978-85-3099-573-7

        1. Brasil. [Lei geral de proteção de dados pessoais (2018)]. 2. Proteção de dados - Legislação - Brasil. 3. Administração pública. 4. Direito administrativo - Brasil. 5. Serviço público - Brasil - Concursos. I. Oliveira, Rafael Carvalho Rezende. II. Título.

24-94551   CDU: 343.45:351.(81)

Meri Gleice Rodrigues de Souza - Bibliotecária - CRB-7/6439

AGRADECIMENTOS

O presente livro é dedicado a todos os profissionais que, diuturnamente, lutam pela consolidação de uma cultura de proteção de dados pessoais, especialmente nas imbricadas estruturas estatais.

Não poderíamos deixar de render homenagens ao saudoso Danilo Doneda que, em sua exponencial capacidade de arquitetar novas e arrojadas ideias, pavimentou os caminhos necessários à compreensão, em amplitude e verticalidade, do direito fundamental à proteção de dados pessoais.

Aos nossos familiares é necessário deixar registrada a gratidão eterna pela capacidade ilimitada de nos impulsionar e pela paciência sublime para compreender, por vezes, nossa ausência.

Por fim, agradecemos à Procuradora-Geral do Estado do Mato Grosso do Sul, Ana Carolina Ali Garcia; à Chefe da Escola Superior da Advocacia Pública do Estado do Mato Grosso do Sul, Ludmila Russi; e à querida amiga Carla Rafaela, por incentivarem, a partir de suas respectivas posturas institucionais, a produção deste livro.

Luís Manoel Borges do Vale
Rafael Carvalho Rezende Oliveira

APRESENTAÇÃO

A sociedade passa, atualmente, por um processo de digitalização, o qual tem modificado a dinâmica das relações intersubjetivas. As interações multiplicadas no ciberespaço exigem que a normatividade dê conta não apenas dos desafios de proteção das garantias e dos direitos fundamentais previstos constitucionalmente, mas também promova novos arranjos para tutelar contextos antes inimagináveis sob um olhar analógico.

É o tempo de consolidação, portanto, do denominado *homo digitalis*,[1] cuja conectividade plena tem impactado o direito, independentemente da área na qual se atue. Institutos clássicos não mais são suficientes para responder a um cenário complexificado, de tal modo que é preciso refundar premissas.

Esse novo cenário é marcado por uma produção exponencial de dados que são diuturnamente processados por sistemas computacionais inteligentes, promovendo a identificação de padrões e classificações antes operacionalmente não factíveis. Sem dúvida, os dados constituem uma das *commodities* mais valiosas do mercado e o seu tratamento em escala tem gerado, em alguns ambientes, grandes monopólios e oligopólios deveras questionáveis sob a premissa basilar da livre concorrência. Tem-se, portanto, a tão propalada *data-driven economy*[2] ou economia orientada por dados.

Na seara pública, estão mapeados os contornos de uma governabilidade digital, em consonância com o que dispõe a Lei 14.129, de 29 de março de 2021, de

---

[1] VESTING, Thomas. *Gentleman, gesto, homo digitalis*: a transformação da subjetividade jurídica na modernidade. São Paulo: Contracorrente, 2022. p. 267.

[2] FRAZÃO, Ana. Fundamentos da proteção dos dados pessoais: noções introdutórias para a compreensão da importância da Lei Geral de Proteção de Dados. *In*: FRAZÃO, Ana; TEPEDINO, Gustavo; OLIVA, Milena Donato (coord.). *Lei Geral de Proteção de Dados Pessoais e suas repercussões no direito brasileiro*. 3. ed. São Paulo: Thomson Reuters Brasil, 2023. p. 35.

tal modo que a arquitetura de políticas públicas deve ser orientada por dados, possibilitando, assim, a alocação eficiente de recursos.[3]

Alçada à condição de direito fundamental autônomo,[4] a proteção de dados pessoais, cujos delineamentos estão bem esquadrinhados na Lei Geral de Proteção de Dados – LGPD (Lei 13.709, de 14 de agosto de 2018), tem sido objeto de reiteradas violações, no bojo da sociedade digital, razão pela qual é preciso amadurecer as discussões sobre os mecanismos de tutela adequada desse direito.

O presente livro, portanto, ao divisar a complexa e multifacetada estrutura da Administração Pública, propõe-se a mapear os caminhos necessários ao estabelecimento da plena conformidade do aparato estatal às exigências da LGPD.

Afinal de contas, não é possível ignorar que os entes estatais se sobressaem como os principais agentes de tratamento do contexto nacional, tendo em vista que, para o exercício de suas competências constitucionalmente estabelecidas, centraliza, em suas bases, uma quantidade massiva de dados pessoais.

Observar-se-á, ainda, a partir de uma perspectiva macro, o papel fiscalizatório do Poder Público (principalmente por meio da Autoridade Nacional de Proteção de Dados – ANPD), que deve se voltar à efetiva densificação do arcabouço normativo ligado ao direito fundamental à proteção dos dados pessoais.

Lança-se também, como não poderia deixar de ser, um olhar para as questões processuais que envolvem a LGPD, promovendo-se um franco diálogo com temas já analisados pelo Poder Judiciário e com repercussão prática no agir administrativo.

A interação sistêmica entre a LGPD e a Lei de Acesso à Informação – LAI (Lei 12.527, de 18 de novembro de 2011) foi abordada, minuciosamente, com o objetivo de aclarar a plena compatibilidade entre os diplomas normativos, destacando-se as funções próprias que cada um deles exerce, no âmbito do Estado Democrático de Direito.

---

[3] O art. 24, VII, da Lei 14.129, de 29 de março de 2021, assim dispõe: "Art. 24, VII – realizar a gestão das suas políticas públicas com base em dados e em evidências por meio da aplicação de inteligência de dados em plataforma digital".

[4] Antes mesmo da edição da Emenda Constitucional 115, de 10 de fevereiro de 2022, que, entre outras alterações, acresceu o inciso LXXIX ao art. 5º da Constituição Federal, com o objetivo de categorizar a proteção de dados pessoais como um direito fundamental, o STF já reconhecia a autonomia desse direito com relação à privacidade e à intimidade, nos termos do que foi pronunciado nas Ações Diretas de Inconstitucionalidade 6.387, 6.388, 6.389, 6.393 e 6.390. Nesse sentido, é válido destacar excerto do inteiro teor do acórdão: "A proteção de dados pessoais e a autodeterminação informativa são direitos fundamentais autônomos, que envolvem uma tutela jurídica e âmbito de incidência específicos. Esses direitos são extraídos da interpretação integrada da garantia da inviolabilidade da intimidade e da vida privada (art. 5º, X), do princípio da dignidade da pessoa humana (art. 1º, III) e da garantia processual do *habeas data* (art. 5º, LXXII), todos previstos na Constituição Federal de 1988" (ADI 6.387 MC-Ref, Rel. Rosa Weber, Tribunal Pleno, j. 07.05.2020, *DJe*-270, divulg. 11.11.2020, public. 12.11.2020).

Por fim, questões atuais e desafiadoras não passaram ao largo das linhas opinativas aqui apresentadas, com destaque para os impactos do uso da inteligência artificial no tratamento de dados efetuado pelo Poder Público e para o regime jurídico de responsabilização decorrente da violação às exigências previstas na LGPD.

Espera-se, com entusiasmo, que o livro sirva de referencial para todos aqueles que, de alguma maneira, desejam compreender os transversais impactos que a LGPD provoca em todos os órgãos e entidades da Administração Pública.

Maceió – AL/Rio de Janeiro – RJ, outubro de 2024.

Luís Manoel Borges do Vale

Rafael Carvalho Rezende Oliveira

PREFÁCIO

O desenvolvimento tecnológico que a nossa sociedade experimenta desde a popularização da internet, na década de 1990, já propiciou mais mudanças do que seria possível e desejável enumerar nesta breve apresentação. Nossa maneira de pensar, produzir, consumir, comunicar, informar, empreender e nos relacionar foi e, ao que tudo indica, continuará sendo profundamente impactada pela tecnologia. Somos contemporâneos da revolução tecnológica, mas nem sequer sabemos até onde ela poderá nos levar.

A velocidade com que a tecnologia se desenvolve modifica até mesmo a nossa relação com o tempo. Alguns de nós se esquecem o quão rapidamente a nossa maneira de ouvir música passou dos discos de LP ao *streaming*, enquanto outros se entretêm descrevendo para as novas gerações aparelhos como máquinas de escrever, discmans e aparelhos de telefone fixo. Entre o entusiasmo e o medo, assistimos a tecnologia construir e reconstruir um admirável mundo novo, de forma mais rápida do que nossa capacidade de adaptação.

Nessa nova ordem moldada pela tecnologia, os dados pessoais despontam como a principal fonte de riqueza, ocupando um lugar que outrora já pertenceu à propriedade e ao contrato[5]. A proteção da privacidade, que vinha sendo discutida desde o século XIX, ganhou um novo impulso legislativo no final do século XX

---

[5] Recorde-se do pensamento da Sumner Maine, historiador inglês, que cunho no século XIX o pensamento que ficou conhecido como 'Lei de Maine', segundo a qual a evolução jurídica consiste na passagem da agregação necessária à associação voluntária, ou do estatuto (*'status'* em sua linguagem) ao contrato. Cf. AZEVEDO, Antônio Junqueira de. Princípios do novo direito contratual e desregulamentação do mercado; direito de exclusividade nas relações contratuais de fornecimento; função social do contrato e responsabilidade aquiliana do terceiro que contribui para inadimplemento contratual. In: *Função social do direito*. São Paulo: 2009. p. 196-206.

e início do século XXI[6]. E o Estado, que no primeiro momento era visto como a principal ameaça à privacidade[7], foi chamado a protegê-la.

No Brasil, a Lei 13.709/2018, conhecida como Lei Geral de Proteção de Dados (LGPD), com as modificações implementadas pela Lei 13.853/2019, é o principal diploma legal voltado para a proteção dos dados pessoais. Suas normas devem ser observadas por entes públicos[8] e privados, seja na qualidade de agente de tratamento[9], ou, ainda, no caso da Administração Pública, na Autoridade Nacional de Proteção de Dados (ANPD)[10].

É, portanto, curioso que, desde a sua promulgação, a LGPD tenha sido muito mais explorada doutrinariamente no âmbito do Direito Privado do que no Direito Público[11]. Também no âmbito jurisprudencial, a maioria dos acórdãos que tratam desta lei no Superior Tribunal de Justiça são dos órgãos voltados para conhecimento e julgamento de demandas de Direito Privado[12]. Este campo jurídico tem

---

[6] BELLIZZE OLIVEIRA, Marco Aurélio; PEREIRA LOPES, Isabela Maria. Os princípios norteadores da proteção de dados pessoais no Brasil e sai otimização pela Lei 13.709/2018. TEPEDINO, Gustavo; FRAZÃO, Ana; OLIVA, Milena Donato (coord.). *Lei Geral de Proteção de Dados Pessoais e suas repercussões no Direito brasileiro*. 2. ed. São Paulo: Revista dos Tribunais, 2020. p. 53-82.

[7] PAESANI, Liliana Minardi. *Direito e internet*: liberdade de informação, privacidade e responsabilidade civil. 4. ed. São Paulo: Atlas, 2008. p. 36; MENDES, Laura Schertel. O direito fundamental à proteção de dados pessoais. *Revista de Direito do Consumidor*, v. 20, n. 79, jul.-set. 2011, p. 45-82.

[8] Destacam-se o parágrafo único do art. 1º: "As normas gerais contidas nesta Lei são de interesse nacional e devem ser observadas pela União, Estados, Distrito Federal e Municípios". (BRASIL, 2019); e o *caput* do art. 3º: "Esta Lei aplica-se a qualquer operação de tratamento realizada por pessoa natural ou por pessoa jurídica de direito público ou privado, independentemente do meio, do país de sua sede ou do país onde estejam localizados os dados, desde que: (...)". (BRASIL, 2018).

[9] Conforme disciplinado nos incisos VI, VII e IX do art 5º da LGPD, agentes de tratamento é o termo genérico para referir-se ao controlador e ao operador, sendo que o primeiro é a pessoa natural ou jurídica responsável pelas decisões referentes ao tratamento dos dados pessoais, enquanto o segundo é aquele que realiza o tratamento dos dados em nome do controlador.

[10] A Agência Nacional de Proteção de Dados é um órgão da administração pública responsável por zelar, implementar e fiscalizar o cumprimento da LGPD em todo o território nacional, conforme disposto no inciso XIX do art. 5º da Lei. (BRASIL, 2019).

[11] Uma rápida pesquisa feita em 01 de outubro de 2024 no sistema da RVBI, com o assunto "LGPD" tem como resultado 877 itens, dos quais: cerca de 269 são relacionados diretamente ao Direito Privado, 226 são específicos de tecnologia e da LGPD de uma maneira geral – obras que tratam da vigência, comentários que envolvem toda a lei ou temas especificamente relacionados a tecnologia, apenas 126 têm relação com o Direito Público, ao passo que 118 estão relacionados ao Direito do Trabalho, 54 com o processo e o Poder Judiciário, 30 com o Direito Comparado ou Internacional e 21 com os direitos fundamentais. Os demais temas não têm uma quantidade relevante de produção bibliográfica.

[12] Uma pesquisa no sítio eletrônico do STJ (https://scon.stj.jus.br/SCON/), realizada em 01 de outubro de 2024, usando a ferramenta "pesquisa avançada" e como metadado a LGPD resulta em 10 acórdãos, sendo 5 da Terceira Turma, 2 da Quarta Turma, 1 da Corte Especial, 1 da Segunda Turma e 1 da Sexta Turma. Na mesma data, uma pesquisa usando como metadados:

se mostrado mais fecundo para o tratamento legal das inovações tecnológicas e digitais que se apresentam em nosso tempo, a ponto de a Comissão de Juristas responsável pela elaboração do Projeto de Lei para atualização do Código Civil ter incluído em sua proposta o acréscimo do Livro VI, neste diploma legal, para tratar do Direito Civil Digital, tendo entre seus fundamentos a proteção de dados pessoais e da privacidade no ambiente digital[13].

Mas a complexidade do desafio de assegurar a efetiva proteção dos dados pessoais não permite que a Administração Pública deixe de assumir as responsabilidades que lhes foram atribuídas pela LGPD. Isso porque sua atuação como controladora ou operadora de dados pessoais é hoje essencial para garantir acesso e efetividade de políticas públicas voltadas para a concretização das diretrizes constitucionais, como o acesso à saúde, segurança, educação, cultura e tantos outros direitos básicos.

Além disso, a ANPD precisa atuar não apenas na fiscalização e repressão da atuação dos agentes de tratamento que se afastarem da LGPD, mas na criação e implementação de uma Política Nacional de Proteção de Dados Pessoais e Privacidade. Essa função também lhe foi confiada pela LGPD, e considerando o *status* de direito fundamental ao qual foi alçada a proteção dos dados pessoais, após a Emenda Constitucional n. 115/2022, essa autarquia assume uma relevância estratégica e essencial para a efetivação da LGPD.

Os desafios contemporâneos têm nos ensinando que a prevenção é quase sempre mais eficaz e menos penosa do que a reparação. A proteção de dados exige muito mais do que uma atuação repressiva do Estado, por meio do poder de polícia ou mesmo das condenações judiciais. Uma política nacional que priorize a proteção das informações estratégicas, dos dados sensíveis e promova a conscientização da população acerca do valor, não só mercadológico como axiológico, de seus dados pessoais é um pilar indispensável para a segurança e a privacidade daqueles que fazem parte da sociedade brasileira. Além disso, a garantia de um padrão de equilíbrio desejável nas mais diversas relações jurídicas que são formadas no mundo hoje, e que tendem a se intensificar, também depende diretamente do empenho e do sucesso dessa política de proteção de dados.

Nesse panorama, é com imensa alegria e curiosidade que a comunidade jurídica deve receber esta obra escrita por Luís Manoel Borges do Vale e Rafael Carvalho Rezende Oliveira, voltada para a aplicação da LGPD no âmbito da

---

"proteção" e "dados pessoais" resulta em 59 acórdãos, sendo: 2 acórdãos da Primeira Turma, 2 acórdãos da Segunda Turma, 19 acórdãos da Terceira Turma, 4 acórdãos da Quarta Turma, 18 acórdãos da Quinta Turma, 9 acórdãos da Sexta Turma, 4 acórdãos da Terceira Seção e 1 acórdão da Corte Especial.

[13] A redação proposta para o quinto artigo do Livro VI: "São fundamentos da disciplina denominada direito civil digital: I – o respeito à privacidade, à proteção de dados pessoais e patrimoniais, bem como à autodeterminação informativa".

Administração Pública. Ela resulta da poderosa combinação do estudo profundo dos autores e de sua atuação prática como procuradores do estado de Alagoas e da cidade do Rio de Janeiro, respectivamente. A reunião dos esforços acadêmicos e práticos é o um caminho próspero para formar um jurista completo, pois é capaz de municiá-lo do conhecimento e da destreza necessários para construir as melhores soluções para problemas concretos, mantendo viva a essência do direito como a arte do bom e do justo[14]. Por isso, ela jamais deve ser subestimada.

Essa feliz característica se faz presente em toda a obra, que aborda tanto os pontos fundamentais para o conhecimento da disciplina jurídica da proteção de dados quanto seus aspectos práticos. Das fontes normativas, passando pelos conceitos fundamentais, as categorias essenciais criadas pela LGPD, os sujeitos envolvidos e suas peculiaridades, o conteúdo dos direitos e deveres de cada um deles, até os aspectos práticos e processuais indispensáveis para efetivar a proteção legalmente almejada. Corajosamente, nem mesmo os dilemas que hoje se colocam ao Poder Público, como os processos estruturais e o uso da inteligência artificial pelos entes públicos, foram ignorados pelos autores.

A obra também apresenta interessantes nuances no tratamento dos dados pela Administração Pública, que envolve desde as pessoas jurídicas de direito público até as empresas públicas e as sociedades de economia mista, sendo que estas podem estar voltadas tanto para a atuação no mercado em regime de concorrência com empresas privadas, como para a operacionalização de políticas públicas.

Com efeito, a obra aborda a relevante discussão acerca dos critérios para interpretar e aplicar o art. 24 da LGPD, e identificar o regime jurídico a ser aplicado a cada empresa pública. Igualmente relevante é o tratamento claro e distinto que os autores direcionaram para a responsabilidade civil e a responsabilidade administrativa, já que o legislador se valeu de ambas na construção da LGPD.

O esforço chega em momento oportuno, pois já decorrido tempo suficiente para que a LGPD esteja integralmente em vigor[15]. Também é profícuo que a ANPD, tendo sido criada pela Lei 14.460/2022, já esteja organizada e apta a começar a desempenhar o *múnus* para o qual foi criada[16]. Assim, mais do que

---

[14] A definição de Celso foi citada por Ulpiano no Digesto: "o direito é a arte do bom e do justo" (D., I, I, 1).

[15] O início da vigência da LGPD foi bastante confuso, por força de sucessivas modificações implementadas pelas Leis 13.853/2019, 14.010/2020 e 14.058/2020 no art. 65 da Lei, que fizeram com que parcelas da referida lei entrassem em vigência de forma progressiva.

[16] A autarquia já dispõe de site eletrônico que informa sua composição, organização, cronograma de atividades e oferece serviços à população, em termos de disponibilização de informação, de comunicação de incidentes de segurança e de denúncias por descumprimento da LGPD: https://www.gov.br/anpd/pt-br. Acesso em: 1º out. 2024.

apresentar a estrutura e os objetivos legais desta autarquia, a obra em questão é uma das pioneiras a trazer uma análise concreta da atuação da ANPD no início de sua missão[17].

Essa empreitada de fôlego é coroada por uma criteriosa seleção de decisões judiciais que trataram do direito fundamental à proteção de dados pessoais, combinando uma profunda análise dogmática com os aspectos práticos da aplicação da LGPD. Assim, os autores mantêm firme o seu propósito e compromisso de entregar ao leitor uma obra que aborda das diretrizes e princípios às discussões que perfilharam a solução dos problemas concretos já enfrentados no âmbito do Poder Judiciário, no tema da proteção de dados pessoais.

Não poderia encerrar este prefácio sem cumprimentar efusivamente os autores pela qualidade e profundidade dos conhecimentos que proporcionam sobre um tema tão candente e difícil. O convite para escrever esta dispensável apresentação não apenas me honra, mas renova minha fé na capacidade de nossos juristas para enfrentar os tormentosos desafios que o desenvolvimento tecnológico nos coloca. Desejo ao leitor que encontre nas seguintes páginas, além de todo o conhecimento que elas contêm, a mesma oportunidade de renovar as suas forças para aprimorar a proteção de nossos direitos e melhorar a nossa sociedade.

Rio de Janeiro, outubro de 2024.

Ministro Marco Aurélio Bellizze

---

[17] Menciona-se como exemplo desta atuação a Medida Preventiva emitida pela ANPD em 02 de julho de 2024 determinando a suspensão da política de privacidade da Meta que autorizava o uso de dados pessoais publicados em suas plataformas para treinamento de sistemas de inteligência artificial.

SUMÁRIO

Capítulo 1 – IMPORTÂNCIA, HISTÓRICO E FONTES NORMATIVAS DA PROTEÇÃO DE DADOS.. 1

Capítulo 2 – FUNDAMENTOS E PRINCÍPIOS DA LGPD 7

    2.1.   Princípio da boa-fé 7

    2.2.   Princípio da finalidade 8

    2.3.   Princípio da adequação 8

    2.4.   Princípio da necessidade 9

    2.5.   Princípio do livre acesso 9

    2.6.   Princípio da qualidade dos dados 10

    2.7.   Princípio da transparência 10

    2.8.   Princípio da segurança 11

    2.9.   Princípio da prevenção 11

    2.10. Princípio da não discriminação 12

    2.11. Princípios da responsabilização e prestação de contas 12

Capítulo 3 – CONCEITO DE DADO PESSOAL E ÂMBITO DE INCIDÊNCIA DA LGPD 13

    3.1.   Conceito de dado pessoal 13

    3.2.   Aplicação da LGPD 16

    3.3.   Inaplicabilidade da LGPD 18

        3.3.1.   Tratamento de dados pessoais realizado por pessoa natural para fins exclusivamente particulares e não econômicos 18

        3.3.2.   Tratamento de dados pessoais realizado para fins exclusivamente jornalísticos, artísticos ou acadêmicos 19

        3.3.3.   Tratamento de dados pessoais realizado para fins exclusivos de segurança pública, defesa nacional, segurança do Estado ou atividades de investigação e repressão de infrações penais 21

3.3.4. Tratamento de dados pessoais provenientes de fora do território nacional e que não sejam objeto de comunicação, uso compartilhado de dados com agentes de tratamento brasileiros ou objeto de transferência internacional de dados com outro país que não o de proveniência, desde que o país de proveniência proporcione grau de proteção de dados pessoais adequado ao previsto na LGPD 22

Capítulo 4 – TRATAMENTO DE DADOS PESSOAIS 25

4.1. Exigências para o tratamento de dados pessoais 25

    4.1.1. Consentimento 26

    4.1.2. Cumprimento de obrigação legal ou regulatória pelo controlador 28

    4.1.3. Tratamento pela Administração Pública, para o tratamento e uso compartilhado de dados necessários à execução de políticas públicas previstas em leis e regulamentos ou respaldadas em contratos, convênios ou instrumentos congêneres, observadas as disposições do Capítulo IV da LGPD 28

    4.1.4. Estudos por órgão de pesquisa, garantida, sempre que possível, a anonimização dos dados pessoais 28

    4.1.5. Execução de contrato ou de procedimentos preliminares relacionados a contrato do qual seja parte o titular, a pedido do titular dos dados 29

    4.1.6. Exercício regular de direitos em processo judicial, administrativo ou arbitral 29

    4.1.7. Proteção da vida ou da incolumidade física do titular ou de terceiro 30

    4.1.8. Tutela da saúde, exclusivamente, em procedimento realizado por profissionais de saúde, serviços de saúde ou autoridade sanitária 30

    4.1.9. Atendimento dos interesses legítimos do controlador ou de terceiro, exceto no caso de prevalecerem direitos e liberdades fundamentais do titular que exijam a proteção dos dados pessoais 30

    4.1.10. Proteção do crédito, inclusive quanto ao disposto na legislação pertinente.... 31

4.2. Tratamento de dados pessoais sensíveis 32

4.3. Tratamento de dados de crianças e de adolescentes 36

4.4. Término do tratamento de dados pessoais 38

Capítulo 5 – DIREITOS DO TITULAR 41

5.1. Direito à confirmação da existência de tratamento 43

5.2. Direito de acesso aos dados pessoais 43

5.3. Direito à correção de dados incompletos, inexatos ou desatualizados 44

5.4. Direito à anonimização, bloqueio ou eliminação de dados desnecessários, excessivos ou tratados em desconformidade com a LGPD 45

5.5. Direito à portabilidade 46

5.6. Direito à eliminação de dados pessoais tratados com o consentimento do titular 47

5.7. Direito à informação das entidades públicas e privadas com as quais o controlador realizou o uso compartilhado de dados 48

5.8. Direito à informação sobre a possibilidade de não fornecer consentimento e sobre as consequências da negativa 48

5.9. Direito à revogação do consentimento 49

5.10. Direito à revisão e à explicação de decisões automatizadas 49

SUMÁRIO | **XIX**

Capítulo 6 – LGPD E ADMINISTRAÇÃO PÚBLICA 51

6.1. Delimitação da aplicação da LGPD à Administração Pública 51

6.2. Assimetria de tratamento para empresas estatais que atuam em regime concorrencial e empresas estatais que promovem políticas públicas 56

6.3. Tratamento de dados pela Administração Pública 61

6.4. Compartilhamento interno e externo de dados pela Administração Pública 62

6.5. Responsabilidade e sanções administrativas aplicáveis aos órgãos e entidades públicos no âmbito da LGPD 66

6.6. Diálogo entre a LGPD e a LAI 69

Capítulo 7 – AGENTES DE TRATAMENTO (CONTROLADOR E OPERADOR) E ENCARREGADO 73

Capítulo 8 – SEGURANÇA, BOAS PRÁTICAS E GOVERNANÇA 81

Capítulo 9 – AUTORIDADE NACIONAL DE PROTEÇÃO DE DADOS (ANPD) 89

Capítulo 10 – CONSELHO NACIONAL DE PROTEÇÃO DE DADOS PESSOAIS E DA PRIVACIDADE 95

Capítulo 11 – RESPONSABILIDADE CIVIL E RESSARCIMENTO DE DANOS 97

Capítulo 12 – RESPONSABILIDADE ADMINISTRATIVA E AS SANÇÕES PREVISTAS NA LGPD 101

Capítulo 13 – ASPECTOS PROCESSUAIS DA PROTEÇÃO DE DADOS 111

13.1. Considerações gerais 111

13.2. Jurisdição nacional e internacional, em matéria de proteção de dados pessoais 113

13.3. Delimitação de competência territorial em demandas relacionadas à proteção de dados pessoais, nos casos que envolvam entes públicos 115

13.4. Legitimidade ativa e passiva do Poder Público em demandas relacionadas à proteção de dados pessoais 120

13.5. Inversão do ônus da prova 122

13.6. Tutela inibitória e proteção de dados pessoais 123

13.7. Proteção de dados e processos estruturais: o Poder Público na encruzilhada 126

Capítulo 14 – INTELIGÊNCIA ARTIFICIAL E PROTEÇÃO DE DADOS: DESAFIOS DA ADMINISTRAÇÃO PÚBLICA 129

14.1. A utilização de soluções de Inteligência Artificial Generativa desenvolvida por agentes privados (ChatGPT, Gemini, Claude e outros) pelos servidores públicos: a proteção de dados pessoais em jogo 142

REFERÊNCIAS 145

APÊNDICE 151

Capítulo 1

IMPORTÂNCIA, HISTÓRICO E FONTES NORMATIVAS DA PROTEÇÃO DE DADOS

A preocupação com a privacidade é antiga, destacando-se, no início dos debates, o artigo escrito por Samuel Warren e Louis Brandeis, em 1890, a respeito do direito à privacidade. Naquela oportunidade, os autores trabalharam com a noção do direito à privacidade, que incluía o "o direito de ser deixado em paz" (*right to be let alone*), a partir de uma ótica vinculada ao direito de propriedade e ao sistema do *common law*.[1]

O direito à privacidade evoluiu para ser inserido no âmbito dos direitos da personalidade e atrelado à dignidade da pessoa humana, afastando-se da visão patrimonialista tradicional, bem como foi incorporado, com o passar do tempo, aos ordenamentos jurídicos de diversos países, recebendo, também, previsão específica no art. 12 da Declaração Universal dos Direitos Humanos, em 1948.[2]

A partir da década de 1970, a proteção de dados pessoais, atrelada à efetividade do direito à privacidade, justificou a elaboração de normas específicas em

---

[1]   WARREN, Samuel D.; BRANDEIS, Louis D. The right to privacy. *Harvard Law Review*, v. 4, n. 5, p. 193-220, Dec. 1890. Nas palavras dos autores: "Political, social, and economic changes entail there cognition of new rights, and the common law, in its eternal youth, grows to meet the demands of society. Thus, in very early times, the law gave a remedy only for physical interference with life and property, for trespasses *vi et armis*. Then the 'right to life' served only to protect the subject from battery in its various forms; liberty meant freedom from actual restraint; and the right to property secured to the individual his lands and his cattle. Later, there came a recognition of man's spiritual nature, of his feelings and his intellect. Gradually the scope of these legal rights broadened; and now the right to life has come to mean the right to enjoy life – the right to be let alone; the right to liberty secures the exercise of extensive civil privileges; and the term 'property' has grown to comprise every form of possession – intangible, as well as tangible".

[2]   Declaração Universal dos Direitos Humanos: "Artigo 12. Ninguém será sujeito à interferência na sua vida privada, na sua família, no seu lar ou na sua correspondência, nem a ataque à sua honra e reputação. Todo ser humano tem direito à proteção da lei contra tais interferências ou ataques".

diversos países e o reconhecimento da sua relevância no âmbito jurisprudencial. Assim, por exemplo: lei de dados da Suécia em 1973; lei federal de proteção de dados da Alemanha em 1977; Fair Credit Reporting Act, em 1970, e Privacy Act, em 1974, nos Estados Unidos; Constituição de 1976 de Portugal que, em seu art. 35, reconheceu o direito à proteção de dados pessoais; reconhecimento pela Corte Constitucional da República Federal da Alemanha, em 1983, do direito fundamental à autodeterminação informativa; reconhecimento do direito à proteção de dados pessoais no art. 8º da Carta dos Direitos Fundamentais da União Europeia, de 2000; Regulamento Geral de Proteção de Dados (GDPR), de 2016, relativo à proteção das pessoas singulares no que diz respeito ao tratamento de dados pessoais e à livre circulação desses dados; diretrizes da Organização para a Cooperação e Desenvolvimento Econômico (OCDE) sobre a proteção da privacidade e fluxos transfronteiriços de dados pessoais etc.).[3]

No Brasil, como será demonstrado a seguir, a proteção da privacidade e dos dados pessoais ganhou força com a promulgação da Constituição Federal de 1988, especialmente após a Emenda Constitucional 115/2022, reforçada pela jurisprudência dos tribunais superiores, além de diversos diplomas legais publicados a partir da década de 1990, culminando com a promulgação da Lei 13.709/2018 (Lei Geral de Proteção de Dados Pessoais – LGPD).

É possível afirmar que os dados pessoais (nome, prenome, RG, CPF, título de eleitor, número de passaporte, endereço, estado civil, gênero, profissão etc.) constituem aspectos da personalidade da pessoa humana que têm recebido proteção especial do ordenamento jurídico.

A proteção jurídica qualificada dos dados pessoais é justificada pela necessidade de proteção dos direitos fundamentais da liberdade e da privacidade, além do livre desenvolvimento da personalidade da pessoa natural.

Ademais, a regulação jurídica é justificada pela monetização dos dados, que passam a ser considerados ativos valiosos para atuação das empresas no âmbito da denominada "sociedade da informação", "quarta revolução industrial"[4]

---

[3] Nesse sentido: CUEVA, Ricardo Villas Bôas. A proteção de dados pessoais na jurisprudência do Superior Tribunal de Justiça. *In*: FRAZÃO, Ana; TEPEDINO, Gustavo; OLIVA, Milena Donato (coord.). *Lei Geral de Proteção de Dados Pessoais e suas repercussões no direito brasileiro*. 3. ed. São Paulo: Thomson Reuters Brasil, 2023. p. 82-84.

[4] De acordo com Klaus Schwab, a quarta revolução industrial, que teve início na virada do século, seria caracterizada por uma internet mais ubíqua e móvel, por sensores menores e mais poderosos, bem como pela inteligência artificial e aprendizagem automática (ou aprendizado de máquina). Ao contrário das anteriores, a quarta revolução industrial acarreta a fusão das novas tecnologias e a interação entre os domínios físicos, digitais e biológicos (SCHWAB, Klaus. *A quarta revolução industrial*. São Paulo: Edipro, 2017. p. 15-17).

Cap. 1 – IMPORTÂNCIA, HISTÓRICO E FONTES NORMATIVAS DA PROTEÇÃO DE DADOS | **3**

e da "era do capitalismo de vigilância",[5] naquilo que se convencionou chamar de "economia movida a dados" (*data-driven economy*).

Não por outra razão, diversas empresas com grande valor de mercado (Facebook, Amazon, Google, Microsoft, Apple etc.) possuem modelos de negócios apoiados na coleta e tratamento de dados pessoais dos seus usuários e clientes, com a segmentação dos usuários por meio da criação de perfis (*profiling*) e direcionamento de publicidade mediante a utilização da Inteligência Artificial (IA), algoritmos, *Big Data* e de *Data Analytics*, por exemplo, que potencializaram a capacidade de coleta e armazenamento de dados.

Nesse contexto, a relevância dos dados, considerados como o novo petróleo (*data is the new oil*),[6] demonstra a importância de sua proteção jurídica, especialmente a partir dos casos alarmantes de utilização indevida dos dados pessoais por empresas e governos.

Mencione-se, por exemplo, o caso do Facebook e da Cambridge Analytica que envolveu dados de milhões de pessoas, coletados na rede social, com a identificação da personalidade dos eleitores americanos para utilização na campanha presidencial de Donald Trump. Outros exemplos decorrem de incidentes de segurança, tais como os provenientes de ataque *hacker* aos sistemas de dados de empresas e governos. No Brasil, em 2021, foram quase 5 mil ataques cibernéticos e, em 2019, foram registradas 10.716 ocorrências que colocaram em risco a privacidade dos dados de milhões de pessoas.[7]

A coleta e o tratamento de dados pela Administração Pública e pelo mercado são essenciais para eficiente prestação de serviços públicos e de atividades econômicas. Contudo, revela-se necessária a regulação jurídica para estabelecer as condições, os limites e as responsabilidade para o uso adequado e proporcional dos dados pessoais, com o intuito de evitar o uso indevido e reprimir eventuais infrações.

Aliás, a Administração Pública é uma das maiores protagonistas na coleta de dados e de proteção de dados pessoais. Do nascimento à morte de um indivíduo, os respectivos dados são coletados, com intensidades distintas, pela Administração Pública que, inclusive, confere informações e documentos que passarão a constituir, eles próprios, dados pessoais da pessoa natural (ex.: RG, CPF etc.).

---

[5] ZUBOFF, Shoshana. *The age of surveillance capitalism*: the fight for a human future at the new frontier of power. New York: Public Affairs, 2019.

[6] A revista *The Economist*, em 6 maio 2017, apontava: "The world's most valuable resources no longer oil, but data". Disponível em: https://www.economist.com/leaders/2017/05/06/the-worlds--most-valuable-resource-is-no-longer-oil-but-data. Acesso em: 22 jan. 2024.

[7] ITO, Daniel. Governo sofreu quase cinco mil incidentes cibernéticos em 2021. *radioagência*, 28 jan. 2022. Disponível em: https://agenciabrasil.ebc.com.br/radioagencia-nacional/seguranca/audio/2022-01/governo-sofreu-quase-cinco-mil-incidentes-ciberneticos-em-2021. Acesso em: 22 jan. 2024.

No campo da Administração Pública, a relevância da coleta e tratamento dos dados pessoais é justificada pela própria necessidade de implementação de políticas públicas e prestação eficiente dos serviços públicos. A identificação dos usuários e dos respectivos dados pessoais, inclusive daqueles considerados sensíveis (origem racial, saúde etc.), pode ser fundamental para a implementação de políticas públicas. Exemplos: a definição do local de construção de um novo hospital público e das respectivas especialidades depende, em alguma medida, da coleta de informações sobre renda, endereço e dados de saúde das pessoas de determinado bairro ou cidade; a elaboração de política de cotas para ingresso nas faculdades públicas ou no serviço público pressupõe a coleta de dados relacionados à origem racial.

No cenário brasileiro, a proteção de dados encontrava, tradicionalmente, proteção em leis esparsas, o que dificultava a institucionalização de um sistema jurídico coerente, racional e seguro.

Na redação originária do art. 5º da CRFB, era possível encontrar disposições que fundamentavam, ainda que de forma implícita, a proteção de dados, cabendo citar, exemplificativamente: a) *caput*: direito à liberdade; b) inciso X: inviolabilidade da intimidade; c) inciso XII: inviolabilidade do sigilo de dados; d) LXXII: conhecimento e retificação de dados por meio do *habeas data* etc.

Na legislação infraconstitucional, diversos diplomas legais regulavam, em alguma medida, a proteção de dados, tais como: a) Lei 8.078/1990 (Código de Defesa do Consumidor – CDC): os arts. 43 e 44 tratam dos bancos de dados e cadastros de consumidores; b) Lei 8.159/1991 (Lei de Arquivos Públicos); c) Lei 9.507/1997 (Lei de *Habeas Data*): regula o direito de acesso a informações e disciplina o rito processual do *habeas data*; d) Lei 10.406/2002 (Código Civil – CC): arts. 11 a 21 dispõem sobre os direitos da personalidade; e) Lei 12.414/2011 (Lei do Cadastro Positivo): disciplina a formação e a consulta a bancos de dados com informações de adimplemento, de pessoas naturais ou de pessoas jurídicas, para formação de histórico de crédito; f) Lei 12.527/2011 (LAI): regula o acesso a informações previsto nos arts. 5º, XXXIII, 37, § 3º, II, e 216, § 2º, da CRFB); g) Lei 12.965/2014 (Marco Civil da Internet): estabelece princípios, garantias, direitos e deveres para o uso da Internet no Brasil, inclusive com a menção ao princípio da proteção de dados (art. 3º, III) e fixação de regras de proteção no tratamento e compartilhamento de dados (art. 7º, VII, VIII, IX e X; arts. 10 a 17 etc.), entre outros.

Com o intuito de avançar na proteção de dados pessoais, conferindo tratamento concentrado em diploma legal específico sobre o tema, foi elaborada a Lei 13.709/2018 (LGPD) que dispõe, nos termos do art. 1º, sobre o tratamento de dados pessoais, inclusive nos meios digitais, por pessoa natural ou por pessoa jurídica de direito público ou privado, com o objetivo de proteger os direitos fundamentais de liberdade e de privacidade e o livre desenvolvimento da personalidade da pessoa natural.

A LGPD foi fortemente inspirada no *General Data Protection Regulation* (GDPR), que é o regulamento da União Europeia sobre proteção de dados pessoais, editado em abril de 2016 e em vigor desde maio de 2018.

O caráter de direito fundamental da proteção de dados foi reconhecido pelo Supremo Tribunal Federal (STF) no julgamento de ações diretas de inconstitucionalidade que questionavam a Medida Provisória (MP) 954/2020, editada para dispor sobre o compartilhamento de dados (nomes, números de telefone e endereços de todos os seus usuários, pessoas físicas e jurídicas) por empresas de telecomunicações com o Instituto Brasileiro de Geografia e Estatística (IBGE), para fins de suporte à produção estatística oficial durante a situação de emergência de saúde pública de importância internacional decorrente do coronavírus (covid-19).[8]

De acordo com a Suprema Corte, a inconstitucionalidade da MP 954/2020 decorreu da ausência de demonstração satisfatória da finalidade e do modo de utilização dos dados, uma vez que não delimitou o objeto da estatística a ser produzida, nem a finalidade específica, tampouco a amplitude, bem como não esclareceu a necessidade de disponibilização dos dados nem como serão efetivamente utilizados, o que afrontou as cláusulas constitucionais assecuratórias da liberdade individual (art. 5º, *caput*, da CRFB), da privacidade e do livre desenvolvimento da personalidade (art. 5º, X e XII, da CRFB).

Com a promulgação da Emenda Constitucional 115/2022, foi inserido o inciso LXXIX no art. 5º da CRFB, que reconhece, definitivamente e de forma destacada, a proteção de dados pessoais, inclusive nos meios digitais, como direito fundamental.

A referida emenda constitucional inseriu, ainda, previsões que reforçaram o papel da União na disciplina, organização e fiscalização da proteção de dados pessoais. O inciso XXVI do art. 21 da CRFB prevê a competência privativa da União para "organizar e fiscalizar a proteção e o tratamento de dados pessoais, nos termos da lei". O inciso XXX do art. 22 da CRFB, por sua vez, dispõe sobre a competência privativa da União para legislar sobre proteção e tratamento de dados pessoais.

Nesse contexto, a LGPD, na forma do art. 1º, parágrafo único, possui aplicação nacional e deve ser observada pela União, Estados, Distrito Federal e Municípios.

---

[8] STF, ADIs 6.387, 6.388, 6.389, 6.390 e 6.393MC-Ref/DF, Rel. Min. Rosa Weber, Tribunal Pleno, *DJe*-270 12.11.2020. Destaca-se que o art. 8º da Carta dos Direitos Fundamentais da União Europeia de 2000 já estabelecia o direito fundamental à proteção de dados pessoais: "Artigo 8º Protecção de dados pessoais

1. Todas as pessoas têm direito à protecção dos dados de carácter pessoal que lhes digam respeito. 2. Esses dados devem ser objecto de um tratamento leal, para fins específicos e com o consentimento da pessoa interessada ou com outro fundamento legítimo previsto por lei. Todas as pessoas têm o direito de aceder aos dados coligidos que lhes digam respeito e de obter a respectiva rectificação. 3. O cumprimento destas regras fica sujeito a fiscalização por parte de uma autoridade independente" (Disponível em: https://www.europarl.europa.eu/charter/pdf/text_pt.pdf. Acesso em: 22 jan. 2024).

Capítulo 2

FUNDAMENTOS E PRINCÍPIOS DA LGPD

Os fundamentos da proteção de dados são indicados no art. 2º da LGPD, a saber: a) o respeito à privacidade; b) a autodeterminação informativa; c) a liberdade de expressão, de informação, de comunicação e de opinião; d) a inviolabilidade da intimidade, da honra e da imagem; e) o desenvolvimento econômico e tecnológico e a inovação; f) a livre-iniciativa, a livre concorrência e a defesa do consumidor; e g) os direitos humanos, o livre desenvolvimento da personalidade, a dignidade e o exercício da cidadania pelas pessoas naturais.

Por sua vez, os princípios da proteção de dados são apresentados pelo art. 6º da LGPD que indica: a) boa-fé, b) finalidade; c) adequação; d) necessidade; e) livre acesso; f) qualidade dos dados; g) transparência; h) segurança; i) prevenção; j) não discriminação; k) responsabilização e prestação de contas.[1]

O rol de princípios constante do art. 6º da LGPD deve ser considerado exemplificativo, não afastando outros princípios consagrados no ordenamento jurídico.

2.1. PRINCÍPIO DA BOA-FÉ

O princípio da boa-fé, mencionado no art. 6º da LGPD e que deve ser concebido como princípio geral de direito, exige que a relação entre os agentes de

---

[1] O relevante papel exercido pelos princípios na LGPD é destacado pelo Ministro Marco Aurélio Bellizze Oliveira e Isabela Maria Pereira Lopes: "Outrossim, a LGPD não apenas repete esses princípios no rol do art. 6º, pois a presença deles pode ser identificada ao longo de seus dispositivos. Essa configuração fortalece a coerência da lei e a unidade do sistema, ao qual ela se integra formal e materialmente. Por fim, tal estrutura é também vantajosa sob a óptica de concretização dos princípios, que podem ser mais satisfatoriamente realizados a partir da aplicação dos dispositivos legais que impõem condutas e obrigações diretas aos envolvidos no tratamento dos dados pessoais" (OLIVEIRA, Marco Aurélio Bellizze; LOPES, Isabela Maria Pereira. Os princípios norteadores da proteção de dados pessoais no Brasil e sua otimização pela Lei 13.709/2018. *In*: FRAZÃO, Ana; TEPEDINO, Gustavo; OLIVA, Milena Donato (coord.). *Lei Geral de Proteção de Dados Pessoais e suas repercussões no direito brasileiro*. 3. ed. São Paulo: Thomson Reuters Brasil, 2023. p. 78).

tratamento, encarregados e titulares de dados pessoais seja pautada pela lealdade, probidade, honestidade e transparência.

O princípio da boa-fé tem sido dividido em duas acepções: a) objetiva: diz respeito à lealdade e à lisura nas relações jurídicas; e b) subjetiva: relaciona-se com o caráter psicológico daquele que acreditou atuar em conformidade com o direito.

2.2. PRINCÍPIO DA FINALIDADE

O princípio da finalidade (art. 6º, I, da LGPD) consiste na realização do tratamento para propósitos legítimos, específicos, explícitos e informados ao titular, vedado o tratamento posterior de forma incompatível com essas finalidades.

Assim, por exemplo, viola o princípio da finalidade a coleta de dados por empresa vendedora de automóveis para compartilhamento dos referidos dados com empresas de seguros automobilísticos, para oferta dos respectivos serviços ao titular, sem que essa finalidade tenha sido informada ao titular dos dados. No âmbito da Administração Pública, por exemplo, viola o princípio da finalidade o compartilhamento de dados dos servidores públicos pelo setor de recursos humanos do órgão público com bancos, públicos ou privados, que não são gestores da folha de pagamento dos citados servidores, para envio de publicidade de serviços bancários, tais como financiamento imobiliário e investimentos.

2.3. PRINCÍPIO DA ADEQUAÇÃO

O princípio da adequação (art. 6º, II, da LGPD), que possui íntima relação com o princípio da finalidade, exige a compatibilidade do tratamento com as finalidades informadas ao titular, de acordo com o contexto do tratamento.

A adequação (ou idoneidade), tradicionalmente, é mencionada como subprincípio da proporcionalidade, exigindo que o ato estatal seja capaz de contribuir para a realização do resultado pretendido.[2]

Mencione-se o exemplo da coleta de dados dos usuários de redes sociais para finalidade específica de direcionamento de publicidade. Caso a empresa

---

[2] O princípio da proporcionalidade divide-se em três subprincípios: a) adequação ou idoneidade: o ato será adequado quando contribuir para a realização do resultado pretendido; b) necessidade ou exigibilidade: em razão da proibição do excesso, caso existam duas ou mais medidas adequadas para alcançar os fins perseguidos, deve ser adotada a medida menos gravosa aos direitos fundamentais; e c) proporcionalidade em sentido estrito: encerra uma típica ponderação, no caso concreto, entre o ônus imposto pela medida adotada e o benefício por ela produzido (relação de custo e benefício da medida), razão pela qual a restrição ao direito fundamental deve ser justificada pela importância do princípio ou direito fundamental que será efetivado. A respeito do princípio da proporcionalidade na Administração Pública, vide: OLIVEIRA, Rafael Carvalho Rezende. *Curso de direito administrativo*. 12. ed. Rio de Janeiro: Método, 2024. p. 44.

responsável pela coleta efetue o compartilhamento dos dados com determinado partido político para direcionamento de campanha eleitoral, estará configurada a violação ao princípio da adequação.

2.4. PRINCÍPIO DA NECESSIDADE

O princípio da necessidade (art. 6º, III, da LGPD) impõe a limitação do tratamento ao mínimo necessário para a realização de suas finalidades, com abrangência dos dados pertinentes, proporcionais e não excessivos com relação às finalidades do próprio tratamento. Nesse caso, apenas os dados necessários para o cumprimento da finalidade informada ao titular deverão ser coletados.

Tal como ocorre com a adequação, o princípio da necessidade também é considerado um subprincípio da proporcionalidade e indica que, diante de duas ou mais medidas adequadas para alcançar os fins perseguidos, o interessado deve adotar a medida menos gravosa aos direitos fundamentais.

Exemplificativamente, uma empresa não poderia exigir, no processo seletivo de empregados, que os candidatos informem a sua orientação sexual. Igualmente, se determinada Secretaria Municipal de Saúde pretende celebrar contrato administrativo para fornecimento de medicamentos aos postos de saúde, afronta o princípio da necessidade a coleta da dados da empresa privada relativa à origem racial, convicção religiosa ou opinião política dos respectivos diretores, uma vez que os referidos dados, qualificados, inclusive, como sensíveis, não são necessários para a finalidade pretendida, qual seja, a regularidade da contratação pública.

2.5. PRINCÍPIO DO LIVRE ACESSO

O princípio do livre acesso (art. 6º, IV, da LGPD) garante aos titulares a consulta facilitada e gratuita sobre a forma e a duração do tratamento, além da integralidade de seus dados pessoais.

Com fundamento no princípio do livre acesso, o acesso aos dados pessoais deve ser facilitado ao titular, com a disponibilização das informações de forma clara, adequada e ostensiva, observando-se os parâmetros indicados no art. 9º da LGPD.[3]

---

[3] LGPD: "Art. 9º O titular tem direito ao acesso facilitado às informações sobre o tratamento de seus dados, que deverão ser disponibilizadas de forma clara, adequada e ostensiva acerca de, entre outras características previstas em regulamentação para o atendimento do princípio do livre acesso: I – finalidade específica do tratamento; II – forma e duração do tratamento, observados os segredos comercial e industrial; III – identificação do controlador; IV – informações de contato do controlador; V – informações acerca do uso compartilhado de dados pelo controlador e a finalidade; VI – responsabilidades dos agentes que realizarão o tratamento; e VII – direitos do titular, com menção explícita aos direitos contidos no art. 18 desta Lei".

Ademais, o princípio do livre acesso exige a consulta gratuita sobre os dados do titular, afigurando-se ilegal a cobrança de valores para disponibilização de informações ao titular. Em reforço ao referido princípio, o art. 18, § 5º, da LGPD prevê que o requerimento apresentado pelo titular a respeito dos seus dados deve ser atendido pelo controlador sem custos.[4]

No tocante aos dados em poder da Administração Pública, a gratuidade na obtenção de informações solicitadas pelo titular é reforçada pelo direito constitucional à informação (art. 5º, XXXIII, da CRFB) e pela gratuidade do direito de petição (art. 5º, XXXIV, da CRFB). Dessa forma, a eventual cobrança de valores para fornecimento de dados pela Administração Pública ao titular violaria não apenas a LGPD, mas também a Constituição Federal.

2.6. PRINCÍPIO DA QUALIDADE DOS DADOS

O princípio da qualidade dos dados (art. 6º, V, da LGPD) pressupõe que os dados sejam informados aos titulares, com exatidão, clareza, relevância e atualização.

A preocupação com a qualidade dos dados também é encontrada no art. 4º, VI a IX, da Lei 12.527/2011 (LAI), que aponta as seguintes diretrizes para a Administração Pública, que estão atreladas à exatidão, clareza, relevância e atualização dos dados: a) disponibilidade: "qualidade da informação que pode ser conhecida e utilizada por indivíduos, equipamentos ou sistemas autorizados"; b) autenticidade: "qualidade da informação que tenha sido produzida, expedida, recebida ou modificada por determinado indivíduo, equipamento ou sistema"; c) integridade: "qualidade da informação não modificada, inclusive quanto à origem, trânsito e destino"; d) primariedade: "qualidade da informação coletada na fonte, com o máximo de detalhamento possível, sem modificações".

No âmbito da Sociedade da Informação, com a massificação da quantidade das informações, revela-se fundamental a qualidade da informação oferecida ao titular dos dados, com o intuito de facilitar a compreensão da forma de tratamento e da integridade dos dados que devem apresentar conformidade com a legislação.

2.7. PRINCÍPIO DA TRANSPARÊNCIA

O princípio da transparência (art. 6º, VI, da LGPD) garante, aos titulares, a apresentação de informações claras, precisas e facilmente acessíveis sobre a

---

[4] LGPD: "Art. 18. O titular dos dados pessoais tem direito a obter do controlador, em relação aos dados do titular por ele tratados, a qualquer momento e mediante requisição: [...] § 3º Os direitos previstos neste artigo serão exercidos mediante requerimento expresso do titular ou de representante legalmente constituído, a agente de tratamento. [...] § 5º O requerimento referido no § 3º deste artigo será atendido sem custos para o titular, nos prazos e nos termos previstos em regulamento".

realização do tratamento e os respectivos agentes de tratamento, observados os segredos comercial e industrial.

Note-se que a transparência deve ser garantida, sem prejuízo dos "segredos comercial e industrial", na forma do art. 6º, VI, da LGPD. Assim, os agentes de tratamento e o encarregado pelo tratamento de dados devem adotar as medidas necessárias para resguardar a proteção dos dados relacionados aos segredos comerciais e industriais do respectivo titular, especialmente para evitar a divulgação, voluntária ou involuntária, para empresas concorrentes e fora dos limites legais.

No âmbito da Administração Pública, inclusive na hipótese em que figura como agente de tratamento, o princípio da transparência decorre do direito à informação e do princípio da publicidade, consagrados, respectivamente, nos arts. 5º, XXXIII, e 37 da CRFB. No âmbito infraconstitucional, o princípio da transparência também encontra fundamento na LAI que, em seu art. 3º, impõe as seguintes diretrizes para a Administração Pública: a) observância da publicidade como preceito geral e do sigilo como exceção; b) divulgação de informações de interesse público, independentemente de solicitações; c) utilização de meios de comunicação viabilizados pela tecnologia da informação; d) fomento ao desenvolvimento da cultura de transparência na Administração Pública; e) desenvolvimento do controle social da Administração Pública.

2.8. PRINCÍPIO DA SEGURANÇA

O princípio da segurança (art. 6º, VII, da LGPD) exige a utilização de medidas técnicas e administrativas aptas a protegerem os dados pessoais de acessos não autorizados e de situações acidentais ou ilícitas de destruição, perda, alteração, comunicação ou difusão.

A necessidade de garantir a segurança e o sigilo dos dados pessoais de acessos não autorizados é reforçada pelos arts. 46 a 51 da LGPD, que tratam das medidas de segurança e de boas práticas pelos agentes de tratamento.

O princípio da segurança tem por objetivo proteger os dados contra eliminações irregulares (destruição ou perda), divulgações indevidas (vazamento por meio de comunicação ou difusão não autorizada) e alterações que comprometam a sua qualidade (adulteração).

2.9. PRINCÍPIO DA PREVENÇÃO

O princípio da prevenção (art. 6º, VIII, da LGPD) exige a adoção de medidas para prevenir a ocorrência de danos em virtude do tratamento de dados pessoais. Trata-se de princípio que possui íntima vinculação com os princípios da segurança e da prestação de contas.

Nesse contexto, o art. 50 da LGPD revela a importância da elaboração de regras de governança e de boas práticas por parte dos agentes de tratamento, com a estipulação das condições de organização, regime de funcionamento, procedimentos, normas de segurança, padrões técnicos, obrigações específicas para os diversos envolvidos no tratamento, ações educativas, mecanismos internos de supervisão e mitigação de riscos, entre outras medidas.

2.10. PRINCÍPIO DA NÃO DISCRIMINAÇÃO

O princípio da não discriminação (art. 6º, IX, da LGPD) veda a realização do tratamento para fins discriminatórios ilícitos ou abusivos. Trata-se de princípio que decorre, naturalmente, do princípio constitucional da igualdade ou isonomia (art. 5º, I, da CRFB), além do princípio da impessoalidade no âmbito da Administração Pública (art. 37 da CRFB).

Assim, por exemplo, afigura-se irregular, inclusive por afronta à Constituição Federal, a coleta de dados sensíveis relativos à orientação sexual de candidatos a emprego em determinada empresa, em razão da ausência de pertinência do dado para contratação e o risco de utilização do dado para fins discriminatórios.

No tratamento automatizado de dados pessoais, o controlador deverá fornecer, sempre que solicitadas, informações claras e adequadas a respeito dos critérios e dos procedimentos utilizados para a decisão automatizada, observados os segredos comercial e industrial. Em caso de não oferecimento de informações, a autoridade nacional poderá realizar auditoria para verificação de aspectos discriminatórios em tratamento automatizado de dados pessoais (art. 20, §§ 1º e 2º, da LGPD).

2.11. PRINCÍPIOS DA RESPONSABILIZAÇÃO E PRESTAÇÃO DE CONTAS

Os princípios da responsabilização e prestação de contas (art. 6º, X, da LGPD) exigem a demonstração, pelos agentes de tratamento, da adoção de medidas eficazes e capazes de comprovar a observância e o cumprimento das normas de proteção de dados pessoais e, inclusive, da eficácia dessas medidas.

A LGPD apresenta, em diversas passagens, regras de responsabilização, com a indicação de infrações e penalidades, em razão da irregularidade no tratamento dos dados pessoais (arts. 31, 42 a 45 e 52 a 54 da LGPD).

Quanto ao dever de prestação de contas, trata-se de dever imposto não apenas aos controladores, operadores e encarregados pelo tratamento de dados pessoais, mas também direcionado à própria ANPD, que deve ouvir os agentes de tratamento e a sociedade em matérias de interesse relevante e prestar contas sobre suas atividades e planejamento (art. 55-J, XIV, da LGPD).

Capítulo 3

CONCEITO DE DADO PESSOAL E ÂMBITO DE INCIDÊNCIA DA LGPD

3.1. CONCEITO DE DADO PESSOAL

De acordo com o art. 5º, I, da LGPD, dado pessoal é conceituado como "informação relacionada a pessoa natural identificada ou identificável".[1]

Trata-se de conceito amplo que vincula a noção de dado pessoal aos respectivos titulares que devem ser pessoas naturais identificadas ou que possam ser identificadas. É possível inserir na noção de dado pessoal exemplos variados de informações, tais como: nome, estado civil, profissão, endereço, filiação, CPF, RG, número do passaporte, título de eleitor, número de telefone, endereço de *e-mail*, hábitos, perfil comportamental[2] etc.).

Destaca-se, ainda, a noção de dados pessoais sensíveis, apresentada pelo art. 5º, II, da LGPD, que engloba os dados pessoais "sobre origem racial ou étnica, convicção religiosa, opinião política, filiação a sindicato ou a organização de caráter religioso, filosófico ou político, dado referente à saúde ou à vida sexual, dado genético ou biométrico, quando vinculado a uma pessoa natural".

De nossa parte, entendemos que o rol do art. 5º, II, da LGPD deve ser considerado exemplificativo, não impedindo que outros dados pessoais sejam

---

[1] Trata-se de conceito amplo semelhante àquele adotado no art. 4º do GDPR que dispõe: "'personal data' means any information relating to an identified or identifiable natural person ('data subject'); an identifiable natural person is one who can be identified, directly or indirectly, in particular by reference to an identifier such as a name, an identification number, location data, an online identifier or to one or more factors specificit other physical, physiological, genetic, mental, economic, cultural or social identity of that natural person" (Disponível em: https://gdpr-info.eu/art-4-gdpr/. Acesso em: 22 jan. 2024).

[2] A inserção do perfil comportamental no conceito de dado pessoal é confirmada no art. 12, § 2º, da LGPD que prevê: "Poderão ser igualmente considerados como dados pessoais, para os fins desta Lei, aqueles utilizados para formação do perfil comportamental de determinada pessoa natural, se identificada".

inseridos na categoria de "sensíveis" para fins de proteção especial e prevenção de utilização discriminatória. O tratamento dos dados sensíveis deve observar as exigências qualificadas contidas nos arts. 11 a 13 da LGPD.

Conforme já destacado, a noção de dado pessoal é ampla e relaciona-se à pessoa natural identificada ou identificável, o que não impede a subtração de determinados dados do referido conceito, notadamente os (i) dados de pessoas jurídicas e (ii) os dados anonimizados.

Inicialmente, é possível verificar que o conceito legal de dado pessoal, ao atrelar o dado à pessoal natural, afasta da sua incidência os dados das pessoas jurídicas que não recebem a proteção especial da LGPD (ex.: razão social, nome fantasia, balanço patrimonial, endereço, número de telefone etc.).

A inaplicabilidade da LGPD aos dados das pessoas jurídicas não significa dizer que não se submetem à proteção jurídica. Ao contrário, é possível verificar diversos diplomas legais que protegem, com intensidades e escopos variados, os dados das pessoas jurídicas (.: Lei 9.279/1996 – Lei de Propriedade Industrial; Lei 9.610/1998 – Lei de Direitos Autorais etc.).

Ademais, não se insere no conceito amplo de dado pessoal da LGPD o denominado dado anonimizado, assim considerado o "dado relativo a titular que não possa ser identificado, considerando a utilização de meios técnicos razoáveis e disponíveis na ocasião de seu tratamento" (art. 5º, III, da LGPD).

O caráter anônimo do dado relaciona-se com a impossibilidade de identificação do seu titular, o que pode ocorrer por meio de técnicas diversas de anonimização, assim considerada a "utilização de meios técnicos razoáveis e disponíveis no momento do tratamento, por meio dos quais um dado perde a possibilidade de associação, direta ou indireta, a um indivíduo", na forma do art. 5º, XI, da LGPD (ex.: supressão de informações, randomização, generalização etc.).

De fato, revela-se cada vez mais difícil impedir a reversibilidade de processos de anonimização, em razão da célere evolução de novas tecnologias capazes de reverter as barreiras de identificação, eventualmente impostas a determinados dados, abrindo-se caminho para a identificação do titular.

Nesse caso, a noção de razoabilidade diante do caso concreto é fundamental para a conceituação do dado anonimizado. De acordo com o art. 12 da LGPD: "Os dados anonimizados não serão considerados dados pessoais para os fins desta Lei, salvo quando o processo de anonimização ao qual foram submetidos for revertido, utilizando exclusivamente meios próprios, ou quando, com esforços razoáveis, puder ser revertido".[3]

---

[3]   Por sua vez, o § 3º do referido dispositivo legal prevê que "a autoridade nacional poderá dispor sobre padrões e técnicas utilizados em processos de anonimização e realizar verificações acerca de sua segurança, ouvido o Conselho Nacional de Proteção de Dados Pessoais".

Na sequência, o § 1º do art. 12 da LGPD dispõe: "A determinação do que seja razoável deve levar em consideração fatores objetivos, tais como custo e tempo necessários para reverter o processo de anonimização, de acordo com as tecnologias disponíveis, e a utilização exclusiva de meios próprios".

Dessa forma, caso seja necessária a utilização de esforços irrazoáveis ou desproporcionais para reverter o processo de anonimização, o dado permanecerá qualificado como anonimizado e, portanto, excluído do conceito de dado pessoal protegido pela LGPD.

A LGPD apresenta, ainda, a noção de pseudonimização, que é considerada "o tratamento por meio do qual um dado perde a possibilidade de associação, direta ou indireta, a um indivíduo, senão pelo uso de informação adicional mantida separadamente pelo controlador em ambiente controlado e seguro".

É possível notar que o dado pseudonimizado não deixa de ser considerado dado pessoal, uma vez que o controlador possui informação, em ambiente controlado e seguro, que é capaz de associar o dado ao seu titular. Em outras palavras, o processo de anonimização é passível de reversão por meios próprios do controlador, que detém as informações, não sendo possível eliminar, de forma absoluta, o risco de associação dos dados pessoais ao seu titular.

Existem diversas técnicas de pseudonimização, tais como: a) criptografia, permitindo que apenas o destinatário ou o detentor da chave criptográfica tenha acesso e compreendam a informação; b) tokenização, no qual o token gera um código específico, aleatório e temporário para permitir o acesso aos dados protegidos etc.

Ainda que o dado pseudonimizado seja incluído no âmbito de proteção da LGPD, verifica-se que a utilização da pseudonimização, ao retirar, inicialmente, a possibilidade de associação do dado ao respectivo titular, protege, de alguma forma, a privacidade do indivíduo durante o processo de tratamento do dado, inclusive nos eventuais casos de incidentes de segurança, com o vazamento de dados para pessoas não autorizadas.

Cabe destacar que o titular dos dados pessoais tem o direito de obter do controlador, a qualquer momento e mediante requisição, a anonimização, o bloqueio ou a eliminação de dados desnecessários, excessivos ou tratados em desconformidade com o disposto na LGPD (art. 18, IV, da LGPD).

Aliás, o processo de anonimização de dados pessoais é incentivado em diversas passagens da LGPD, especialmente nas atividades de pesquisa: a) na realização de estudos por órgão de pesquisa, deve ser garantida, sempre que possível, a anonimização dos dados pessoais, inclusive os dados sensíveis (arts. 7º, IV, e 11, II, c); b) na realização de estudos em saúde pública, os órgãos de pesquisa poderão ter acesso a bases de dados pessoais, que serão tratados exclusivamente dentro do órgão e estritamente para a finalidade de realização de estudos e pesquisas e mantidos em ambiente controlado e seguro, conforme práticas de segurança previstas em regulamento específico e que incluam, sempre que possível, a anonimização ou pseudonimização dos dados, bem como considerem os devidos padrões éticos relacionados a estudos e pesquisas (art. 13); e c) é possível a conservação de dados pessoais, afastada a necessidade de sua eliminação ao término de seu tratamento, para estudo por órgão de pesquisa, garantida, sempre que possível, a anonimização dos dados pessoais, e para uso exclusivo do controlador, vedado seu acesso por terceiro, desde que anonimizados os dados (art. 16, II e IV, da LGPD).

Por fim, pode haver dúvida quanto à incidência da LGPD sobre o nascituro e as pessoas falecidas, uma vez que a legislação é omissa sobre o tema.

Como a LGPD dispõe sobre a proteção dos dados pessoais relacionados às pessoas naturais (arts. 1º e 5º, I e V, da LGPD), a sua incidência não abrangeria, em princípio, o nascituro e as pessoas falecidas, uma vez que a personalidade civil começa do nascimento com vida e termina com a morte (arts. 2º e 6º do Código Civil).[4] A inaplicabilidade da LGPD não afasta, contudo, a proteção jurídica do nascituro e do falecido nas hipóteses específicas previstas na legislação.[5]

Quanto à pessoa falecida, o seu afastamento das normas de proteção de dados no continente europeu é expressamente determinado no Considerando 27 do GDPR.[6] No Brasil, apesar da omissão legislativa, a Coordenação-Geral de Fiscalização (CGF) da ANPD emitiu Nota Técnica para afastar a incidência da LGPD do tratamento de dados de pessoas falecidas.[7]

3.2. APLICAÇÃO DA LGPD

O âmbito de incidência da LGPD, conforme já destacado, é bastante amplo.

---

[4] Código Civil: "Art. 2º A personalidade civil da pessoa começa do nascimento com vida; mas a lei põe a salvo, desde a concepção, os direitos do nascituro. [...] Art. 6º A existência da pessoa natural termina com a morte; presume-se esta, quanto aos ausentes, nos casos em que a lei autoriza a abertura de sucessão definitiva".

[5] De forma semelhante, vide: MENEZES, Joyceane Bezerra de; COLAÇO, Hian Silva. Quando a Lei Geral de Proteção de Dados não se aplica? *In*: FRAZÃO, Ana; TEPEDINO, Gustavo; OLIVA, Milena Donato (coord.). *Lei Geral de Proteção de Dados Pessoais e suas repercussões no direito brasileiro*. 3. ed. São Paulo: Thomson Reuters Brasil, 2023. p. 194-195.

[6] Considerando 27 do GDPR: "O presente regulamento não se aplica aos dados pessoais de pessoas falecidas. Os Estados-Membros poderão estabelecer regras para o tratamento dos dados pessoais de pessoas falecidas" (Disponível em: https://gdpr-text.com/pt/read/recital-27/. Acesso em: 22 jan. 2024).

[7] ANPD – AUTORIDADE NACIONAL DE PROTEÇÃO DE DADOS. Nota Técnica 3/2023/ CGF/ANPD. Disponível em: https://www.gov.br/anpd/pt-br/assuntos/noticias/nota-tecnica-da-anpd-orienta-sobre-tratamento-de-dados-de-pessoas-falecidas. Acesso em: 22 jan. 2024.

Quanto ao aspecto federativo, a LGPD possui aplicação nacional e deve ser observada pela União, Estados, Distrito Federal e Municípios (art. 1º da LGPD e art. 22, XXX, da CRFB).

No tocante ao objeto, a LGPD dispõe sobre o tratamento de dados pessoais, inclusive nos meios digitais, por pessoa natural ou por pessoa jurídica de direito público ou privado, com o objetivo de proteger os direitos fundamentais de liberdade e de privacidade e o livre desenvolvimento da personalidade da pessoa natural (art. 1º da LGPD).

O conceito de dados pessoais, já abordado no tópico anterior, é apresentado de forma ampla para abranger a "informação relacionada a pessoa natural identificada ou identificável" (art. 5º, I, da LGPD).

Frise-se, ainda, que a LGPD incide sobre o tratamento de dados pessoais no meio físico e digital. Aqui, ao contrário da Lei 12.965/2014 (Marco Civil da Internet), que estabelece normas voltadas ao meio digital, inclusive para proteção dos dados, a LGPD possui incidência mais ampla, englobando a proteção dos dados pessoais não apenas nos meios digitais, mas também nos meios físicos.

A incidência da LGPD engloba o tratamento de dados pessoais realizado por pessoa natural ou por pessoa jurídica de direito público ou privado. Em consequência, as pessoas naturais, assim como as pessoas jurídicas da iniciativa privada ou inseridas na Administração Pública, deverão respeitar o regime jurídico contido na LGPD no tratamento dos dados pessoais.

É preciso destacar que a incidência da LGPD possui relação com a realização do tratamento ou a obtenção do dado no território nacional, ainda que a pessoa responsável pelo tratamento seja estrangeira ou o dado esteja localizado no exterior, o que revela o caráter extraterritorial do citado diploma legal.

Nesse sentido, o art. 3º determina a aplicação da LGPD, independentemente do meio, do país da sede da pessoa responsável pelo tratamento ou do país onde estejam localizados os dados, nos seguintes casos: a) operação de tratamento realizada no território nacional;[8] b) atividade de tratamento destinada a oferecer ou fornecer bens ou serviços ou o tratamento de dados de indivíduos localizados no território nacional; ou c) coleta no território nacional dos dados pessoais objeto do tratamento.[9]

---

[8] O art. 3º, § 2º, da LGPD afasta a incidência do inciso I (operação de tratamento realizada no território nacional) e da própria LGPD na hipótese de tratamento de dados previsto no inciso IV do art. 4º da LGPD que dispõe: "Art. 4º Esta Lei não se aplica ao tratamento de dados pessoais: [...] provenientes de fora do território nacional e que não sejam objeto de comunicação, uso compartilhado de dados com agentes de tratamento brasileiros ou objeto de transferência internacional de dados com outro país que não o de proveniência, desde que o país de proveniência proporcione grau de proteção de dados pessoais adequado ao previsto nesta Lei".

[9] De acordo com o art. 3º, § 1º, da LGPD: "Consideram-se coletados no território nacional os dados pessoais cujo titular nele se encontre no momento da coleta".

3.3. INAPLICABILIDADE DA LGPD

Não obstante a ampla incidência da LGPD, na forma mencionada no tópico anterior, é necessário destacar as situações de inaplicabilidade do referido diploma legal.

Na análise do conceito amplo de dado pessoal, que abrange a "informação relacionada a pessoa natural identificada ou identificável" (art. 5º, I, da LGPD), foi destacada a inaplicabilidade da LGPD aos dados de pessoas jurídicas e os dados anonimizados, bem como aos dados do nascituro e da pessoa falecida, pois a personalidade civil começa do nascimento com vida e termina com a morte (arts. 2º e 6º do Código Civil).

De forma expressa, a LGPD não é aplicável às hipóteses de tratamento de dados pessoais mencionadas no art. 4º, a saber:

a) realizado por pessoa natural para fins exclusivamente particulares e não econômicos;

b) realizado para fins exclusivamente: b.1) jornalístico e artísticos; ou b.2) acadêmicos, aplicando-se a esta hipótese os arts. 7º e 11 da LGPD;

c) realizado para fins exclusivos de: c.1) segurança pública; c.2) defesa nacional; c.3) segurança do Estado; ou c.4) atividades de investigação e repressão de infrações penais; ou

d) provenientes de fora do território nacional e que não sejam objeto de comunicação, uso compartilhado de dados com agentes de tratamento brasileiros ou objeto de transferência internacional de dados com outro país que não o de proveniência, desde que o país de proveniência proporcione grau de proteção de dados pessoais adequado ao previsto na LGPD.

É oportuno assinalar que a inaplicabilidade da LGPD nos casos anteriormente mencionados não significa dizer a ausência de proteção legal, uma vez que os titulares dos dados pessoais poderão invocar as proteções existentes não apenas no texto constitucional, mas também em outros diplomas normativos (ex: Código Civil, Código de Defesa do Consumidor etc.).

3.3.1. Tratamento de dados pessoais realizado por pessoa natural para fins exclusivamente particulares e não econômicos

O tratamento de dados pessoais por pessoa natural para fins exclusivamente particulares e não econômicos está excluído da incidência da LGPD (art. 4º, I).

Nas relações diárias entre pessoas naturais, no âmbito familiar, doméstico e no círculo de amizades, é inerente a troca de dados pessoais, tais como: informações de contato constantes de agendas, físicas ou eletrônicas; fotos; *e-mails*; mensagens trocadas em aplicativos de celulares; atividades em redes sociais etc.

A opção legislativa de excluir do âmbito de proteção da LGPD os referidos dados pessoais tratados por pessoas naturais no âmbito privado e sem intuito econômico revela-se razoável, uma vez que não cria barreiras ou exigências excessivas para os tratamentos de dados realizados rotineiramente pelos indivíduos nas relações interpessoais diárias, especialmente se considerarmos os custos envolvidos na adequação às exigências contidas na LGPD.

Isso não significa dizer que os dados tratados por pessoas naturais para fins particulares e não econômicos estejam desprotegidos. Na verdade, a inaplicabilidade da LGPD não impede a aplicação de outros diplomas legais que já apresentam, na visão do legislador, proteção suficiente para os citados dados pessoais (ex.: arts. 20 e 21 do Código Civil; arts. 138 a 145 do Código Penal que tratam dos crimes contra a honra etc.).[10]

3.3.2. Tratamento de dados pessoais realizado para fins exclusivamente jornalísticos, artísticos ou acadêmicos

É inaplicável a LGPD no tratamento de dados pessoais realizado para fins exclusivamente jornalísticos e artísticos (art. 4º, II, "a").

Trata-se de hipótese de inaplicabilidade da LGPD justificada pelo interesse público envolvido na atividade de tratamento de dados, uma vez que as atividades jornalísticas e artísticas decorrem dos direitos fundamentais da liberdade de expressão, que inclui as atividades artísticas e de comunicação, além do direito de acesso à informação, na forma dos arts. 5º, IX e XXXIII, e 220, *caput* e §§ 1º e 2º, da CRFB.

Ao mencionar o tratamento de dados para fins exclusivamente jornalísticos e artísticos, o art. 4º, II, "a", da LGPD não apresentou os respectivos conceitos, o que pode gerar dúvidas interpretativas a respeito do alcance do comando legal.

---

[10] Código Civil: "Art. 20. Salvo se autorizadas, ou se necessárias à administração da justiça ou à manutenção da ordem pública, a divulgação de escritos, a transmissão da palavra, ou a publicação, a exposição ou a utilização da imagem de uma pessoa poderão ser proibidas, a seu requerimento e sem prejuízo da indenização que couber, se lhe atingirem a honra, a boa fama ou a respeitabilidade, ou se se destinarem a fins comerciais. Parágrafo único. Em se tratando de morto ou de ausente, são partes legítimas para requerer essa proteção o cônjuge, os ascendentes ou os descendentes. Art. 21. A vida privada da pessoa natural é inviolável, e o juiz, a requerimento do interessado, adotará as providências necessárias para impedir ou fazer cessar ato contrário a esta norma". O STF concedeu interpretação conforme à Constituição aos arts. 20 e 21 do Código Civil, sem redução de texto, para, em consonância com os direitos fundamentais à liberdade de pensamento e de sua expressão, de criação artística, produção científica, declarar inexigível autorização de pessoa biografada relativamente a obras biográficas literárias ou audiovisuais, sendo também desnecessária autorização de pessoas retratadas como coadjuvantes (ou de seus familiares, em caso de pessoas falecidas ou ausentes) (STF, ADI 4.815/DF, Rel. Min. Cármen Lúcia, Tribunal Pleno, *DJe*-018 1º.02.2016).

Entendemos que os fins jornalísticos e artísticos devem ser interpretados de forma ampla, com o intuito de garantir maior liberdade na utilização dos dados, uma vez que as atividades dos jornalistas e artistas não exigem diplomas universitários específicos e são relacionadas aos direitos fundamentais da liberdade de expressão e do direito de acesso à informação, conforme já assinalado.[11]

Note-se que a exclusão da incidência da LGPD somente acontecerá quando o tratamento do dado pessoal ocorrer para fins "exclusivamente" jornalísticos ou artísticos. Dessa forma, na eventual hipótese de tratamento do dado para outra finalidade, incidirá o regime jurídico da LGPD. É o que se dá, por exemplo, no tratamento de dados pessoais por canal de comunicação, com o intuito de direcionar a atividade de publicidade, que deve observar as condições e as limitações previstas na LGPD.

Igualmente, afigura-se inaplicável, em princípio, a LGPD no tratamento de dados pessoais realizado para fins acadêmicos, aplicando-se os arts. 7º e 11 do referido diploma legal (art. 4º, II, "b").

Na verdade, no tocante ao tratamento de dados pessoais para fins acadêmicos, o afastamento da LGPD é apenas parcial ou mitigado, já que devem ser observados os respectivos arts. 7º e 11 que tratam, respectivamente, de dados pessoais, em geral, e de dados pessoais sensíveis.

Assim como ocorre com os fins jornalísticos e artísticos, a atividade acadêmica não recebeu conceituação própria na LGPD, o que não impede a sua interpretação ampla, de modo a não restringir a sua incidência apenas aos meios formais acadêmicos (universidades, por exemplo), em razão da sua estreita vinculação aos direitos fundamentais da liberdade de expressão (art. 5º, IX, da CRF) e à educação (art. 6º da CRFB).[12]

A inaplicabilidade da LGPD ao tratamento de dados pessoais realizado para fins exclusivamente jornalísticos, artísticos e acadêmicos não afasta a proteção jurídica veiculada na legislação especial. Mencione-se, por exemplo, a Lei 9.610/1998 (Lei de Direito Autorais) que protege, no seu art. 7º, diversas obras intelectuais, tais como: textos de obras literárias, artísticas ou científicas; composições musicais; obras fotográficas; obras de desenho, pintura, gravura, escultura, litografia e arte cinética; programas de computador etc.

---

[11] De forma semelhante: BRANCO, Sérgio. As hipóteses de aplicação da LGPD e as definições legais. In: MULHOLLAND, Caitlin. A LGPD e o novo marco normativo no Brasil. Porto Alegre: Arquipélago, 2020. p. 27. Lembre-se que o STF considerou desproporcional a exigência de diploma para o exercício do jornalismo, tendo em vista a violação ao princípio da proporcionalidade (STF, RE 511.961/SP, Rel. Min. Gilmar Mendes, Tribunal Pleno, DJe-213 13.11.2009).

[12] No mesmo sentido: FRAZÃO, Ana; CARVALHO, Angelo Prata de; MILANEZ, Giovanna. Curso de proteção de dados pessoais: fundamentos da LGPD. Rio de Janeiro: Forense, 2022. p. 58; BRANCO, Sérgio. As hipóteses de aplicação da LGPD e as definições legais. In: MULHOLLAND, Caitlin. A LGPD e o novo marco normativo no Brasil. Porto Alegre: Arquipélago, 2020. p. 27.

3.3.3. Tratamento de dados pessoais realizado para fins exclusivos de segurança pública, defesa nacional, segurança do Estado ou atividades de investigação e repressão de infrações penais

A LGPD é excluída, ainda, no tratamento de dados pessoais realizado para fins exclusivos de segurança pública, defesa nacional, segurança do Estado ou atividades de investigação e repressão de infrações penais (art. 4º, III).

O afastamento da LGPD nas situações anteriormente indicadas revela medida razoável que encontra fundamento no interesse público e na proteção de direitos fundamentais relacionados à segurança das pessoas e do Estado, na forma dos arts. 5º, *caput* e XXXIII, 6º, 21, III, 91 e 144 da CRFB.

Não obstante o afastamento da LGPD, o tratamento de dados pessoais realizado para fins exclusivos de segurança pública, defesa nacional, segurança do Estado ou atividades de investigação e repressão de infrações penais observará a legislação específica que, por sua vez, deverá prever medidas proporcionais e estritamente necessárias ao atendimento do interesse público, com respeito ao devido processo legal, aos princípios gerais de proteção e aos direitos do titular previstos na LGPD (art. 4º, § 1º, da LGPD).[13]

Ademais, o referido tratamento de dados não poderá ser realizado por pessoa de direito privado, exceto em procedimentos sob tutela de pessoa jurídica de direito público, que serão objeto de informe específico à autoridade nacional (art. 4º, § 2º, da LGPD).

Aliás, em nenhum caso a totalidade dos dados pessoais em comento poderá ser tratada por pessoa de direito privado, salvo por aquela que possua capital integralmente constituído pelo poder público (art. 4º, § 4º, da LGPD).

Nesse caso, é permitido, por exemplo, o tratamento da totalidade dos dados pessoais em referência por empresas públicas e fundações estatais de direito privado, que são pessoas jurídicas de direito privado, com participação societária ou estatutária apenas de pessoas da Administração Pública. De outro lado, a partir da interpretação literal do art. 4º, § 4º, da LGPD, uma sociedade de economia

---

[13] Na investigação e repressão de infrações penais, cite-se, exemplificativamente, o art. 15 da Lei 12.850/2013 (Lei de Organização Criminosa), que prevê: "O delegado de polícia e o Ministério Público terão acesso, independentemente de autorização judicial, apenas aos dados cadastrais do investigado que informem exclusivamente a qualificação pessoal, a filiação e o endereço mantidos pela Justiça Eleitoral, empresas telefônicas, instituições financeiras, provedores de internet e administradoras de cartão de crédito". O art. 10, § 3º, da Lei 12.965/2014 (Marco Civil da Internet) dispõe: "Art. 10. A guarda e a disponibilização dos registros de conexão e de acesso a aplicações de internet de que trata esta Lei, bem como de dados pessoais e do conteúdo de comunicações privadas, devem atender à preservação da intimidade, da vida privada, da honra e da imagem das partes direta ou indiretamente envolvidas. [...] § 3º O disposto no *caput* não impede o acesso aos dados cadastrais que informem qualificação pessoal, filiação e endereço, na forma da lei, pelas autoridades administrativas que detenham competência legal para a sua requisição".

mista não poderia realizar o tratamento total dos referidos dados, uma vez que se trata de pessoa jurídica de direito privado controlada pela Administração Pública, mas com participação societária minoritária de pessoas da iniciativa privada.

Cabe à ANPD emitir opiniões técnicas ou recomendações referentes ao tratamento de dados pessoais realizado para fins exclusivos de segurança pública, defesa nacional, segurança do Estado ou atividades de investigação e repressão de infrações penais, devendo solicitar aos responsáveis relatórios de impacto à proteção de dados pessoais (art. 4º, § 3º, da LGPD).

3.3.4. Tratamento de dados pessoais provenientes de fora do território nacional e que não sejam objeto de comunicação, uso compartilhado de dados com agentes de tratamento brasileiros ou objeto de transferência internacional de dados com outro país que não o de proveniência, desde que o país de proveniência proporcione grau de proteção de dados pessoais adequado ao previsto na LGPD

Em regra, a LGPD é aplicável, independentemente do meio, do país da sede da pessoa responsável pelo tratamento ou do país onde estejam localizados os dados, quando a operação de tratamento realizada no território nacional (art. 3º, I, da LGPD). Contudo, o próprio § 2º do art. 3º da LGPD afasta a incidência dessa regra na hipótese de tratamento de dados previsto no inciso IV do art. 4º da LGPD.

Com efeito, o art. 4º, IV, dispõe que a LGPD não se aplica ao tratamento de dados provenientes de fora do território nacional e que não sejam objeto de comunicação, uso compartilhado de dados com agentes de tratamento brasileiros ou objeto de transferência internacional de dados com outro país que não o de proveniência, desde que o país de proveniência proporcione grau de proteção de dados pessoais adequado ao previsto na LGPD.

Vale dizer: a LGPD não será aplicada ao tratamento de dados quando presentes as seguintes condições: a) dados provenientes do exterior: a coleta dos dados fora do território nacional; b) ausência de comunicação ou uso compartilhado de dados com agentes de tratamento brasileiros: não pode haver comunicação, difusão, transferência internacional, interconexão de dados pessoais ou tratamento compartilhado de bancos de dados pessoais com controladores ou operadores brasileiros;[14] c) não pode haver transferência internacional de dados com outro

---

[14] De acordo com o art. 5º, XV, da LGPD, a transferência internacional de dados é a "transferência de dados pessoais para país estrangeiro ou organismo internacional do qual o país seja membro". A transferência internacional de dados somente é autorizada nas hipóteses elencadas no art. 33 da LGPD, destacando-se, por exemplo, a permissão de transferência para países ou organismos internacionais que proporcionem grau de proteção de dados pessoais adequado ao previsto na LGPD (inciso I). Na sequência, o art. 34 da LGPD dispõe: "Art.

país que não o de proveniência: o dado deve ser transferido do país, onde foi coletado, para o Brasil, ausente a transferência internacional do dado para outro país; d) o país de proveniência deve apresentar grau de proteção de dados pessoais adequado ao previsto na LGPD: a avaliação do grau de proteção deve ser realizada pela ANPD, na forma do art. 34 da LGPD.[15]

---

34. O nível de proteção de dados do país estrangeiro ou do organismo internacional mencionado no inciso I do *caput* do art. 33 desta Lei será avaliado pela autoridade nacional, que levará em consideração: I – as normas gerais e setoriais da legislação em vigor no país de destino ou no organismo internacional; II – a natureza dos dados; III – a observância dos princípios gerais de proteção de dados pessoais e direitos dos titulares previstos nesta Lei; IV – a adoção de medidas de segurança previstas em regulamento; V – a existência de garantias judiciais e institucionais para o respeito aos direitos de proteção de dados pessoais; e VI – outras circunstâncias específicas relativas à transferência". No âmbito infralegal, a ANPD editou a Resolução CD/ANPD 19, de 23 de agosto de 2024, que aprova o Regulamento de Transferência Internacional de Dados e o conteúdo das cláusulas-padrão contratuais.

[15] Conforme prevê o art. 5º, XVI, da LGPD, o uso compartilhado de dados envolve a "comunicação, difusão, transferência internacional, interconexão de dados pessoais ou tratamento compartilhado de bancos de dados pessoais por órgãos e entidades públicos no cumprimento de suas competências legais, ou entre esses e entes privados, reciprocamente, com autorização específica, para uma ou mais modalidades de tratamento permitidas por esses entes públicos, ou entre entes privados". Os agentes de tratamento são divididos em duas espécies: controlador e operador, na forma do art. 5º, IX, da LGPD.

Capítulo 4

TRATAMENTO DE DADOS PESSOAIS

O tratamento de dados pessoais engloba "toda operação realizada com dados pessoais, como as que se referem a coleta, produção, recepção, classificação, utilização, acesso, reprodução, transmissão, distribuição, processamento, arquivamento, armazenamento, eliminação, avaliação ou controle da informação, modificação, comunicação, transferência, difusão ou extração" (art. 5º, X, da LGPD).

A LGPD apresenta os requisitos para tratamento de dados pessoais nos arts. 7º a 10, destacando as exigências específicas para o tratamento de dados pessoais sensíveis (arts. 11 a 13) e para o tratamento de dados pessoais de crianças e adolescentes (art. 14).

4.1. EXIGÊNCIAS PARA O TRATAMENTO DE DADOS PESSOAIS

O tratamento de dados pessoais somente poderá ser realizado nas hipóteses (bases legais) indicadas no art. 7º da LGPD, a saber: a) mediante o fornecimento de consentimento pelo titular; b) para o cumprimento de obrigação legal ou regulatória pelo controlador; c) pela Administração Pública, para o tratamento e uso compartilhado de dados necessários à execução de políticas públicas previstas em leis e regulamentos ou respaldadas em contratos, convênios ou instrumentos congêneres, observadas as disposições do Capítulo IV da LGPD; d) para a realização de estudos por órgão de pesquisa, garantida, sempre que possível, a anonimização dos dados pessoais; e) quando necessário para a execução de contrato ou de procedimentos preliminares relacionados a contrato do qual seja parte o titular, a pedido do titular dos dados; f) para o exercício regular de direitos em processo judicial, administrativo ou arbitral; g) para a proteção da vida ou da incolumidade física do titular ou de terceiro; h) para a tutela da saúde, exclusivamente, em procedimento realizado por profissionais de saúde, serviços de saúde ou autoridade sanitária; i) quando necessário para atender aos interesses legítimos do controlador ou de terceiro, exceto no caso de prevalecerem direitos e liberdades fundamentais do titular que exijam a proteção dos dados pessoais; ou j) para a proteção do crédito, inclusive quanto ao disposto na legislação pertinente.

É preciso destacar que todas as hipóteses anteriormente mencionadas constituem bases legais suficientes para autorizar o tratamento de dados pessoais, inexistindo hierarquia entre elas. Dessa forma, ressalvada a primeira base legal, que indica o consentimento do titular, as demais bases legais não necessitam do referido consentimento para o tratamento dos dados pessoais.

4.1.1. Consentimento

O consentimento fornecido pelo titular é a primeira hipótese autorizativa para o tratamento de dados pessoais (art. 7º, I, da LGPD).[1]

Nesse caso, o consentimento é conceituado como a "manifestação livre, informada e inequívoca pela qual o titular concorda com o tratamento de seus dados pessoais para uma finalidade determinada" (art. 5º, XII, da LGPD).

A partir do conceito fornecido pela LGPD, a validade do consentimento depende da manifestação do titular que deve ser:

a) livre: o titular deve ter a liberdade para optar entre aceitar ou recursar o tratamento de dados, sem qualquer tipo de coação, vedado o tratamento de dados pessoais mediante vício de consentimento, na forma do art. 8º, § 3º, da LGPD;[2]

b) informada: o titular deve ser previamente informado quanto à possibilidade de tratamento dos seus dados e as respectivas finalidades, exigindo-se que as informações sejam disponibilizadas de forma clara, adequada e ostensiva, cumpridas as exigências indicadas no art. 9º da LGPD;

c) inequívoca: a manifestação do titular deve ser clara, sem deixar qualquer margem para dúvida; e

d) para uma finalidade determinada: o consentimento deve ser relacionado à finalidade específica informada pelo agente de tratamento e o dado somente poderá ser utilizado para essa finalidade, devendo ser considerada nula a autorização genérica para o tratamento de dados pessoais, na forma do art. 8º, § 4º, da LGPD.

---

[1] O consentimento já era mencionado no art. 7º, VII e IX, da Lei 12.965/2014 (Marco Civil da Internet) para utilização de dados pessoais, inclusive registros de conexão, e de acesso a aplicações de internet.

[2] De acordo com Bioni, "deve-se verificar qual é o 'poder de barganha' do cidadão com relação ao tratamento de seus dados pessoais, o que implica considerar quais são as opções do titular com relação ao tipo de dado coletado até os seus possíveis usos" (BIONI, Bruno. *Proteção de dados pessoais*: a função e os limites do consentimento. Rio de Janeiro: Forense, 2019. p. 197).

O consentimento deverá ser fornecido por escrito, com cláusula destacada das demais cláusulas contratuais, ou por outro meio que demonstre a manifestação de vontade do titular, recaindo sobre o controlador o ônus da prova a respeito da obtenção do consentimento (art. 8º, *caput* e §§ 1º e 2º, da LGPD).

Outra característica relevante do consentimento é a sua revogabilidade. Conforme dispõe o art. 8º, § 5º, da LGPD, o consentimento pode ser revogado a qualquer momento mediante manifestação expressa do titular, por procedimento gratuito e facilitado, ratificados os tratamentos realizados sob amparo do consentimento anteriormente manifestado enquanto não houver requerimento de eliminação, nos termos do art. 18, VI, da LGPD. Aliás, a comunicação do titular informando a revogação do seu consentimento acarreta o término do tratamento de dados pessoais (art. 15, III, da LGPD).[3]

O titular também pode revogar o consentimento quando, depois de ser informado pelo controlador, discordar das mudanças da finalidade para o tratamento de dados pessoais não compatíveis com o consentimento original (art. 9º, § 2º).

Veja que a revogação do consentimento deve ser facilitada e gratuita, devendo ser consideradas inválidas a fixação de barreiras burocráticas ou tecnológicas para sua implementação, bem como a eventual cobrança de valores para revogação do consentimento do titular.

O tratamento de dados pessoais cujo acesso é público deve considerar a finalidade, a boa-fé e o interesse público que justificaram sua disponibilização, sendo dispensado o consentimento para os dados tornados manifestamente públicos pelo titular, resguardados os direitos do titular e os princípios previstos na LGPD (art. 7º, §§ 3º e 4º, da LGPD). Nesses casos, admite-se o tratamento posterior dos dados pessoais para novas finalidades, desde que observados os propósitos legítimos e específicos para o novo tratamento e a preservação dos direitos do titular, assim como os fundamentos e os princípios previstos LGPD (art. 7º, § 7º, da LGPD).

É preciso destacar que o consentimento do titular autoriza o controlador a efetuar o tratamento dos dados nos limites da finalidade determinada previamente informada. A comunicação ou o compartilhamento de dados pessoais com outros

---

[3] Aqui é válido o alerta apresentado por Gustavo Tepedino e Chiara Teffé: "Defende-se a possibilidade de revogação incondicional desse tipo de consentimento com base na autodeterminação em relação à construção da esfera privada e na proteção da personalidade, entre cujos atributos se encontra a indisponibilidade. Entretanto, não parece razoável que quem recebeu a autorização para o tratamento dos dados tenha que sofrer risco ilimitado nem que a revogação se dê em flagrante prejuízo ao interesse público. Em caso de abuso do titular do dado, caberá a devida reparação, que será analisada no caso concreto, podendo o intérprete guiar-se por mecanismos como o *venire contra factum proprium*" (TEPEDINO, Gustavo; TEFFÉ, Chiara Spadaccini de. Consentimento e proteção de dados pessoais na LGPD. *In*: FRAZÃO, Ana; TEPEDINO, Gustavo; OLIVA, Milena Donato (coord.). *Lei Geral de Proteção de Dados Pessoais e suas repercussões no direito brasileiro*. 3. ed. São Paulo: Thomson Reuters Brasil, 2023. p. 296).

controladores depende, necessariamente, de consentimento específico para essa finalidade, ressalvadas as hipóteses de dispensa de consentimento previstas na própria LGPD (art. 7º, § 5º, da LGPD).

4.1.2. Cumprimento de obrigação legal ou regulatória pelo controlador

É autorizado o tratamento de dados para cumprimento de obrigações legais ou regulatórias pelo controlador (art. 7º, II, da LGPD).

Trata-se de autorização que decorre do princípio da legalidade, cabendo ao controlador realizar o tratamento de dados pessoais quando for necessário ao cumprimento da legislação em vigor.

Aqui, o princípio da legalidade deve ser compreendido de forma ampla, naquilo que se convencionou denominar "princípio da juridicidade", para englobar as normas constitucionais, legais e regulamentares.

4.1.3. Tratamento pela Administração Pública, para o tratamento e uso compartilhado de dados necessários à execução de políticas públicas previstas em leis e regulamentos ou respaldadas em contratos, convênios ou instrumentos congêneres, observadas as disposições do Capítulo IV da LGPD

O tratamento de dados pessoais pode ser realizado pela Administração Pública, para o tratamento e uso compartilhado de dados necessários à execução de políticas públicas previstas em leis e regulamentos ou respaldadas em contratos, convênios ou instrumentos congêneres (art. 7º, III, da LGPD).

O tratamento de dados pela Administração Pública deve observar o disposto nos arts. 23 a 32 da LGPD e será destacado em tópico próprio do livro.

4.1.4. Estudos por órgão de pesquisa, garantida, sempre que possível, a anonimização dos dados pessoais

O tratamento de dados pessoais pode ser realizado para estudos por órgão de pesquisa, garantida, sempre que possível, a anonimização dos dados pessoais (art. 7º, IV, da LGPD).

Considera-se órgão de pesquisa o "órgão ou entidade da Administração Pública direta ou indireta ou pessoa jurídica de direito privado sem fins lucrativos legalmente constituída sob as leis brasileiras, com sede e foro no País, que inclua em sua missão institucional ou em seu objetivo social ou estatutário a pesquisa básica ou aplicada de caráter histórico, científico, tecnológico ou estatístico".

Não obstante a expressão "órgão" denotar, tecnicamente, centro de atribuições despido de personalidade jurídica, para os fins de aplicação da LGPD, na forma do conceito referido, a expressão é adotada em sentido amplo para englobar, também, as pessoas jurídicas.

Inserem-se no conceito de órgão de pesquisa: a) órgãos públicos, que são despersonalizados (ex.: Ministérios, Secretarias Estaduais, Secretarias Municipais etc.); b) entes da Administração Pública Direta (União, Estado, DF e Municípios); c) entidades da Administração Pública indireta (autarquias, empresas públicas, sociedades de economia mista e fundações estatais); e d) pessoa jurídica de direito privado sem fins lucrativos legalmente constituída sob as leis brasileiras, com sede e foro no País, que inclua em sua missão institucional ou em seu objetivo social ou estatutário a pesquisa básica ou aplicada de caráter histórico, científico, tecnológico ou estatístico (ex.: fundações privadas, associações civis etc.).

Na interpretação *a contrario sensu*, estão excluídas, por exemplo, do conceito de órgãos de pesquisa as sociedades empresárias em razão da finalidade lucrativa.

No tratamento de dados pessoais por órgão de pesquisa, deve ser garantida, sempre que possível, a anonimização dos dados pessoais, na forma indicada no art. 7º, IV, da LGPD. Registre-se que a utilização da expressão "sempre que possível" denota que a anonimização deve ser realizada de maneira preferencial, cabendo ao órgão de pesquisa o ônus de demonstrar, no caso concreto, a inviabilidade da anonimização.

4.1.5. Execução de contrato ou de procedimentos preliminares relacionados a contrato do qual seja parte o titular, a pedido do titular dos dados

É admitido, também, o tratamento de dados pessoais para execução de contrato ou de procedimentos preliminares relacionados a contrato do qual seja parte o titular, a pedido do titular dos dados (art. 7º, V, da LGPD).

A celebração depende da identificação das partes envolvidas, com o fornecimento de dados pessoais (ex.: nome, estado civil, RG, CPF, endereço). Nas relações de consumo, por exemplo, é natural que o consumidor apresente dados ao fornecedor do bem e do serviço para celebração e execução do respectivo contrato.

O mesmo ocorre com procedimentos preliminares ao contrato, eventualmente necessários para decisão sobre a própria celebração do ajuste. Assim, por exemplo, a instituição financeira pode solicitar previamente dados do interessado para decidir sobre a viabilidade e interesse na celebração de contrato de financiamento imobiliário ou concessão de garantias.

4.1.6. Exercício regular de direitos em processo judicial, administrativo ou arbitral

O tratamento de dados pessoais é permitido para o exercício regular de direitos em processo judicial, administrativo ou arbitral, esse último nos termos da Lei 9.307/1996 – Lei de Arbitragem (art. 7º, VI, da LGPD).

Assim, por exemplo, nos referidos processos é admitida a utilização de informações e dados na fase de produção de provas, independentemente do consentimento do titular.

4.1.7. Proteção da vida ou da incolumidade física do titular ou de terceiro

É viável o tratamento de dados para proteção da vida ou da incolumidade física do titular ou de terceiro (art. 7º, VII, da LGPD).

Assim, por exemplo, é possível o tratamento de dados para localização, por meios de instrumentos tecnológicos, de titular desaparecido após desastre natural.

4.1.8. Tutela da saúde, exclusivamente, em procedimento realizado por profissionais de saúde, serviços de saúde ou autoridade sanitária

Outra hipótese autorizada para o tratamento de dados pessoais relaciona-se à tutela da saúde, exclusivamente, em procedimento realizado por profissionais de saúde, serviços de saúde ou autoridade sanitária (art. 7º, VIII, da LGPD).

4.1.9. Atendimento dos interesses legítimos do controlador ou de terceiro, exceto no caso de prevalecerem direitos e liberdades fundamentais do titular que exijam a proteção dos dados pessoais

É autorizado o tratamento de dados pessoais para atendimento quando houver necessidade de satisfazer os interesses legítimos do controlador ou de terceiro, salvo na hipótese em que prevalecerem direitos e liberdades fundamentais do titular que exijam a proteção dos dados pessoais (art. 7º, IX, da LGPD).

O denominado "legítimo interesse" constitui base legal para o tratamento de dados pessoais, mas que não é aplicável ao tratamento de dados pessoais sensíveis. Isso porque o tratamento dos dados pessoais sensíveis deve ser justificado em uma das bases legais arroladas no art. 11 da LGPD que não mencionar a hipótese do legítimo interesse.

A utilização do legítimo interesse do controlador somente poderá fundamentar tratamento de dados pessoais para finalidades legítimas, consideradas a partir de situações concretas, que incluem, ao menos (art. 10 da LGPD):[4]

---

[4] Viola e Teffé mencionam os seguintes exemplos: de aplicação da base legal do legítimo interesse: "a) o tratamento de dados pessoais estritamente necessário aos objetivos de prevenção e controle de fraudes ou para garantir a segurança da rede e da informação nos sistemas informáticos de determinada instituição; b) fornecimento de imagens de câmeras de segurança para fins de seguro; c) segurança e melhoria de produtos e serviços ao consumidor; d) tratamentos de dados de empregados para programas de retenção de talentos e iniciativas de bem-estar; e) no

a) apoio e promoção de atividades do controlador; e b) proteção, com relação ao titular, do exercício regular de seus direitos ou prestação de serviços que o beneficiem, respeitados as legítimas expectativas dele e os direitos e liberdades fundamentais.

Ao contrário do art. 7º, IX, da LGPD, que permite o tratamento de dados para atender aos interesses legítimos do controlador ou de terceiro, o art. 10, *caput*, da LGPD cuida, literalmente, apenas dos interesses legítimos do controlador, sem fazer referência aos terceiros, o que pode gerar dúvida a respeito do alcance subjetivo desse último dispositivo legal.

Em reforço aos princípios da necessidade e da transparência (art. 6º, III e VI, da LGPD), o tratamento fundamentado no legítimo interesse do controlador deve ficar restrito aos dados pessoais estritamente essenciais para a finalidade pretendida e o controlador deverá adotar medidas para garantir a transparência do tratamento dos dados, na forma do art. 10, §§ 1º e 2º, da LGPD.

Admite-se, ainda, que a ANPD solicite ao controlador relatório de impacto à proteção de dados pessoais, quando o tratamento tiver como fundamento seu interesse legítimo, observados os segredos comercial e industrial (art. 10, § 3º, da LGPD).

4.1.10. Proteção do crédito, inclusive quanto ao disposto na legislação pertinente

O tratamento de dados pessoais pode ocorrer para proteção do crédito, inclusive quanto ao disposto na legislação pertinente (art. 7º, X, da LGPD).

Mencione-se, por exemplo, a obtenção de informações, por parte da instituição financeira, relacionadas ao histórico bancário, vínculo empregatício e outros dados do titular para decisão sobre a eventual concessão de crédito.

É oportuno lembrar que, ao lado da LGPD, existem outros diplomas legais que demonstram a importância dos dados no âmbito da proteção do crédito, tal como ocorre no art. 43 do CDC, que trata do cadastro de consumidores (cadastro

---

caso de uso de dados por uma empresa para fazer ofertas mais adequadas e personalizadas a seus clientes, usando apenas os dados estritamente necessários para tal; f) envio de *e-mail* com descontos específicos para os produtos buscados por determinado usuário ou com indicações de compras, tomando como base seu histórico de compras; g) lembrar ao usuário que ele deixou itens no carrinho *online*, mas não finalizou a compra; e h) reunião de informações sobre determinado candidato em processos seletivos" (VIOLA, Mario; TEFFÉ, Chiara Spadaccini de. Tratamento de dados pessoais na LGPD: estudo sobre as bases leais dos artigos 7º e 11. *In*: DONEDA, Danilo; SARLET, Ingo Wolfgang; MENDES, Laura Schertel; RODRIGUES JUNIOR, Otavio Luiz; BIONI, Bruno Ricardo (coord.). *Tratado de proteção de dados pessoais*. Rio de Janeiro: Forense, 2021. p. 144).

negativo),[5] e na Lei 12.414/2011 (Lei do Cadastro Positivo), que disciplina a formação e consulta a bancos de dados com informações de adimplemento, de pessoas naturais ou de pessoas jurídicas, para formação de histórico de crédito.[6]

4.2. TRATAMENTO DE DADOS PESSOAIS SENSÍVEIS

O tratamento de dados pessoais sensíveis recebe tratamento jurídico específico na LGPD, em razão da relevância dos dados e do risco incrementado de utilização para fins discriminatórios, com grave violação aos direitos fundamentais.

Considera-se dado pessoal sensível aquele relacionado à origem racial ou étnica, convicção religiosa, opinião política, filiação a sindicato ou a organização de caráter religioso, filosófico ou político, dado referente à saúde ou à vida sexual, dado genético ou biométrico, quando vinculado a uma pessoa natural (art. 5º, II, da LGPD).[7]

O rol de dados sensíveis indicados no art. 5º, II, da LGPD deve ser considerado exemplificativo, o que permite considerar que dados inicialmente não relacionados àqueles previstos no referido dispositivo legal tornem-se sensíveis pelo seu uso em determinado contexto fático.[8]

---

[5] De acordo com o art. 43, § 2º, do CDC, a abertura de cadastro não precisa de consentimento do consumidor, mas é exigida a sua ciência, O dispositivo em comento prevê: "Art. 43. [...] § 2º A abertura de cadastro, ficha, registro e dados pessoais e de consumo deverá ser comunicada por escrito ao consumidor, quando não solicitada por ele. Sobre o tema, podem ser mencionadas, exemplificativamente, as seguintes súmulas do STJ: Súmula 359: "Cabe ao órgão mantenedor do Cadastro de Proteção ao Crédito a notificação do devedor antes de proceder à inscrição"; Súmula 385: "Da anotação irregular em cadastro de proteção ao crédito, não cabe indenização por dano moral, quando preexistente legítima inscrição, ressalvado o direito ao cancelamento"; Súmula 404: "É dispensável o aviso de recebimento (AR) na carta de comunicação ao consumidor sobre a negativação de seu nome em bancos de dados e cadastros"; e Súmula 548: "Incumbe ao credor a exclusão do registro da dívida em nome do devedor no cadastro de inadimplentes no prazo de cinco dias úteis, a partir do integral e efetivo pagamento do débito".

[6] Aliás, a legalidade da utilização do sistema *credit scoring*, autorizada pelos arts. 5º, IV, e 7º, I, da Lei 12.414/2011, foi atestada na Súmula 550 do STJ que dispõe: "A utilização de escore de crédito, método estatístico de avaliação de risco que não constitui banco de dados, dispensa o consentimento do consumidor, que terá o direito de solicitar esclarecimentos sobre as informações pessoais valoradas e as fontes dos dados considerados no respectivo cálculo".

[7] O tratamento jurídico especial conferido aos dados sensíveis já era apresentado pelo art. 3º, § 3º, II, da Lei 12.414/2011(Lei do Cadastro Positivo): "Art. 3º Os bancos de dados poderão conter informações de adimplemento do cadastrado, para a formação do histórico de crédito, nas condições estabelecidas nesta Lei. [...] § 3º Ficam proibidas as anotações de: [...] II – informações sensíveis, assim consideradas aquelas pertinentes à origem social e étnica, à saúde, à informação genética, à orientação sexual e às convicções políticas, religiosas e filosóficas".

[8] Nesse sentido: TEPEDINO, Gustavo; TEFFÉ, Chiara Spadaccini de. Consentimento e proteção de dados pessoais na LGPD. *In*: FRAZÃO, Ana; TEPEDINO, Gustavo; OLIVA, Milena Donato (coord.). *Lei Geral de Proteção de Dados Pessoais e suas repercussões no direito brasileiro*. 3. ed.

Segundo o art. 11 da LGPD, o tratamento de dados pessoais sensíveis somente poderá ocorrer nos seguintes casos: a) quando o titular ou seu responsável legal consentir, de forma específica e destacada, para finalidades específicas; b) sem fornecimento de consentimento do titular, nas hipóteses em que for indispensável para: b.1) cumprimento de obrigação legal ou regulatória pelo controlador; b.2) tratamento compartilhado de dados necessários à execução, pela Administração Pública, de políticas públicas previstas em leis ou regulamentos; b.3) realização de estudos por órgão de pesquisa, garantida, sempre que possível, a anonimização dos dados pessoais sensíveis; b.4) exercício regular de direitos, inclusive em contrato e em processo judicial, administrativo e arbitral, este último nos termos da Lei 9.307/1996 (Lei de Arbitragem); b.5) proteção da vida ou da incolumidade física do titular ou de terceiro; b.6) tutela da saúde, exclusivamente, em procedimento realizado por profissionais de saúde, serviços de saúde ou autoridade sanitária; ou b.7) garantia da prevenção à fraude e à segurança do titular, nos processos de identificação e autenticação de cadastro em sistemas eletrônicos, resguardados os direitos mencionados no art. 9º da LGPD e exceto no caso de prevalecerem direitos e liberdades fundamentais do titular que exijam a proteção dos dados pessoais.

É possível perceber que as bases legais indicadas no art. 11 da LGPD para tratamento de dados pessoais sensíveis são similares às bases legais apontadas no art. 7º da LGPD para o tratamento dos dados em geral.

Contudo, algumas bases legais do art. 7º da LGPD foram adaptadas ou não indicadas no art. 11 da LGPD.

É possível verificar duas bases legais adaptadas para autorizar o tratamento de dados pessoais sensíveis: a) o consentimento e b) o tratamento e uso compartilhado de dados pela Administração Pública para execução de políticas públicas.

No tratamento de dados pessoais, em geral, o art. 7º, I, da LGPD indica como base legal "o fornecimento de consentimento pelo titular". Por outro lado,

---

São Paulo: Thomson Reuters Brasil, 2023. p. 302. De forma semelhante, Carlos Nelson Konderi afirma: "Por conta disso, é inviável conceber rol taxativo de dados sensíveis, já que eles são definidos pelos efeitos potencialmente lesivos do seu tratamento. Nesse sentido, o próprio legislador reconhece que se aplicam as regras relativas ao tratamento de dados sensíveis aos dados pessoais que, posto não serem em si sensíveis, podem vir a revelar dados sensíveis (LGPD, art. 11, § 1º). Assim, por exemplo, dados de localização geográfica, hábitos de compras, preferências de filmes e histórico de pesquisa podem parecer inofensivos isoladamente, mas um rápido tratamento em conjunto pode servir a identificar orientação religiosa, política e mesmo sexual" (KONDERI, Carlos Nelson. O tratamento de dados sensíveis à luz da Lei 13.709/2018. *In*: FRAZÃO, Ana; TEPEDINO, Gustavo; OLIVA, Milena Donato (coord.). *Lei Geral de Proteção de Dados Pessoais e suas repercussões no direito brasileiro*. 3. ed. São Paulo: Thomson Reuters Brasil, 2023. p. 445). Da mesma forma, o Enunciado 690, aprovado na IX Jornada de Direito Civil do CJF, em 2022: "A proteção ampliada conferida pela LGPD aos dados sensíveis deverá ser também aplicada aos casos em que houver tratamento sensível de dados pessoais, tal como observado no §1º do art. 11 da LGPD".

tratando-se de dados pessoais sensíveis, o art. 11, I, da LGPD estabelece que o consentimento do titular ou do seu responsável legal deve ocorrer "de forma específica e destacada, para finalidades específicas".

Quanto aos dados pessoais, em geral, o art. 7º, III, da LGPD autoriza o tratamento pela Administração Pública "para o tratamento e uso compartilhado de dados necessários à execução de políticas públicas previstas em leis e regulamentos ou respaldadas em contratos, convênios ou instrumentos congêneres". Ao tratar dos dados sensíveis, o art. 11, II, "b", da LGPD somente autoriza o tratamento compartilhado de dados necessários à execução, pela Administração Pública, de políticas públicas previstas em leis ou regulamentos, não mencionando, portanto, o respaldo em contratos e outros negócios jurídicos.

Algumas bases legais, que normalmente autorizam o tratamento de dados, em geral, na forma do art. 7º, V, IX e X, da LGPD, não permitem o tratamento de dados sensíveis, uma vez que não são indicados no art. 11 da LGPD, a saber: a) tratamento necessário para a execução de contrato ou de procedimentos preliminares relacionados a contrato do qual seja parte o titular, a pedido do titular dos dados; b) tratamento para atender aos interesses legítimos do controlador ou de terceiro; e c) tratamento para proteção do crédito.

De outro lado, o art. 11, II, "g", da LGPD aponta a "garantia da prevenção à fraude e à segurança do titular, nos processos de identificação e autenticação de cadastro em sistemas eletrônicos" como base legal para o tratamento de dados pessoais sensíveis e que não justifica o tratamento de dados pessoais, em geral, em razão da ausência de previsão no art. 7º da LGPD.

O quadro a seguir apresenta a comparação entre as bases legais de tratamento dos dados pessoais, em geral, e os dados sensíveis:

Bases legais para tratamento de dados pessoais, em geral (art. 7º)	Bases legais para tratamento de dados pessoais sensíveis (art. 11)
Consentimento pelo titular.	Consentimento, pelo titular ou seu responsável legal, de forma específica e destacada, para finalidades específicas.
Cumprimento de obrigação legal ou regulatória pelo controlador.	Cumprimento de obrigação legal ou regulatória pelo controlador.
Tratamento e uso compartilhado de dados, pela Administração Pública, necessários à execução de políticas públicas previstas em leis e regulamentos ou respaldadas em contratos, convênios ou instrumentos congêneres, observadas as disposições do Capítulo IV da LGPD.	Tratamento compartilhado de dados necessários à execução, pela Administração Pública, de políticas públicas previstas em leis ou regulamentos.

Bases legais para tratamento de dados pessoais, em geral (art. 7º)	Bases legais para tratamento de dados pessoais sensíveis (art. 11)
Realização de estudos por órgão de pesquisa, garantida, sempre que possível, a anonimização dos dados pessoais.	Realização de estudos por órgão de pesquisa, garantida, sempre que possível, a anonimização dos dados pessoais sensíveis.
Execução de contrato ou de procedimentos preliminares relacionados a contrato do qual seja parte o titular, a pedido do titular dos dados.	X
Exercício regular de direitos em processo judicial, administrativo ou arbitral.	Exercício regular de direitos, inclusive em contrato e em processo judicial, administrativo e arbitral.
Proteção da vida ou da incolumidade física do titular ou de terceiro.	Proteção da vida ou da incolumidade física do titular ou de terceiro.
Tutela da saúde, exclusivamente, em procedimento realizado por profissionais de saúde, serviços de saúde ou autoridade sanitária.	Tutela da saúde, exclusivamente, em procedimento realizado por profissionais de saúde, serviços de saúde ou autoridade sanitária.
Atendimento dos interesses legítimos do controlador ou de terceiro, exceto no caso de prevalecerem direitos e liberdades fundamentais do titular que exijam a proteção dos dados pessoais.	X
Proteção do crédito, inclusive quanto ao disposto na legislação pertinente.	X
X	Garantia da prevenção à fraude e à segurança do titular, nos processos de identificação e autenticação de cadastro em sistemas eletrônicos, resguardados os direitos mencionados no art. 9º da LGPD e exceto no caso de prevalecerem direitos e liberdades fundamentais do titular que exijam a proteção dos dados pessoais.

De acordo com o § 2º do art. 11 da LGPD, no tratamento de dados pessoais sensíveis por parte de órgãos ou entidades públicas para "cumprimento de obrigação legal ou regulatória pelo controlador" e para "tratamento compartilhado de dados necessários à execução, pela administração pública, de políticas públicas previstas em leis ou regulamentos", é exigida a publicidade à referida dispensa de consentimento, nos termos do art. 23, I, da LGPD.

Ademais, o legislador estabeleceu restrições à comunicação e ao uso compartilhado de dados pessoais sensíveis entre controladores com o objetivo de obter vantagem econômica, admitida a vedação ou a regulamentação do tema por parte da ANPD, ouvidos os órgãos setoriais do Poder Público, no âmbito de suas competências, na forma do art. 11, § 3º, da LGPD.

Com relação aos dados pessoais sensíveis referentes à saúde com o objetivo de obter vantagem econômica, o art. 11, § 4º, da LGPD veda a comunicação ou o uso compartilhado entre controladores, exceto nas hipóteses relativas a prestação de serviços de saúde, de assistência farmacêutica e de assistência à saúde, incluídos os serviços auxiliares de diagnose e terapia, em benefício dos interesses dos titulares de dados, e para permitir: a) a portabilidade de dados quando solicitada pelo titular; ou b) as transações financeiras e administrativas resultantes do uso e da prestação dos referidos serviços.

O § 5º do art. 11 da LGPD, por sua vez, dispõe que as operadoras de planos privados de assistência à saúde não podem efetuar o tratamento de dados de saúde para a prática de seleção de riscos na contratação de qualquer modalidade, assim como na contratação e exclusão de beneficiários.

No tocante aos estudos em saúde pública, os órgãos de pesquisa poderão ter acesso a bases de dados pessoais, que serão tratados exclusivamente dentro do órgão e estritamente para a finalidade de realização de estudos e pesquisas e mantidos em ambiente controlado e seguro, conforme práticas de segurança previstas em regulamento específico e que incluam, sempre que possível, a anonimização ou a pseudonimização[9] dos dados, bem como considerem os devidos padrões éticos relacionados a estudos e pesquisas (art. 13 da LGPD).[10]

Nesse caso, os órgãos de pesquisa não poderão revelar dados pessoais na divulgação dos resultados ou de qualquer excerto do estudo ou da pesquisa, bem como deverão zelar pela segurança da informação, sendo vedada a transferência de dados a terceiros (art. 13, §§ 1º e 2º, da LGPD).

4.3. TRATAMENTO DE DADOS DE CRIANÇAS E DE ADOLESCENTES

Em razão da proteção constitucional da criança e do adolescente contida no art. 227 da CRFB que impõe o dever da família, da sociedade e do Estado

---

[9] A pseudonimização "é o tratamento por meio do qual um dado perde a possibilidade de associação, direta ou indireta, a um indivíduo, senão pelo uso de informação adicional mantida separadamente pelo controlador em ambiente controlado e seguro" (art. 13, § 4º, da LGPD).

[10] De acordo com o art. 13, § 3º, da LGPD: "O acesso aos dados de que trata este artigo será objeto de regulamentação por parte da autoridade nacional e das autoridades da área de saúde e sanitárias, no âmbito de suas competências".

de assegurar, com absoluta prioridade,[11] os seus direitos fundamentais, a LGPD apresentou tratamento destacado de proteção dos respectivos dados pessoais.

Nesse sentido, o art. 14 da LGPD dispõe que o tratamento de dados pessoais de crianças e de adolescentes deverá ser realizado em seu melhor interesse.

Conforme dispõe o art. 2º da Lei 8.069/1990 (Estatuto da Criança e do Adolescente – ECA), a criança é a pessoa com até 12 anos incompletos e o adolescente é a pessoa entre 12 e 18 anos.

No tratamento de dados de crianças, é exigido o consentimento específico e em destaque dado por pelo menos um dos pais ou pelo responsável legal, devendo os controladores manter pública a informação sobre os tipos de dados coletados, a forma de sua utilização e os procedimentos para o exercício dos direitos previstos no art. 18 da LGPD (art. 14, §§ 1º e 2º, da LGPD).

Perceba-se que a exigência de consentimento específico e em destaque dos pais ou representante legal, contida no art. 14, § 1º, da LGPD, refere-se apenas às crianças, não englobando os adolescentes que podem, de forma autônoma, apresentar consentimento válido para tratamento dos seus dados pessoais.[12]

O consentimento específico e destacado de pelo menos um dos pais ou do responsável legal para tratamento de dados pessoais de crianças não será exigido quando a coleta for necessária para contatar os pais ou o responsável legal, utilizados uma única vez e sem armazenamento, ou para sua proteção, e em nenhum caso poderão ser repassados a terceiro sem o referido consentimento (art. 14, § 3º, da LGPD).

---

[11] Nesse ponto, o parágrafo único do art. 4º da Lei 8.069/1990 (Estatuto da Criança e do Adolescente – ECA) prevê que a garantia de prioridade compreende: a) primazia de receber proteção e socorro em quaisquer circunstâncias; b) precedência de atendimento nos serviços públicos ou de relevância pública; c) preferência na formulação e na execução das políticas sociais públicas; d) destinação privilegiada de recursos públicos nas áreas relacionadas com a proteção à infância e à juventude.
De forma semelhante, a Lei 13.257/2016, que dispõe sobre as políticas públicas para a primeira infância, assim considerada o período que abrange os primeiros (6 anos completos ou 72 meses de vida da criança, reforça, em seu art. 3º, a prioridade absoluta em assegurar os direitos da criança, do adolescente e do jovem, o que "implica o dever do Estado de estabelecer políticas, planos, programas e serviços para a primeira infância que atendam às especificidades dessa faixa etária, visando a garantir seu desenvolvimento integral".

[12] Conforme destacam Gustavo Tepedino e Chiara Teffé: "Ao que parece, o legislador pretendeu reconhecer a validade do consentimento manifestado pelo adolescente para o tratamento de seus dados. Tomando como base a realidade da utilização da Internet e das mídias sociais, que têm entre seus usuários legiões de adolescentes, é possível que tenha optado por considerar jurídica hipótese fática dotada de ampla aceitação social" (TEPEDINO, Gustavo; TEFFÉ, Chiara Spadaccini de. Consentimento e proteção de dados pessoais na LGPD. *In*: FRAZÃO, Ana; TEPEDINO, Gustavo; OLIVA, Milena Donato (coord.). *Lei Geral de Proteção de Dados Pessoais e suas repercussões no direito brasileiro*. 3. ed. São Paulo: Thomson Reuters Brasil, 2023. p. 306).

A atuação do controlador no tratamento de dados de crianças deve observar as seguintes exigências: a) o controlador não deve condicionar a participação de crianças em jogos, aplicações de internet ou outras atividades ao fornecimento de informações pessoais além das estritamente necessárias à atividade (art. 14, § 4º, da LGPD); e b) o controlador deve realizar todos os esforços razoáveis para verificar que o consentimento específico e destacado de pelo menos um dos pais ou do responsável legal foi dado pelo responsável pela criança, consideradas as tecnologias disponíveis (art. 14, § 5º, da LGPD).

Por fim, as informações sobre o tratamento de dados de crianças e adolescentes deverão ser fornecidas de maneira simples, clara e acessível, consideradas as características físico-motoras, perceptivas, sensoriais, intelectuais e mentais do usuário, com uso de recursos audiovisuais quando adequado, de modo a proporcionar a informação necessária aos pais ou ao responsável legal e adequada ao entendimento da criança (art. 14, § 6º, da LGPD).

4.4. TÉRMINO DO TRATAMENTO DE DADOS PESSOAIS

Ao tratar da etapa final do ciclo de vida dos dados pessoais, os arts. 15 e 16 da LGPD cuidam, respectivamente, do término do tratamento e do dever de eliminação dos dados.

O término do tratamento de dados pessoais ocorrerá nos seguintes casos (art. 15 da LGPD): a) verificação de que a finalidade foi alcançada ou de que os dados deixaram de ser necessários ou pertinentes ao alcance da finalidade específica almejada; b) fim do período de tratamento; c) comunicação do titular, inclusive no exercício de seu direito de revogação do consentimento conforme disposto no § 5º do art. 8º da LGPD, resguardado o interesse público; ou d) determinação da autoridade nacional, quando houver violação ao disposto na LGPD.

Trata-se de rol exemplificativo que não exclui a viabilidade de outras situações que podem gerar o término do tratamento de dados pessoais, tal como ocorre com o desinteresse do controlador no tratamento.

Não obstante a regra seja a eliminação dos dados após o término do tratamento, o legislador autoriza, excepcionalmente, a sua conservação para o atendimento de determinadas finalidades.

Nesse sentido, o art. 16 da LGPD dispõe que os dados devem ser eliminados após o término do tratamento, autorizada a conservação para as seguintes finalidades: a) cumprimento de obrigação legal ou regulatória pelo controlador; b) estudo por órgão de pesquisa, garantida, sempre que possível, a anonimização dos dados pessoais; c) transferência a terceiro, desde que respeitados os requisitos de tratamento de dados dispostos LGPD; ou d) uso exclusivo do controlador, vedado seu acesso por terceiro, desde que anonimizados os dados.

Verifica-se que o legislador não indicou o prazo máximo para conservação de dados nas hipóteses autorizadas pelo art. 16 da LGPD, o que pode gerar dúvidas sobre a melhor interpretação da questão. De um lado, seria possível sustentar a aplicação analógica do prazo de seis meses indicado para guarda de registros de acesso a aplicações de internet prevista no art. 15 da Lei 12.965/2014 (Marco Civil da Internet). De outro lado, abre-se espaço para interpretar que a ausência de prazo específico no art. 16 da LGPD permitiria a conservação de dados por tempo ilimitado.[13]

Outro ponto que merece destaque é a omissão nos arts. 15 e 16 da LGPD com relação ao término do tratamento, eliminação e conservação de dados da pessoa falecida.

Conforme já destacado em outro momento, a LGPD não incide sobre a pessoa falecida, o que permite concluir que os respectivos dados poderão ser tratados para atender a sua finalidade ou a vontade do falecido, devendo ocorrer a eliminação dos dados após o término do tratamento.[14]

Por fim, cabe assinalar que o direito à eliminação de dados pessoais previsto na LGPD (art. 18, IV e VI), denominado no GDPR como "direito a ser esquecido", não se confunde com o "direito ao esquecimento".

Enquanto o direito à eliminação de dados encontra-se, normalmente, associado à violação à LGPD ou ao consentimento do titular, o direito ao esquecimento relaciona-se com o direito de exigir que "determinadas informações pessoais sejam

---

[13] Sobre o tema, Gisela Sampaio da Cruz Guedes e Rose Melo Vencelau Meireles afirmam: "Não previu o legislador prazo para a conservação dos dados pessoais nas hipóteses do art. 16 da LGPD. O Marco Civil da Internet, por outro lado, determina a guarda de registros de acesso a aplicações de internet na provisão de aplicações, sob sigilo, em ambiente controlado e de segurança, pelo prazo de seis meses ou regulamento específico, por exemplo. Com efeito, na ausência de lapso temporal para a guarda desses dados pessoais, poder-se-ia aplicar o prazo previsto no Marco Civil da Internet ou entender que não há limitação temporal" (GUEDES, Gisela Sampaio da Cruz; MEIRELES, Rose Melo Vencelau. Término do tratamento de dados. *In*: FRAZÃO, Ana; TEPEDINO, Gustavo; OLIVA, Milena Donato (coord.). *Lei Geral de Proteção de Dados Pessoais e suas repercussões no direito brasileiro*. 3. ed. São Paulo: Thomson Reuters Brasil, 2023. p. 226).

[14] De forma semelhante, Gisela Sampaio da Cruz Guedes e Rose Melo Vencelau Meireles sustentam: "A LGPD é omissa quanto aos efeitos da morte para fins de término do tratamento de dados. Contudo, a lógica da LGPD induz que a morte, de per si, não enseja o término do tratamento de dados, que poderá continuar para atender sua própria finalidade ou a vontade do falecido, por exemplo. [...] Vivo ou morto, os dados pessoais devem ser eliminados ao término do seu tratamento, sob pena de responsabilização civil pelas operações de dados que ocorrerem depois" (GUEDES, Gisela Sampaio da Cruz; MEIRELES, Rose Melo Vencelau. Término do tratamento de dados. *In*: FRAZÃO, Ana; TEPEDINO, Gustavo; OLIVA, Milena Donato (coord.). *Lei Geral de Proteção de Dados Pessoais e suas repercussões no direito brasileiro*. 3. ed. São Paulo: Thomson Reuters Brasil, 2023. p. 227).

retiradas de ambientes de acesso público ou não sejam divulgadas por implicarem algum tipo de prejuízo a seus titulares".[15]

Ocorre que o STF decidiu que o direito ao esquecimento seria inconstitucional (Tema 786 de Repercussão Geral): "É incompatível com a Constituição Federal a ideia de um direito ao esquecimento, assim entendido como o poder de obstar, em razão da passagem do tempo, a divulgação de fatos ou dados verídicos e licitamente obtidos e publicados em meios de comunicação social – analógicos ou digitais".[16]

---

[15] FRAZÃO, Ana; CARVALHO, Angelo Prata de; MILANEZ, Giovanna. *Curso de proteção de dados pessoais*: fundamentos da LGPD. Rio de Janeiro: Forense, 2022. p. 326-327. De forma semelhante, Anderson Schreiber afirma: "A lei brasileira – tal qual o regulamento europeu, em que pese a nomenclatura empregada nesse último – não trata, a rigor, do direito ao esquecimento, entendido, repita-se, como o direito do indivíduo de se opor à recordação pública e opressiva de fatos que já não mais reflitam sua identidade pessoal. O que nossa lei e o regulamento europeu contemplam é o direito à eliminação de dados, que, embora também inspirado na proteção da dignidade da pessoa humana, distancia-se do direito ao esquecimento, quer no tocante ao seu conteúdo, quer no que se refere aos seus fins mais imediatos" (SCHREIBER, Anderson. Dados pessoais na Lei 13.709/2018: distinções e potenciais convergências. TEPEDINO, Gustavo; TEFFÉ, Chiara Spadaccini de. Consentimento e proteção de dados pessoais na LGPD. *In*: FRAZÃO, Ana; TEPEDINO, Gustavo; OLIVA, Milena Donato (coord.). *Lei Geral de Proteção de Dados Pessoais e suas repercussões no direito brasileiro*. 3. ed. São Paulo: Thomson Reuters Brasil, 2023. p. 372).

[16] Anderson Schreiber critica o entendimento do STF que, segundo o autor, levou em consideração uma noção de direito ao esquecimento que já não correspondia ao estado atual da matéria na doutrina especializada, motivo pelo qual "o caráter excessivamente abstrato da tese aprovada pelo STF demonstra que toda a discussão em torno do direito ao esquecimento continua viva no direito brasileiro". Segundo o autor, "o direito ao esquecimento como direito de cada pessoa humana de se opor à recordação opressiva de determinados fatos perante a sociedade (recordações públicas nesse sentido), que lhe impeça de desenvolver plenamente sua identidade pessoal, por enfatizar perante terceiros aspectos de sua personalidade que não mais reflitam a realidade" (SCHREIBER, Anderson. Dados pessoais na Lei 13.709/2018: distinções e potenciais convergências. TEPEDINO, Gustavo; TEFFÉ, Chiara Spadaccini de. Consentimento e proteção de dados pessoais na LGPD. *In*: FRAZÃO, Ana; TEPEDINO, Gustavo; OLIVA, Milena Donato (coord.). *Lei Geral de Proteção de Dados Pessoais e suas repercussões no direito brasileiro*. 3. ed. São Paulo: Thomson Reuters Brasil, 2023. p. 360-369).

Capítulo 5

DIREITOS DO TITULAR

O direito à proteção de dados pessoais constitui direito fundamental previsto no inciso LXXIX do art. 5º da CRFB. Em conformidade com o disposto no art. 17 da LGPD, toda pessoa natural tem assegurada a titularidade de seus dados pessoais e garantidos os direitos fundamentais de liberdade, de intimidade e de privacidade.

O titular dos dados pessoais pode requisitar, a qualquer momento, do controlador, relativamente aos seus dados por ele tratados, as seguintes providências (art. 18 da LGPD): a) confirmação da existência de tratamento; b) acesso aos dados; c) correção de dados incompletos, inexatos ou desatualizados; d) anonimização, bloqueio ou eliminação de dados desnecessários, excessivos ou tratados em desconformidade com o disposto na LGPD; e) portabilidade dos dados a outro fornecedor de serviço ou produto, mediante requisição expressa, de acordo com a regulamentação da autoridade nacional, observados os segredos comercial e industrial; f) eliminação dos dados pessoais tratados com o consentimento do titular, exceto nas hipóteses previstas no art. 16 da LGPD; g) informação das entidades públicas e privadas com as quais o controlador realizou uso compartilhado de dados; h) informação sobre a possibilidade de não fornecer consentimento e sobre as consequências da negativa; i) revogação do consentimento, nos termos do § 5º do art. 8º da LGPD.

É relevante sublinhar que o rol de direitos constante do art. 18 da LGPD possui caráter exemplificativo e não exclui outros direitos dos titulares de dados previstos em outros diplomas legais ou tratados internacionais em que a República Federativa do Brasil seja parte, como destacado no art. 64 da LGPD.

Outro ponto que merece destaque concerne à menção de que os direitos do titular seriam direcionados ao controlador. Não obstante a literalidade do _caput_ do art. 18 da LGPD, entendemos que não apenas o controlador deve respeitar os direitos do titular, mas também o operador, que igualmente se insere no conceito de agentes de tratamento, além do encarregado, especialmente pelas funções dos referidos atores.[1]

Assim, por exemplo, os agentes de tratamento (controlador e operador) devem manter registro das operações de tratamento de dados pessoais que realizarem, cabendo ao operador efetuar o tratamento segundo as instruções fornecidas pelo controlador, que verificará a observância das próprias instruções e das normas sobre a matéria (arts. 37 e 39 da LGPD). Por sua vez, o encarregado, que é indicado pelo controlador, deve desenvolver diversas atividades relacionadas aos direitos do titular, por exemplo (art. 41, *caput* e § 2º, da LGPD): a) aceitar reclamações e comunicações dos titulares, prestar esclarecimentos e adotar providências; b) receber comunicações da ANPD e adotar providências; c) orientar os funcionários e os contratados da entidade a respeito das práticas a serem tomadas com relação à proteção de dados pessoais; e d) executar as demais atribuições determinadas pelo controlador ou estabelecidas em normas complementares.

O titular dos dados pessoais tem o direito de peticionar relativamente aos seus dados contra o controlador perante a ANPD e os órgãos de defesa do consumidor (art. 18, §§ 1º e 8º, da LGPD).

Trata-se do direito de petição previsto no texto constitucional e que deve ser exercido de forma gratuita (art. 5º, XXXIV, "a", da CRFB). Não por outra razão, o § 5º do art. 18 da LGPD prevê que o requerimento apresentado pelo titular será atendido sem custos para o titular, nos prazos e nos termos previstos em regulamento.

O titular também pode opor-se a tratamento realizado com fundamento em uma das hipóteses de dispensa de consentimento, por exemplo, de descumprimento da LGPD (art. 18, § 2º, da LGPD).

O titular, portanto, pode apresentar requerimento para exercer os seus direitos e, em caso de impossibilidade de adoção imediata da providência, o controlador enviará ao titular resposta em que poderá (art. 18, §§ 3º e 4º, da LGPD): a) comunicar que não é agente de tratamento dos dados e indicar, sempre que possível, o agente; ou b) indicar as razões de fato ou de direito que impedem a adoção imediata da providência.

---

[1] De forma semelhante, Ana Frazão, Angelo Carvalho e Giovanna Milanez sustentam: "No entanto, o silêncio do legislador quanto à extensão desses direitos a outros agentes de tratamento não pode ser interpretado como uma tentativa de isentar de responsabilidade, por exemplo, operadores e, ainda que em menor proporção, também encarregados. Pelo contrário, a interpretação sistemática da LGPD e a própria leitura funcional da figura do controlador, conforme descrita pela lei, demonstra que os deveres e responsabilidades dos agentes de tratamento devem ser compreendidos em conjunto, mesmo porque a responsabilidade do encarregado e do operador decorre justamente de sua relação com o controlador" (FRAZÃO, Ana; CARVALHO, Angelo Prata de; MILANEZ, Giovanna. *Curso de proteção de dados pessoais*: fundamentos da LGPD. Rio de Janeiro: Forense, 2022. p. 316).

Registre-se, ainda, que os dados pessoais referentes ao exercício regular de direitos pelo titular não podem ser utilizados em seu prejuízo (art. 21 da LGPD).

Quanto à proteção judicial dos titulares, o art. 22 da LGPD prevê que a defesa dos interesses e dos direitos dos titulares de dados poderá ser exercida em juízo, individual ou coletivamente, na forma do disposto na legislação pertinente, acerca dos instrumentos de tutela individual e coletiva.[2]

5.1. DIREITO À CONFIRMAÇÃO DA EXISTÊNCIA DE TRATAMENTO

O direito à confirmação da existência de tratamento de dados pessoais é previsto no art. 18, I, da LGPD e permite que o titular, independentemente de justificativa, obtenha a confirmação de que os seus dados são tratados pelo controlador.

Trata-se de direito intimamente relacionado ao princípio da transparência, indicado no art. 6º, VI, da LGPD, que garante, aos titulares, informações claras, precisas e facilmente acessíveis sobre a realização do tratamento e os respectivos agentes de tratamento, observados os segredos comercial e industrial.

5.2. DIREITO DE ACESSO AOS DADOS PESSOAIS

É reconhecido ao titular o direito de acesso aos seus dados perante o controlador, na forma do art. 18, II, da LGPD.

O direito de acesso aos dados pessoais encontra fundamento nos seguintes princípios (art. 6º, IV, V e VI, da LGPD): a) livre acesso: garante aos titulares a consulta facilitada e gratuita sobre a forma e a duração do tratamento, além da integralidade de seus dados pessoais; b) qualidade dos dados: garante aos titulares exatidão, clareza, relevância e atualização dos dados, de acordo com a necessidade e para o cumprimento da finalidade de seu tratamento; e c) transparência: garante aos titulares a prestação de informações claras, precisas e facilmente acessíveis sobre a realização do tratamento e os respectivos agentes de tratamento, observados os segredos comercial e industrial.

---

[2] A respeito do tema, Gustavo Tepedino e Chiara Teffé afirmam: "A proteção de dados pessoais deve integrar as dimensões individuais e coletivas pertinentes aos direitos fundamentais. Quando se controla o tratamento de dados, não se resguarda apenas o indivíduo cujos dados estão relacionados, mas também o grupo social do qual ele faz parte, interesses coletivos e as futuras gerações. Nesse sentido, entende-se que também às coletividades devem ser garantidos meios jurídicos, técnicos e sociais que aumentem seu poder e controle sobre os dados" (TEPEDINO, Gustavo; TEFFÉ, Chiara Spadaccini de. Consentimento e proteção de dados pessoais na LGPD. *In*: FRAZÃO, Ana; TEPEDINO, Gustavo; OLIVA, Milena Donato (coord.). *Lei Geral de Proteção de Dados Pessoais e suas repercussões no direito brasileiro*. 3. ed. São Paulo: Thomson Reuters Brasil, 2023. p. 290-291).

Os direitos à confirmação da existência de tratamento e de acesso aos dados encontram fundamento, ainda, no art. 9º da LGPD. Segundo o referido dispositivo legal, o titular possui direito ao acesso facilitado às informações sobre o tratamento de seus dados, que deverão ser disponibilizadas de forma clara, adequada e ostensiva, envolvendo, especialmente: a) finalidade específica do tratamento; b) forma e duração do tratamento, observados os segredos comercial e industrial; c) identificação do controlador; d) informações de contato do controlador; e) informações acerca do uso compartilhado de dados pelo controlador e a finalidade; f) responsabilidades dos agentes que realizarão o tratamento; e g) direitos do titular, com menção explícita aos direitos contidos no art. 18 da LGPD.

Os direitos à confirmação de existência e de acesso aos dados pessoais previstos nos incisos I e II do art. 18 da LGPD serão providenciados, mediante requisição do titular, em formato simplificado, imediatamente, ou por meio de declaração clara e completa, que indique a origem dos dados, a inexistência de registro, os critérios utilizados e a finalidade do tratamento, observados os segredos comercial e industrial, fornecida no prazo de até 15 dias, contado da data do requerimento do titular (art. 19, I e II, da LGPD).[3]

Os dados pessoais devem ser armazenados em formato que favoreça o exercício do direito de acesso e poderão ser fornecidos, a critério do titular, por meio eletrônico, seguro e idôneo para esse fim, ou sob forma impressa, nos termos do art. 19, §§ 1º e 2º, da LGPD.

Na hipótese de tratamento fundamentado no consentimento do titular ou em contrato, o titular poderá solicitar cópia eletrônica integral de seus dados pessoais, observados os segredos comercial e industrial, nos termos de regulamentação da ANPD, em formato que permita a sua utilização subsequente, inclusive em outras operações de tratamento (art. 19, § 3º, da LGPD).

5.3. DIREITO À CORREÇÃO DE DADOS INCOMPLETOS, INEXATOS OU DESATUALIZADOS

É reconhecido ao titular o direito de exigir que o controlador corrija os dados pessoais incompletos, inexatos ou desatualizados (art. 18, III, da LGPD).[4]

---

[3] A ANPD poderá dispor de forma diferenciada acerca dos prazos para os setores específicos, na forma autorizada pelo § 4º do art. 19 da LGPD.

[4] O direito de correção de dados incompletos, inexatos ou desatualizados é mencionado também no art. 16 do GDPR: "Art. 16, GDPR. Right to rectification. 1. The data subjects hall have the right to obtain from the controller without undue delay the rectification of inaccurate personal data concerning him or her. 2. Taking into account the purposes of the processing, the data subject shall have the right to have incomplete personal data completed, including by means of providing a supplementary statement" (Disponível em: https://gdpr-info.eu/art-16-gdpr/. Acesso em: 22 jan. 2024).

O direito à correção dos dados possui fundamento no princípio da qualidade dos dados, com a garantia de exatidão, clareza, relevância e atualização dos dados, de acordo com a necessidade e para o cumprimento da finalidade de seu tratamento, na forma do art. 6º, V, da LGPD.

Destaca-se, ainda, que o responsável deve informar, de maneira imediata, aos agentes de tratamento com os quais tenha realizado uso compartilhado de dados a correção dos dados para que repitam idêntico procedimento, salvo na hipótese de impossibilidade ou exigência de esforço desproporcional dessa comunicação (art. 18, § 6º, da LGPD).

5.4. DIREITO À ANONIMIZAÇÃO, BLOQUEIO OU ELIMINAÇÃO DE DADOS DESNECESSÁRIOS, EXCESSIVOS OU TRATADOS EM DESCONFORMIDADE COM A LGPD

Outro direito reconhecido ao titular refere-se à anonimização, bloqueio ou eliminação de dados desnecessários, excessivos ou tratados em desconformidade com a LGPD (art. 18, IV, da LGPD).

Conforme já salientado, os dados anonimizados são os dados relativos aos titulares que não podem ser identificados, considerando a utilização de meios técnicos razoáveis e disponíveis na ocasião de seu tratamento (art. 5º, III, da LGPD). Os dados anonimizados não são considerados dados pessoais, exceto na utilização de dados para formação do perfil comportamental de determinada pessoa natural identificada e na hipótese em que o processo de anonimização puder ser revertido, nos termos do art. 12, *caput* e § 2º, da LGPD.

Lembre-se que, em determinados casos, a anonimização de dados pessoais é exigida, sempre que possível, para a realização de estudos por órgão de pesquisa (arts. 7º, IV, 11, II, "c", 13 e 16, II).

O titular tem o direito não apenas à anonimização dos seus dados pessoais, como também ao bloqueio ou eliminação dos dados. Enquanto o bloqueio constitui a suspensão temporária de qualquer operação de tratamento, mediante guarda do dado pessoal ou do banco de dados, a eliminação acarreta a exclusão de dado ou de conjunto de dados armazenados em banco de dados, independentemente do procedimento empregado (art. 5º, XIII e XIV, da LGPD).

Aliás, o bloqueio e a eliminação de dados constituem sanções administrativas que podem ser aplicadas pela ANPD aos agentes de tratamento, com fundamento no art. 52, V e VI, da LGPD.

O responsável tem o dever de informar, de maneira imediata, aos agentes de tratamento com os quais tenha realizado uso compartilhado de dados, a anonimização ou o bloqueio dos dados para que repitam idêntico procedimento, exceto nos casos em que essa comunicação seja comprovadamente impossível ou implique esforço desproporcional (art. 18, § 6º, da LGPD).

5.5. DIREITO À PORTABILIDADE

O direito à portabilidade permite que o titular solicite a portabilidade dos seus dados a outro fornecedor de serviços ou produtos, nos termos da regulamentação da ANPD e de órgãos de proteção do consumidor, observados os segredos comercial e industrial (art. 18, V e § 8º, da LGPD).

Dessa forma, o titular tem o direito de solicitar transmissão (circulação) dos seus dados para outro fornecedor de serviços ou produtos, o que revela proteção especial aos consumidores que podem escolher fornecedores (controladores) que apresentem condições mais vantajosas e que receberão e reutilizarão os dados do titular.

A portabilidade dos dados a outro fornecedor de serviço ou produto depende de requisição expressa do titular, o que reforça a autodeterminação informativa e a proteção do titular que não precisa ficar aprisionado (*consumer lock-in*) a determinado fornecedor, estimulando, inclusive, a concorrência, uma vez que facilita a escolha pelo titular de novo fornecedor de bens e serviços que receberá os seus respectivos dados para tratamento.[5]

Cabe notar que o direito à portabilidade dos dados a outro fornecedor de serviço ou produto não inclui dados que já tenham sido anonimizados pelo controlador (art. 18, V e § 7º, da LGPD).

A portabilidade de dados acarreta a transmissão de dados entre fornecedores (controladores) distintos, o que possui risco inerente à segurança das informações transmitidas, razão pela qual é necessário que os controladores (transmissor e receptor) adotem medidas preventivas de segurança para evitar o acesso indevido dos dados por pessoas não autorizadas.

A partir dessa preocupação, a ANPD, nos termos do art. 40 da LGPD, poderá dispor sobre padrões de interoperabilidade para fins de portabilidade, livre acesso aos dados e segurança, assim como sobre o tempo de guarda dos registros, tendo em vista especialmente a necessidade e a transparência.

O direito à portabilidade também é previsto no art. 20 do GDPR,[6] sendo possível mencionar que uma diferença com relação ao tratamento consagrado

---

[5] De forma semelhante, Daniela Copetti Cravo sustenta: "A portabilidade, dessa forma, apresenta uma dupla essência: além de permitir que os indivíduos exercitem o seu direito à autodeterminação informacional, busca promover a concorrência em um mercado caracterizado por grandes vencedores monopolistas e com efeitos de rede" (CRAVO, Daniela Copetti. O direito à portabilidade na Lei Geral de Proteção de Dados. *In:* FRAZÃO, Ana; TEPEDINO, Gustavo; OLIVA, Milena Donato (coord.). *Lei Geral de Proteção de Dados Pessoais e suas repercussões no direito brasileiro.* 3. ed. São Paulo: Thomson Reuters Brasil, 2023. p. 338).

[6] O direito à portabilidade é previsto no art. 20 do GDPR: "Art. 20, GDPR. Right to data portability: 1. The data subject shall have the right to receive the personal data concerning him or her, which he or she has provided to a controller, in a structured, commonly used and machine-readable format and have the right to transmit those data to another controller

no art. 18, V, da LGPD refere-se ao destinatário da portabilidade: enquanto a LGPD prevê a portabilidade entre fornecedores (controladores), o GDPR indica a possibilidade de recebimento dos dados pelo próprio titular ou a transmissão entre controladores.[7]

Não obstante essa diferença literal, é preciso considerar que o titular, no ordenamento jurídico brasileiro, poderia solicitar o acesso aos seus dados para, posteriormente, transferi-los para outro fornecedor, com fundamento no direito de acesso consagrado no art. 18, II, da LGPD.

Dessa forma, o titular tem o direito de acessar os seus dados e solicitar a sua transmissão (circulação) para outro fornecedor de serviços ou produtos, o que revela proteção especial aos consumidores que podem escolher fornecedores (controladores) que apresentem condições mais vantajosas e que receberão e reutilizarão os dados do titular.

5.6. DIREITO À ELIMINAÇÃO DE DADOS PESSOAIS TRATADOS COM O CONSENTIMENTO DO TITULAR

O titular tem o direito à eliminação dos dados pessoais tratados com o seu consentimento (art. 18, VI, da LGPD).

Conforme já assinalado, o direito à eliminação de dados pessoais também é previsto no inciso IV do art. 18 da LGPD. A diferença entre as hipóteses é que o inciso IV cuida da eliminação de dados pessoais desnecessários, excessivos ou tratados em desconformidade com a LGPD, e o inciso VI dispõe sobre a eliminação de dados pessoais tratados com o consentimento do titular.

---

without hindrance from the controller to which the personal data have been provided, where: (a) the processing is based on consente pursuant to point (a) of Article 6(1) or point (a) of Article 9(2) or on a contract pursuant to point (b) of Article 6(1); and (b) the processing is carried out by automated means. 2.In exercising his or her right to data portability pursuant to paragraph 1, the data subject shall have the right to have the personal data transmitted directly from one controller to another, where technically feasible. 3. The exercise of the right referred to in paragraph 1 of this Article shall be without prejudice to Article 17. That right shall not apply to processing necessary for the performance of a task carried out in the public interest or in the exercise of official authority vested in the controller. 4. The right referred to in paragraph 1 shall not adversely affect the rights and freedoms of others" (Disponível em: https://gdpr-info.eu/art-20-gdpr/. Acesso em: 22 jan. 2024).

[7] Além da diferença em relação ao destinatário, outra diferença entre os tratamentos jurídicos relaciona-se ao objeto do direito à portabilidade: de um lado, o art. 18, V, da LGPD não delimita o objeto do direito à portabilidade, condicionando apenas o exercício do direito aos limites do segredo comercial e da regulamentação do controlador; de outro lado, o art. 20 do GDPR limita o direito à portabilidade aos dados pessoais diretamente oferecidos pelo titular (FRAZÃO, Ana; CARVALHO, Angelo Prata de; MILANEZ, Giovanna. *Curso de proteção de dados pessoais*: fundamentos da LGPD. Rio de Janeiro: Forense, 2022. p. 334-336).

Afasta-se o direito à eliminação de dados pessoais, após o término do tratamento, nas hipóteses previstas no art. 16 da LGPD que autorizam a conservação dos dados pessoais para implementação das finalidades indicadas no referido dispositivo legal.

O responsável deverá informar, de maneira imediata, aos agentes de tratamento com os quais tenha realizado uso compartilhado de dados a correção, a eliminação dos dados, para que repitam idêntico procedimento, exceto nos casos em que essa comunicação seja comprovadamente impossível ou implique esforço desproporcional (art. 18, § 6º, da LGPD).

5.7. DIREITO À INFORMAÇÃO DAS ENTIDADES PÚBLICAS E PRIVADAS COM AS QUAIS O CONTROLADOR REALIZOU O USO COMPARTILHADO DE DADOS

É reconhecido o direito do titular de exigir que o controlador informe as entidades públicas e privadas com as quais tenha realizado o uso compartilhado de dados (art. 18, VII, da LGPD).

Trata-se de direito que decorre do princípio da transparência, consagrado no art. 6º, VI, da LGPD, que garante ao titular a obtenção de informações claras, precisas e facilmente acessíveis sobre a realização do tratamento, inclusive sobre os respectivos agentes de tratamento, observados os segredos comercial e industrial. Nesse ponto, é oportuno destacar que a transparência não se resume ao conteúdo dos dados, mas também aos agentes de tratamento dos dados do titular.

Igualmente, o direito de obter informações acerca do uso compartilhado de dados pelo controlador e a respectiva finalidade encontra previsão no art. 9º, V, da LGPD.

Em suma, o titular tem o direito de ser informado a respeito das entidades com as quais o controlador realizou uso compartilhado de dados, do conteúdo do compartilhamento e da sua finalidade.

5.8. DIREITO À INFORMAÇÃO SOBRE A POSSIBILIDADE DE NÃO FORNECER CONSENTIMENTO E SOBRE AS CONSEQUÊNCIAS DA NEGATIVA

O titular também possui o direito de obter informação sobre a possibilidade de não fornecer consentimento e sobre as consequências da negativa (art. 18, VIII, da LGPD).

Aqui, mais uma vez, o princípio da transparência (art. 6º, VI, da LGPD) é utilizado fundamento para o direito reconhecido ao titular na obtenção de informações claras, precisas e facilmente acessíveis sobre a possibilidade de não fornecer o seu consentimento e as eventuais consequências negativas.

5.9. DIREITO À REVOGAÇÃO DO CONSENTIMENTO

É previsto, ainda, o direito do titular de revogar o consentimento (art. 18, IX, da LGPD).

É preciso lembrar que o direito à revogação do consentimento também é previsto no art. 8º, § 5º, da LGPD, que viabiliza o exercício do referido direito a qualquer momento por meio de manifestação expressa do titular, por procedimento gratuito e facilitado, ratificados os tratamentos realizados sob amparo do consentimento anteriormente manifestado enquanto não houver requerimento de eliminação.

5.10. DIREITO À REVISÃO E À EXPLICAÇÃO DE DECISÕES AUTOMATIZADAS

Além dos direitos indicados no art. 18 da LGPD, é possível mencionar o direito à revisão e à explicação de decisões automatizadas (art. 20, *caput* e § 1º, da LGPD).[8]

De acordo com o art. 20, *caput*, da LGPD, o titular pode solicitar a revisão de decisões tomadas unicamente com base em tratamento automatizado de dados pessoais que afetem seus interesses, incluídas as decisões destinadas a definir o seu perfil pessoal, profissional, de consumo e de crédito ou os aspectos de sua personalidade.

Cabe notar que a redação originária do art. 20, *caput*, da LGPD estabelecia que a revisão das decisões automatizadas seria realizada por pessoa natural. Com a redação conferida pela Lei 13.853/2019, foi suprimida a necessidade de revisão por pessoa natural, o que sugere que a revisão, na redação legislativa atual, pode ser efetuada por pessoa natural ou de forma automatizada.

A possibilidade de revisão totalmente automatizada de decisões automatizadas tem gerado preocupações doutrinárias, uma vez que pode colocar em risco os direitos dos titulares de dados, especialmente "pelo fato de que as decisões algorítmicas são caracterizadas por grande opacidade, sendo verdadeiras caixas-pretas, sem transparência ou *accountability*", além da possibilidade de constituírem decisões "bastante enviesadas e ainda refletirem diversos tipos de preconceitos".[9] Não por

---

[8] O direito à revisão e à explicação de decisões automatizadas já encontrava previsão no art. 5º, VI, da Lei 12.414/2011 (Lei do Cadastro Positivo) e na Súmula 550 do STJ: "A utilização de escore de crédito, método estatístico de avaliação de risco que não constitui banco de dados, dispensa o consentimento do consumidor, que terá o direito de solicitar esclarecimentos sobre as informações pessoais valoradas e as fontes dos dados considerados no respectivo cálculo".

[9] FRAZÃO, Ana; CARVALHO, Angelo Prata de; MILANEZ, Giovanna. *Curso de proteção de dados pessoais*: fundamentos da LGPD. Rio de Janeiro: Forense, 2022. p. 344.

outra razão, apesar da ausência de obrigatoriedade, parcela da doutrina sustenta que a revisão por uma pessoa natural é prática recomendável.[10]

Ao contrário do art. 20, *caput*, da LGPD, o art. 22 do GDPR dispõe que, em regra, "o titular dos dados tem o direito de não ficar sujeito a uma decisão baseada exclusivamente no tratamento automatizado, incluindo a definição de perfis, que produza efeitos na sua esfera jurídica ou que o afete significativamente de forma semelhante".[11]

Por sua vez, o § 1º do art. 20 da LGPD trata do direito à explicação de decisões automatizadas. Assim, com fundamento nos princípios do livre acesso, da qualidade e da transparência (art. 6º, IV, V e VI, da LGPD) e nos direitos à confirmação da existência de tratamento e de acesso aos dados (art. 18, I e II, da LGPD), o art. 20, § 1º, da LGPD estabelece que o controlador deverá fornecer, sempre que solicitadas, informações claras e adequadas a respeito dos critérios e dos procedimentos utilizados para a decisão automatizada, observados os segredos comercial e industrial.

Na hipótese de não oferecimento de informações indicadas no § 1º do art. 20 da LGPD, com fundamento no segredo comercial e industrial, a ANPD poderá realizar auditoria para verificação de aspectos discriminatórios em tratamento automatizado de dados pessoais (art. 20, § 2º, da LGPD).

---

[10]   SOUZA, Carlos Affonso; PERONE, Christian; MAGRANI, Eduardo. O direito à explicação: entre a experiência europeia e a sua positivação na LGPD. *In*: DONEDA, Danilo; SARLET, Ingo Wolfgang; MENDES, Laura Schertel; RODRIGUES JUNIOR, Otavio Luiz; BIONI, Bruno Ricardo (coord.). *Tratado de proteção de dados pessoais*. Rio de Janeiro: Forense, 2021. p. 267.

[11]   GDPR: "Art. 22 GDPR Automated individual decision-making, including profiling: 1. The data subject shall have the right not to be subject to a decision based solely on automated processing, including profiling, which produces legal effects concerning him or her or similarly significantly affects him or her.
2. Paragraph 1 shall not apply if the decision: (a) is necessary for entering into, or performance of, a contract between the data subject and a data controller; (b) is authorised by Union or Member State law to which the controller is subject and which also lays down suitable measures to safeguard the data subject's rights and freedoms and legitimate interests; or (c) is based on the data subject's explicit consent. 3. In the cases referred to in points (a) and (c) of paragraph 2, the data controller shall implement suitable measures to safe guard the data subject's rights and freedoms and legitimate interests, at least the right to obtain human intervention on the part of the controller, to express his or her point of view and to contest the decision. 4. Decisions referred to in paragraph 2 shall not be based on special categories of personal data referred to in Article 9(1), unless point (a) or (g) of Article 9(2) applies and suitable measures to safeguard the data subject's rights and freedoms and legitimate interests are in place" (Disponível em: https://gdpr-info.eu/art-22-gdpr/. Acesso em: 22 jan. 2024).

Capítulo 6

LGPD E ADMINISTRAÇÃO PÚBLICA

6.1. DELIMITAÇÃO DA APLICAÇÃO DA LGPD À ADMINISTRAÇÃO PÚBLICA

A Administração Pública recebe tratamento jurídico destacado no Capítulo IV da LGPD (arts. 23 a 32), o que é justificado, em grande medida, pela sua relevância no tratamento de dados das pessoas naturais, constituindo-se em um dos principais agentes de tratamento de dados pessoais de pessoas naturais, desde o momento em que adquirem a personalidade civil, com o nascimento, até o fim da personalidade, com a morte.

Assim, por exemplo, diversos dados relacionam-se com documentos emitidos pela própria Administração Pública (ex.: certidão de nascimento, RG, CPF, carteira de trabalho e previdência social, certidão de óbito etc.) ou são coletados pela Administração Pública para viabilizar direitos fundamentais e promover o interesse público (ex.: endereço, nível de escolaridade, renda familiar etc.).

Especialmente após a 2.ª Guerra Mundial, o Estado passou a desempenhar múltiplas tarefas no campo social (ex.: saúde, educação, seguridade social etc.) e, especialmente, após a década de 1980, em razão do movimento de ajuste fiscal e de privatizações, também tarefas regulatórias relacionadas às atividades econômicas e à prestação de serviços públicos, destacando-se os setores de energia, telecomunicações, petróleo, transporte público etc. Com isso, aliado ao avanço tecnológico, o Estado passou a ser "um grande colecionador de dados pessoais" e, portanto, um dos maiores agentes de tratamento de dados na atualidade.[1]

---

[1] BUCAR, Daniel; OLIVEIRA, Rafael Carvalho Rezende. A Lei Geral de Proteção de Dados e a Administração Pública: por uma convergência da privacidade com o interesse público. *In*: DAL POZZO, Augusto Neves; MARTINS, Ricardo Marcondes (coord.). *LGPD e administração pública*: uma análise ampla dos impactos. São Paulo: Thomson Reuters Brasil, 2020. p. 896-897.

O tratamento de dados pessoais pela Administração Pública, portanto, revela-se essencial para o reconhecimento e a concessão de direitos, bem como para a formulação e a implementação de políticas públicas.

Com efeito, além de ser responsável por uma imensa quantidade de informações necessárias à gestão da máquina pública, o tratamento de dados pessoais do cidadão no âmbito do Poder Público é inerente e necessário ao desenvolvimento e implementação de políticas públicas cada vez mais eficientes e compatíveis com a sociedade em rede. Afinal, sob uma análise econômica, dados podem ser convertidos em informações necessárias ou úteis para a realização de atividades voltadas à coletividade.[2]

É possível mencionar diversos exemplos que demonstram que a Administração Pública é detentora de inúmeros dados pessoais, tais como: a) a Receita Federal do Brasil, como controladora de dados dos contribuintes; b) as entidades públicas integrantes do Sistema Único de Saúde (SUS), responsáveis por tratar dados sensíveis referentes à saúde dos cidadãos usuários; c) os órgãos de previdência social, no que diz respeito aos dados dos indivíduos assistidos; d) empresas estatais, a exemplo dos bancos públicos (Caixa Econômica Federal, Banco do Brasil, Banco do Nordeste), Empresa de Correios e Telégrafos (ECT), Dataprev, entre muitas outras.

A relevância do papel da Administração Pública no tratamento de dados pessoais é intensificada no campo digital, com a crescente digitalização de informações e documentos para implementação de políticas públicas, prestação de serviços públicos, poder de polícia, entre outras atividades estatais. Nesse cenário, ao dispor sobre o governo digital, a Lei 14.129/2021, nos arts. 1º, parágrafo único, e 3º, XVII, prevê a proteção de dados pessoais como princípio e diretriz, com a necessária observância da LGPD.

Conforme já mencionado, a LGPD reservou o seu Capítulo IV (arts. 23 a 32) para regular o tratamento de dados pelo Poder Público, estabelecendo uma disciplina específica voltada às particularidades da atividade pública, com destaque para a previsão de que o tratamento de dados pessoais pelas pessoas jurídicas de direito público deverá ser realizado para o atendimento de sua finalidade pública, na persecução do interesse público, com o objetivo de executar as competências legais ou cumprir as atribuições legais do serviço público.

É preciso notar, contudo, que o Capítulo IV não é o único momento em que a LGPD estabelece previsões voltadas ao Poder Público, sendo possível mencionar, exemplificativamente: a) art. 7º, III, que autoriza o tratamento e uso compartilhado

---

[2]   FRAZÃO, Ana. Fundamentos da proteção dos dados pessoais: noções introdutórias para a compreensão da importância da Lei Geral de Proteção de Dados. *In*: TEPEDINO, Gustavo; FRAZÃO, Ana; OLIVA, Milena Donato (coord.). *Lei Geral de Proteção de Dados Pessoais e suas repercussões no direito brasileiro*. São Paulo: RT, 2019. p. 26.

de dados, por parte da Administração Pública, quando essenciais à execução de políticas públicas previstas em leis e regulamentos ou respaldadas em contratos, convênios ou instrumentos congêneres, observadas as disposições do Capítulo IV; b) art. 11, II, "b", que permite o tratamento de dados pessoais sensíveis necessários à execução, pela Administração Pública, de políticas públicas previstas em leis ou regulamentos; e c) art. 33, VII, que admite a transferência internacional de dados pessoais quando imprescindível para a cooperação jurídica internacional entre órgãos públicos de inteligência, de investigação e de persecução, de acordo com os instrumentos de direito internacional.

Ressalte-se que a LGPD apresenta certa imprecisão terminológica quando pretende se referir às entidades estatais e privadas que prestam serviços públicos, sendo possível encontrar, ao longo do texto legislativo, expressões variadas, sem maior rigor técnico e conceitual, tais como "Poder Público", "pessoas jurídicas de direito público", "Administração Pública", "órgãos públicos". No título do Capítulo IV, por exemplo, a LGPD utiliza a expressão "Poder Público".

Não obstante a assimetria terminológica e a imprecisão conceitual, entendemos que a expressão "Poder Público", a partir da interpretação sistemática da LGPD, deve ser compreendida de forma ampla para abarcar as pessoas jurídicas de direito público e as pessoas jurídicas de direito privado da Administração Pública.[3]

De acordo com o art. 23 da LGPD, ao tratar das pessoas estatais, faz referência às entidades previstas no parágrafo único do art. 1º da Lei 12.527/2011 (LAI) que, por sua vez, abarca os seguintes órgãos e entidades: a) órgãos públicos integrantes da administração direta dos Poderes Executivo, Legislativo, incluindo as Cortes de Contas, e Judiciário e do Ministério Público; e b) as autarquias, as fundações públicas, as empresas públicas, as sociedades de economia mista e demais entidades controladas direta ou indiretamente pela União, Estados, Distrito Federal e Municípios.

Em rigor, o art. 23 da LGPD menciona literalmente apenas as pessoas jurídicas de direito público indicadas no art. 1º, parágrafo único, da LAI, o que restringiria, indevidamente, a incidência da LGPD, uma vez que englobaria apenas os entes federativos, autarquias e fundações estatais de direito público, com o afastamento dos órgãos públicos, que são despidos de personalidade jurídica, e das pessoas

---

[3] Segundo a ANPD, "o conceito de 'administração pública' deve ser delimitado a partir da definição de Poder Público, conforme já exposta neste Guia. Assim, abrange tanto órgãos e entidades do Poder Executivo quanto dos Poderes Legislativo e Judiciário, inclusive das Cortes de Contas e do Ministério Público, desde que estejam atuando no exercício de funções administrativas" (ANPD – AUTORIDADE NACIONAL DE PROTEÇÃO DE DADOS. *Guia orientativo*: tratamento de dados pessoais pelo Poder Público, versão 2.0. jun. 2023, p. 23. Disponível em: https://www.gov.br/anpd/pt-br/documentos-e-publicacoes/documentos-de-publicacoes/guia-poder-publico-anpd-versao-final.pdf. Acesso em: 22 jan. 2024).

jurídicas de direito privado da Administração Pública (ex.: empresas públicas, sociedades de economia mista e fundações estatais de direito privado).

Entendemos que a menção às "pessoas jurídicas de direito público", constante do art. 23 da LGPD, foi realizada de forma equivocada, uma vez que a interpretação sistemática da LGPD revela a sua incidência também para órgãos e entidades de direito privado da Administração Pública.

Nesse sentido, o art. 1º, *caput* e parágrafo único, da LGPD dispõe sobre a aplicação do citado diploma legal ao tratamento de dados pessoais realizado por pessoa natural ou por pessoa jurídica de direito público ou privado, devendo ser observada pela União, Estados, Distrito Federal e Municípios. Em outras passagens, a LGPD, de forma expressa, menciona a sua incidência às empresas públicas e sociedades de economia mista (ex.: art. 24), que são pessoas jurídicas de direito privado, bem como aos órgãos públicos (ex.: arts. 29 e 31), que não possuem personalidade jurídica.

Em suma, o Capítulo IV da LGPD deve ser aplicado ao "Poder Público", expressão que compreende os órgãos públicos e a Administração Pública direta e indireta de qualquer dos Poderes da União, dos Estados, do Distrito Federal e dos Municípios, a saber:

a) órgãos públicos: são as repartições internas do Estado, criadas a partir da desconcentração administrativa e necessárias à sua organização, em razão da necessidade de especialização de funções administrativas (ex.: Ministérios, Secretarias estaduais, Secretarias municipais, Ministério Público, Defensoria Pública, Advocacia-Geral da União, Procuradorias estaduais, Procuradorias municipais etc.);

b) pessoas jurídicas de direito público:[4] compreendem os entes federativos (União, Estados, Distrito Federal e Municípios), as autarquias (ex.: Instituto Nacional do Seguro Social – INSS, Instituto Brasileiro do Meio Ambiente e dos Recursos Naturais Renováveis – Ibama, agências reguladoras etc.) e fundações estatais de direito público (ex.: Fundação Oswaldo Cruz – Fiocruz etc.); e

c) pessoas jurídicas de direito privado da Administração Pública indireta: são as empresas públicas (ex.: Banco Nacional de Desenvolvimento Econômico e Social – BNDES, Caixa Econômica Federal etc.) e sociedades de economia mista (ex.: Banco do Brasil etc.)[5] quando operacionalizarem políticas públicas,

---

[4] De acordo com o art. 41 do Código Civil, "são pessoas jurídicas de direito público interno: I – a União; II – os Estados, o Distrito Federal e os Territórios; III – os Municípios; IV – as autarquias, inclusive as associações públicas; V – as demais entidades de caráter público criadas por lei".

[5] As empresas públicas e sociedades de economia mista são pessoas jurídicas de direito privado, na forma dos arts. 3º e 4º da Lei 13.303/2016 (Lei das Estatais).

bem como as fundações estatais de direito privado (ex.: Fundação Nacional dos Povos Indígenas – Funai).[6]

Destaca-se que o regime jurídico especial indicado no Capítulo IV da LGPD (arts. 23 a 32) não se limita aos órgãos e entidades da Administração Pública, aplicando-se também aos órgãos notariais e de registro, que prestam serviços notariais e de registro exercidos em caráter privado, por delegação do Poder Público, que devem fornecer, inclusive, acesso aos dados por meio eletrônico para a Administração Pública, em razão do disposto no art. 23, §§ 4º e 5º, do da LGPD.[7]

Com relação às empresas estatais, gênero que compreende as empresas públicas e as sociedades de economia mista, a LGPD estabelece uma assimetria regulatória, nos termos do art. 24, *caput* e parágrafo único, em razão da atividade prestada: enquanto as estatais que desempenham atividades econômicas em regime concorrencial recebem o mesmo tratamento dispensado às pessoas jurídicas privadas, as estatais que operacionalizarem políticas públicas recebem o mesmo tratamento dispensado aos órgãos e entidades do Poder Público, nos termos do Capítulo IV da LGPD.

Assim, por exemplo, a Petrobras, sociedade de economia mista federal, que desenvolve atividades econômicas em regime concorrencial, deve observar as mesmas exigências indicadas na LGPD para as entidades da iniciativa privada. Raciocínio semelhante deve ser aplicado à Caixa Econômica Federal, empresa pública federal, aplicando-se, contudo, o Capítulo IV da LGPD nas atividades da empresa relacionadas à operacionalização de políticas públicas, tal como ocorre no âmbito do Sistema Financeiro de Habitação (SFH).

Ao avaliar a adequação das organizações públicas federais à LGPD, o Tribunal de Contas da União (TCU) expediu diversas recomendações, destacando-se, exemplificativamente: a) instituição, pelas organizações, de Política de Proteção de Dados Pessoais para estabelecer diretrizes e para demonstrar o seu comprometimento no que tange ao cumprimento dos regulamentos de proteção de dados pessoais; b) elaboração de Plano de Capacitação que considere a realização de treinamento e conscientização dos colaboradores em proteção de dados pessoais;

---

[6] Lembre-se que as fundações estatais podem instituídas com personalidade jurídica de direito público ou privado, como destacado no Tema 545 das Teses de Repercussão Geral do STF: "1. A qualificação de uma fundação instituída pelo Estado como sujeita ao regime público ou privado depende (i) do estatuto de sua criação ou autorização e (ii) das atividades por ela prestadas. As atividades de conteúdo econômico e as passíveis de delegação, quando definidas como objetos de dada fundação, ainda que essa seja instituída ou mantida pelo Poder público, podem-se submeter ao regime jurídico de direito privado".

[7] Os serviços notariais e de registro são exercidos em caráter privado por delegação do Poder Público (art. 236 da CRFB e Lei 8.935/1994), exigindo concurso público para o ingresso na atividade notarial e de registro (art. 236, § 3º, da CRFB).

c) avaliação quanto à coleta dos dados estritamente voltados para as finalidades de tratamento de dados pessoais e se os dados são retidos durante o tempo estritamente necessário às mesmas demandas; e d) manutenção de registro das operações de tratamento de dados pessoais, considerando o disposto no art. 37 da LGPD.[8]

6.2. ASSIMETRIA DE TRATAMENTO PARA EMPRESAS ESTATAIS QUE ATUAM EM REGIME CONCORRENCIAL E EMPRESAS ESTATAIS QUE PROMOVEM POLÍTICAS PÚBLICAS

Conforme destacado anteriormente, com relação às empresas estatais, gênero que compreende as empresas públicas e as sociedades de economia mista, a LGPD estabelece uma assimetria regulatória, nos termos do art. 24, *caput* e parágrafo único:

a) as empresas estatais que atuam em regime de concorrência, sujeitas ao disposto no art. 173 da CRFB, submetem-se ao mesmo tratamento dispensado às pessoas jurídicas privadas; e

b) as empresas estatais, que estiverem operacionalizando políticas públicas, submetem-se ao mesmo tratamento dispensado aos órgãos e entidades do Poder Público, nos termos do Capítulo IV da LGPD.

É tradicional a afirmação de que as empresas públicas e as sociedades de economia mista podem desempenhar dois tipos de atividades: atividades econômicas e serviços públicos.[9] A definição do objeto da estatal será realizada por meio da lei que autorizou a instituição da entidade, na forma do art. 37, XIX, da CRFB.

No primeiro caso, as empresas estatais podem executar atividades econômicas, inclusive em concorrência com as empresas privadas, conforme previsto no art. 173 da CRFB.

É importante esclarecer, todavia, que a atuação empresarial do Estado é excepcional, pois vigora, na ordem econômica, o princípio da livre-iniciativa (art. 170 da CRFB). Isso quer dizer que a atividade econômica é típica dos particulares, cabendo ao Estado, em princípio, estabelecer o disciplinamento dessa atividade. Excepcionalmente, o art. 173 da CRFB admite a exploração direta da atividade econômica pelo Estado, desde que cumpridos dois requisitos: a) a intervenção deve ser necessária "aos imperativos da segurança nacional ou a relevante interesse coletivo, conforme definidos em lei"; e b) a

---

[8] TCU, Acórdão 1.384/2022, Plenário, Rel. Min. Augusto Nardes, sessão 15.06.2022.

[9] Sobre o tema, vide: OLIVEIRA, Rafael Carvalho Rezende. *Curso de direito administrativo*. 12. ed. Rio de Janeiro: Método, 2024. p. 123-125.

formalização da intervenção deverá ser feita por meio da criação de empresas públicas ou sociedades de economia mista.

No segundo caso, as empresas estatais podem prestar serviços públicos de titularidade do respectivo ente federativo. Conforme dispõe o art. 175 da CRFB, incumbe ao Poder Público, "diretamente ou sob regime de concessão ou permissão", a prestação de serviços públicos. Nesse caso, o Poder Público pode prestar serviços públicos por meio da instituição, por exemplo, de empresas estatais.

De fato, a distinção entre empresas estatais econômicas e empresas estatais prestadoras de serviços públicos influencia, decisivamente, o respectivo regime jurídico. Enquanto a atividade econômica encontra-se submetida ao princípio da livre-iniciativa, a prestação do serviço público é de titularidade estatal.

O próprio STF tem utilizado a dicotomia para distinguir o regime jurídico a ser aplicado, destacando-se, por exemplo: a) patrimônio: os bens das empresas estatais, em razão da natureza privada, podem ser penhorados, mas os bens afetados à prestação de serviços públicos são impenhoráveis, em razão do princípio da continuidade dos serviços públicos;[10] b) regime de precatórios: em razão da personalidade jurídica de direito privado, as empresas estatais, em regra, não se submetem às regras dos precatórios e da Requisição de Pequeno Valor (RPV) previstas no art. 100 da CRFB, com a ressalva das empresas estatais prestadoras de serviços públicos próprios do Estado e de natureza não concorrencial, na forma da jurisprudência do STF;[11] c) imunidade tributária: a imunidade tributária do art. 150, VI, "a", da CRFB tem sido reconhecida às estatais de serviços públicos e às estatais que exercem atividades monopolizadas, uma vez que não se aplica, nessas hipóteses, o art. 173 da CRFB, afastando-se a referida imunidade das estatais econômicas que atuam no mercado concorrencial, nem aos serviços públicos remunerados por preços ou tarifas pelo usuário, tendo em vista o art. 150, § 3.º, da CRFB[12] etc.

---

[10] STF, RExt 220.906/DF, Rel. Min. Maurício Corrêa, Tribunal Pleno, *DJ* 14.11.2002, p. 15.

[11] De acordo com o STF: "Sociedades de economia mista que desenvolvem atividade econômica em regime concorrencial não se beneficiam do regime de precatórios, previsto no art. 100 da Constituição da República" (Tema 253 da Tese de Repercussão Geral do STF).

[12] A imunidade tributária foi admitida pelo STF com relação à ECT (Informativo de Jurisprudência do STF 769), à Infraero (Informativo de Jurisprudência do STF 475) e à Companhia Docas do Estado de São Paulo – Codesp (Informativos de Jurisprudência do STF 602). STF: "Os serviços prestados pela Empresa Brasileira de Correios e Telégrafos – ECT, inclusive aqueles em que a empresa não age em regime de monopólio, estão abrangidos pela imunidade tributária recíproca (CF, art. 150, VI, *a* e §§ 2º e 3º)" (Tema 235 da Tese de Repercussão Geraldo STF). O STF também reconheceu a imunidade tributária da sociedade de economia mista estadual prestadora exclusiva do serviço público de abastecimento de água potável e coleta e tratamento de esgotos sanitários (ACO 3.410/SE, Rel. Min. Roberto Barroso, Tribunal Pleno, *DJe* 03.05.2022, Informativo de Jurisprudência do STF 1.051). Em sede de repercussão geral, o STF fixou as seguintes teses: a) "A imunidade recíproca, prevista no art. 150, VI, *a*, da Constituição não se estende a empresa privada arrendatária de

É válido ressaltar que a Lei 13.303/2016 (Lei das Estatais) mencionou a dicotomia em seu art. 1º, mas estabeleceu regime jurídico uniforme para empresas estatais, independentemente da atividade desenvolvida.[13]

Não obstante as dificuldades na inserção de determinadas atividades nos conceitos de "atividades econômicas" e de "serviços públicos", o que gera, inclusive, críticas doutrinárias a respeito da referida distinção no âmbito das empresas estatais, certo é que a dicotomia tem sido relevante para a fixação do respectivo regime jurídico.

O desafio na distinção entre os objetos das empresas estatais decorre, em grande medida, da própria dificuldade da conceituação do serviço público, que também pode ser considerado, ao lado da atividade econômica em sentido estrito, espécie de atividade econômica em sentido lato. O que não parece razoável é a fixação de normas homogêneas para toda e qualquer empresa estatal, independentemente da atividade desenvolvida (atividade econômica ou serviço público) e do regime de sua prestação (exclusividade, monopólio ou concorrência).[14]

No que diz respeito especificamente ao regime de proteção de dados pessoais que deve ser aplicado a cada contexto, a solução parece estar na definição do âmbito de atuação em concreto da estatal, no qual se insere a atividade de tratamento. Assim, na hipótese em que a empresa pública ou sociedade de economia mista estiver executando, em concreto, determinada política pública (independentemente se, de forma prevalecente, atuar em regime de concorrência), aplicar-se-á o regime público da LGPD na tutela dos direitos de proteção de dados pessoais envolvidos previstos no Capítulo IV da LGPD. Na hipótese contrária, em que

---

imóvel público, quando seja ela exploradora de atividade econômica com fins lucrativos. Nessa hipótese é constitucional a cobrança do IPTU pelo Município" (Tema 385 da Tese de Repercussão Geral do STF); e b) "Incide o IPTU, considerado imóvel de pessoa jurídica de direito público cedido a pessoa jurídica de direito privado, devedora do tributo" (Tema 437 da Tese de Repercussão Geral do STF). Por fim, o Tema 508 da Tese de Repercussão Geral do STF dispõe: "Sociedade de economia mista, cuja participação acionária é negociada em Bolsas de Valores, e que, inequivocamente, está voltada à remuneração do capital de seus controladores ou acionistas, não está abrangida pela regra de imunidade tributária prevista no art. 150, VI, 'a', da Constituição, unicamente em razão das atividades desempenhadas".

[13] Lei 13.303/2016: "Art. 1º Esta Lei dispõe sobre o estatuto jurídico da empresa pública, da sociedade de economia mista e de suas subsidiárias, abrangendo toda e qualquer empresa pública e sociedade de economia mista da União, dos Estados, do Distrito Federal e dos Municípios que explore atividade econômica de produção ou comercialização de bens ou de prestação de serviços, ainda que a atividade econômica esteja sujeita ao regime de monopólio da União ou seja de prestação de serviços públicos".

[14] OLIVEIRA, Rafael Carvalho Rezende. *Curso de direito administrativo*. 12. ed. Rio de Janeiro: Método, 2024. p. 416.

a estatal estiver estritamente desempenhando atividade econômica, em regime concorrencial com outros agentes privados, incidirá o regime geral da LGPD.[15]

Logo, uma mesma empresa estatal poderá se sujeitar tanto a um regime quanto a outro, a depender da atividade envolvida. E daí decorre uma série de consequências relevantes no âmbito da LGPD, como demonstrado a seguir.

Aplicando-se o regime público (Capítulo IV), a LGPD dispensa o consentimento do particular – isto é, a manifestação livre, informada e inequívoca pela qual o titular concorda com o tratamento de seus dados pessoais para uma finalidade determinada (art. 5º, XII) –, desde que o tratamento realizado pela estatal vise ao atendimento de sua finalidade pública, na persecução do interesse público, com o objetivo de executar suas competências legais ou cumprir as atribuições legais do serviço público por ela prestado (art. 23).

Nesse caso, é conferida, ainda, a possibilidade de que se realize o compartilhamento de dados entre os entes ou entidades da Administração Pública, visando à execução de políticas públicas, à prestação de serviços públicos, à descentralização da atividade pública e à disseminação e ao acesso das informações pelo público em geral. Para tanto, a lei estabelece a exigência de que os dados pessoais detidos pelo Poder Público sejam mantidos em formato interoperável, isto é, com capacidade de operar, funcionar ou atuar com outros sistemas, de modo a garantir que as organizações públicas possam interagir e trocar informações de maneira eficaz e eficiente.

É possível entender que, ao permitir o uso compartilhado de dados, o legislador vislumbrou a tensão entre a privacidade do cidadão e o interesse público subjacente à execução de políticas públicas e acabou, numa ponderação em abstrato e racional, por conferir peso maior ao ganho de eficiência das finalidades públicas a serem atendidas.[16]

---

[15] OLIVEIRA, Rafael Carvalho Rezende; ACOCELLA, Jéssica. A proteção de dados nas empresas estatais e o regime de responsabilização à luz do direito administrativo sancionador. *Revista de Direito Público da Economia*, v. 81, p. 165-190, 2023. De forma semelhante, Rafael Schwind sustenta: "No caso das empresas estatais, presente o objetivo proveito econômico no tratamento dos dados pessoais, as regras aplicáveis serão aquelas que incidem sobre a iniciativa privada; já se a empresa estatal não estiver em busca de um proveito econômico, sua situação será equiparável à do Poder Público, aplicando-se os dispositivos do Capítulo IV da LGPD" (SCHWIND, Rafael Wallbach. LGPD, empresas estatais e sanções aplicáveis. *Jota*, 24 nov. 2021. Disponível em: https://www.jota.info/opiniao-e-analise/artigos/lgpd-empresas-estatais-sancoes-aplicaveis-24112021. Acesso em: 22 jan. 2024).

[16] A respeito da abrangência do conceito de interesse público prestigiado pela LGPD, vide: BUCAR, Daniel; OLIVEIRA, Rafael Carvalho Rezende. A Lei Geral de Proteção de Dados e a Administração Pública: por uma convergência da privacidade com o interesse público. *In*: DAL POZZO, Augusto Neves; MARTINS, Ricardo Marcondes (coord.). *LGPD e administração pública*: uma análise ampla dos impactos. São Paulo: Thomson Reuters Brasil, 2020. p. 896-897. A partir da premissa, a nosso ver verdadeira, de que não existe um interesse público único, estático e abstrato, mas sim finalidades públicas normativamente elencadas que não

Nessa linha, entre os possíveis benefícios do compartilhamento de dados no bojo dos processos de gestão pública, podemos mencionar: a) a redução nos custos e esforços para o levantamento de informações necessárias, evitando-se que uma multiplicidade de iniciativas desarticuladas gere redundâncias, sobreposições e ineficiências; b) a melhoria na qualidade dos dados e informações, haja vista que, ao reduzir as barreiras para recepção e entrega de informações de outras organizações, a tendência é que as bases de dados mais qualificadas e certificadas sejam as mais requisitadas e prevalentes, fortalecendo as melhores práticas de coleta e processamento das informações e estimulando melhorias na forma como estes são gerados e mantidos; e c) a qualificação do processo decisório nos diversos níveis da máquina administrativa, uma vez que a obtenção e a disponibilização de informações com mais facilidade, velocidade e confiança constituem condição essencial para ampliar a capacidade de diagnóstico dos problemas públicos e, consequentemente, promoção de uma nova cultura de gestão, em que as decisões são tomadas com base em evidências.[17]

Portanto, tratando-se da atuação de empresa estatal voltada à operacionalização de política pública, e no âmbito da sua execução, é, da mesma forma, autorizado o compartilhamento de dados entre estas e demais entes e entidades da Administração Pública, observados os limites legais.

No contexto do regime sancionatório, a LGPD difere quanto às penalidades aplicáveis pela ANPD, afastando-se do Poder Público, nos termos do art. 52, § 3º, a sanção de multa disposta nos incisos II e III do mesmo dispositivo legal.

Nesse sentido, às empresas estatais que operacionalizam políticas públicas seria vedada a aplicação, pela ANPD, da penalidade de multa em razão das infrações cometidas, subsistindo a possibilidade de incidência – com as ressalvas descritas anteriormente – das demais sanções previstas na LGPD.[18] Com relação

---

estão necessariamente em confronto com os interesses privados, seria mais adequado falar em "princípio da finalidade pública" em vez do tradicional "princípio da supremacia do interesse público" (OLIVEIRA, Rafael Carvalho Rezende. *A constitucionalização do direito administrativo*: o princípio da juridicidade, a releitura da legalidade administrativa e a legitimidade das agências reguladoras. Rio de Janeiro: Lumen Juris, 2009. p. 100-107).

[17] CCGD – COMITÊ CENTRAL DE GOVERNANÇA DE DADOS. Regras para compartilhamento de dados, versão 1. 4 maio 2020. Disponível em: https://www.gov.br/governodigital/pt-br/governanca-de-dados/regras-de-compartilhamento_v1-0.pdf. Acesso em: 22 jan. 2024.

[18] LGPD: "Art. 52. Os agentes de tratamento de dados, em razão das infrações cometidas às normas previstas nesta Lei, ficam sujeitos às seguintes sanções administrativas aplicáveis pela autoridade nacional: I – advertência, com indicação de prazo para adoção de medidas corretivas; II – multa simples, de até 2% (dois por cento) do faturamento da pessoa jurídica de direito privado, grupo ou conglomerado no Brasil no seu último exercício, excluídos os tributos, limitada, no total, a R$ 50.000.000,00 (cinquenta milhões de reais) por infração; III – multa diária, observado o limite total a que se refere o inciso II; IV – publicização da infração após devidamente apurada e confirmada a sua ocorrência; V – bloqueio dos dados pessoais a que se refere a infração até a sua regularização; VI – eliminação dos dados pessoais a que se refere a infração; VII – (Vetado);

às empresas estatais que desempenham atividades em regime concorrencial, as sanções indicadas no art. 52 da LGPD seriam normalmente aplicadas, inclusive as multas simples e diária.

Sem prejuízo de todas as distinções entre um regime e outro, deve-se, em qualquer hipótese e independentemente da atividade a que se dedique a empresa estatal, fazer o esforço de conjugação entre, de um lado, os princípios e finalidades perseguidos pela LGPD (notadamente, o respeito à privacidade e à inviolabilidade da intimidade, da honra e da imagem do indivíduo), e, de outro, os clássicos princípios que orientam a atuação administrativa, especialmente os princípios da publicidade e da transparência. Sobre esse tema nos debruçaremos no tópico a seguir.

6.3. TRATAMENTO DE DADOS PELA ADMINISTRAÇÃO PÚBLICA

O tratamento de dados pessoais pelos órgãos e entidades da Administração Pública direta e indireta, nos termos do art. 23 da LGPD, deverá ser realizado para o atendimento de sua finalidade pública, na persecução do interesse público, com o objetivo de executar as competências legais ou cumprir as atribuições legais do serviço público, desde que:

a) sejam informadas as hipóteses em que, no exercício de suas competências, realizam o tratamento de dados pessoais, fornecendo informações claras e atualizadas sobre a previsão legal, a finalidade, os procedimentos e as práticas utilizadas para a execução dessas atividades, em veículos de fácil acesso, preferencialmente em seus sítios eletrônicos;

b) seja indicado um encarregado quando realizarem operações de tratamento de dados pessoais, nos termos do art. 39 da LGPD.

Em consequência, tal como as pessoas jurídicas de direito privado da iniciativa privada, os órgãos e entidades da Administração Pública deverão, conforme disposto no art. 23, III, da LGPD, indicar e nomear um encarregado que se responsabilizará pelos dados tratados pelo ente público, de forma que seja possível a identificação, no âmbito do controle institucional e social, do incumbido do tratamento, que deverá ser capacitado para esse fim. A medida é salutar, pois a Administração Pública, como grande coletora e tratadora de dados, deve concentrar a forma de manejo de sua burocracia por órgão ou servidor público capacitado.

VIII – (Vetado); IX – (Vetado); X – suspensão parcial do funcionamento do banco de dados a que se refere a infração pelo período máximo de 6 (seis) meses, prorrogável por igual período, até a regularização da atividade de tratamento pelo controlador; XI – suspensão do exercício da atividade de tratamento dos dados pessoais a que se refere a infração pelo período máximo de 6 (seis) meses, prorrogável por igual período; XII – proibição parcial ou total do exercício de atividades relacionadas a tratamento de dados".

A ANPD poderá dispor sobre as formas de publicidade das operações de tratamento, não podendo desconsiderar o regime jurídico previsto na Lei de Acesso à Informação (art. 23, §§ 1º e 2º, da LGPD).

Quanto aos prazos e procedimentos para exercício dos direitos do titular perante o Poder Público, deverá ser observado o disposto em legislação específica, em especial as disposições constantes da Lei 9.507/1997 (Lei do *Habeas Data*), da Lei 9.784/1999 (Lei Geral do Processo Administrativo) e da Lei 12.527/2011 (Lei de Acesso à Informação), na forma do § 3º do art. 23 da LGPD.

6.4. COMPARTILHAMENTO INTERNO E EXTERNO DE DADOS PELA ADMINISTRAÇÃO PÚBLICA

O compartilhamento de dados pessoais pela Administração Pública recebe tratamento específico nos arts. 25 e 26 da LGPD, que permite a sua implementação entre órgãos e entidades administrativas (compartilhamento interno), bem como entre a Administração Pública e a iniciativa privada (compartilhamento externo), desde que atendidas as exigências contidas nos citados dispositivos legais.

Com relação ao compartilhamento interno, o art. 25 da LGPD dispõe que os dados deverão ser mantidos em formato interoperável e estruturado para o uso compartilhado, visando à execução de políticas públicas, à prestação de serviços públicos, à descentralização da atividade pública e à disseminação e ao acesso das informações pelo público em geral.

De forma semelhante, a Lei 14.129/2021 (Lei de Governo Digital), ao tratar dos princípios e diretrizes do Governo Digital, indica, em seu art. 3º, IX, a necessidade de atuação integrada entre os órgãos e as entidades envolvidos na prestação e no controle dos serviços públicos, com o compartilhamento de dados pessoais em ambiente seguro quando for indispensável para a prestação do serviço, nos termos da LGPD, e, quando couber, com a transferência de sigilo, nos termos do art. 198 do Código Tributário Nacional e da LC 105/2001.

Contudo, o compartilhamento interno de dados pessoais não é um cheque em branco conferido à Administração Pública, que deve observar as exigências contidas na própria LGPD, na LAI e na legislação específica, o que retrata, em última análise, a natural submissão da Administração Pública ao princípio constitucional da legalidade expressamente previsto no art. 37, *caput*, da CRFB.

Mencione-se, por exemplo, que, apesar de não constar do rol de dados sensíveis, os quais tocam situações eminentemente existenciais, deve ser relembrada a observância do sigilo fiscal, de cunho patrimonial e previsto no art. 198 do Código Tributário Nacional (CTN), que pode ser rompido por determinação judicial ou por requisição de autoridade da Administração no interesse de apuração de infração administrativa. Entretanto, a esse tratamento deve ser adicionada a disciplina da própria LGPD. Dessa forma, na hipótese de um dado tributário revelar sensibilidade (por exemplo, doação a partido político ou a organização religiosa), o manejo da informação, além de considerar o art. 198 do CTN, deverá atentar às possibilidades de tratamento de dados sensíveis previstas na própria LGPD.[19]

Quanto aos dados bancários, o STF, antes da promulgação da LGPD, afirmou a constitucionalidade da Lei Complementar 105/2001, a qual permitia o acesso a dados bancários pela Receita Federal sem necessidade de autorização judicial.[20] O advento da LGPD não afasta o referido entendimento, mas impõe ao fisco o dever de respeitar os princípios da finalidade, da adequação e da necessidade (art. 6º, I, II e III, da LGPD) utilizando os dados apenas para objetivos de sua competência e não os divulgando a terceiros.[21]

Ademais, o compartilhamento interno de dados no âmbito da Administração Pública deve seguir os parâmetros estabelecidos pelo STF no julgamento que conferiu interpretação conforme a Constituição ao Decreto 10.046/2019, que dispõe sobre a governança no compartilhamento de dados no âmbito da Administração Pública federal e institui o Cadastro Base do Cidadão e o Comitê Central de Governança de Dados. Em razão da necessidade de observância dos princípios gerais e mecanismos de proteção elencados na LGPD e dos direitos constitucionais à privacidade e proteção de dados, o STF decidiu:

---

[19] BUCAR, Daniel; OLIVEIRA, Rafael Carvalho Rezende. A Lei Geral de Proteção de Dados e a Administração Pública: por uma convergência da privacidade com o interesse público. *In*: DAL POZZO, Augusto Neves; MARTINS, Ricardo Marcondes (coord.). *LGPD e administração pública*: uma análise ampla dos impactos. São Paulo: Thomson Reuters Brasil, 2020. p. 896-897.

[20] STF, ADIs 2.390, 2.386, 2.397 e 2.859, Rel. Min. Dias Toffoli, Tribunal Pleno, *DJe*-225 21.10.2016. Destaca-se o seguinte trecho da ementa do julgado: "Ocorre que, correlatos a esses direitos, existem também deveres, cujo atendimento é, também, condição *sine qua non* para a realização do projeto de sociedade esculpido na Carta Federal. Dentre esses deveres, consta o dever fundamental de pagar tributos, visto que são eles que, majoritariamente, financiam as ações estatais voltadas à concretização dos direitos do cidadão. Nesse quadro, é preciso que se adotem mecanismos efetivos de combate à sonegação fiscal, sendo o instrumento fiscalizatório instituído nos arts. 5º e 6º da Lei Complementar 105/2001 de extrema significância nessa tarefa. [...] Não deve o Estado brasileiro prescindir do acesso automático aos dados bancários dos contribuintes por sua administração tributária, sob pena de descumprimento de seus compromissos internacionais. 7. O art. 1º da Lei Complementar 104/2001, no ponto em que insere o § 1º, inciso II, e o § 2º ao art. 198 do CTN, não determina quebra de sigilo, mas transferência de informações sigilosas no âmbito da Administração Pública. Outrossim, a previsão vai ao encontro de outros comandos legais já amplamente consolidados em nosso ordenamento jurídico que permitem o acesso da Administração Pública à relação de bens, renda e patrimônio de determinados indivíduos".

[21] BUCAR, Daniel; OLIVEIRA, Rafael Carvalho Rezende. A Lei Geral de Proteção de Dados e a Administração Pública: por uma convergência da privacidade com o interesse público. *In*: DAL POZZO, Augusto Neves; MARTINS, Ricardo Marcondes (coord.). *LGPD e administração pública*: uma análise ampla dos impactos. São Paulo: Thomson Reuters Brasil, 2020. p. 896-897.

1. O compartilhamento de dados pessoais entre órgãos e entidades da Administração Pública, pressupõe: a) eleição de propósitos legítimos, específicos e explícitos para o tratamento de dados (art. 6º, inc. I, da Lei 13.709/2018); b) compatibilidade do tratamento com as finalidades informadas (art. 6º, inc. II); c) limitação do compartilhamento ao mínimo necessário para o atendimento da finalidade informada (art. 6º, inc. III); bem como o cumprimento integral dos requisitos, garantias e procedimentos estabelecidos na Lei Geral de Proteção de Dados, no que for compatível com o setor público.

2. O compartilhamento de dados pessoais entre órgãos públicos pressupõe rigorosa observância do art. 23, inc. I, da Lei 13.709/2018, que determina seja dada a devida publicidade às hipóteses em que cada entidade governamental compartilha ou tem acesso a banco de dados pessoais, 'fornecendo informações claras e atualizadas sobre a previsão legal, a finalidade, os procedimentos e as práticas utilizadas para a execução dessas atividades, em veículos de fácil acesso, preferencialmente em seus sítios eletrônicos'.

3. O acesso de órgãos e entidades governamentais ao Cadastro Base do Cidadão fica condicionado ao atendimento integral das diretrizes acima arroladas, cabendo ao Comitê Central de Governança de Dados, no exercício das competências aludidas nos arts. 21, incs. VI, VII e VIII do Decreto 10.046/2019: 3.1. prever mecanismos rigorosos de controle de acesso ao Cadastro Base do Cidadão, o qual será limitado a órgãos e entidades que comprovarem real necessidade de acesso aos dados pessoais nele reunidos. Nesse sentido, a permissão de acesso somente poderá ser concedida para o alcance de propósitos legítimos, específicos e explícitos, sendo limitada a informações que sejam indispensáveis ao atendimento do interesse público, nos termos do art. 7º, inc. III, e art. 23, *caput* e inc. I, da Lei 13.709/2018; 3.2. justificar formal, prévia e minudentemente, à luz dos postulados da proporcionalidade, da razoabilidade e dos princípios gerais de proteção da LGPD, tanto a necessidade de inclusão de novos dados pessoais na base integradora (art. 21, inc. VII) como a escolha das bases temáticas que comporão o Cadastro Base do Cidadão (art. 21, inc. VIII); 3.3. instituir medidas de segurança compatíveis com os princípios de proteção da LGPD, em especial a criação de sistema eletrônico de registro de acesso, para efeito de responsabilização em caso de abuso.

4. O compartilhamento de informações pessoais em atividades de inteligência observará o disposto em legislação específica e os parâmetros fixados no julgamento da ADI 6.529, Rel. Min. Cármen Lúcia, quais sejam: (i) adoção de medidas proporcionais e estritamente necessárias ao atendimento do interesse público; (ii) instauração de procedimento administrativo formal, acompanhado de prévia e exaustiva motivação, para permitir o controle de legalidade pelo Poder Judiciário; (iii) utilização de sistemas eletrônicos de segurança e de registro de acesso, inclusive para efeito de responsabilização em caso de abuso; e (iv) observância dos princípios gerais de proteção e dos direitos do titular previstos na LGPD, no que for compatível com o exercício dessa função estatal.

5. O tratamento de dados pessoais promovido por órgãos públicos ao arrepio dos parâmetros legais e constitucionais importará a responsabilidade civil do Estado pelos danos suportados pelos particulares, na forma dos arts. 42 e seguintes da Lei 13.709/2018, associada ao exercício do direito de regresso contra os servidores e agentes políticos responsáveis pelo ato ilícito, em caso de culpa ou dolo. 6. A transgressão dolosa ao dever de publicidade estabelecido no art. 23, inc. I, da LGPD, fora das hipóteses constitucionais de sigilo, importará a responsabilização do agente estatal por ato de improbidade administrativa, nos termos do art. 11, inc. IV, da Lei 8.429/1992, sem prejuízo da aplicação das sanções disciplinares previstas nos estatutos dos servidores públicos federais, municipais e estaduais (STF, ADI 6.649/DF e ADPF 695/DF, Rel. Min. Gilmar Mendes, Tribunal Pleno, *DJe* 19.06.2023).

Quanto ao compartilhamento externo de dados pessoais da Administração Pública com os entes privados, o art. 26, § 1º, da LGPD apenas admite a sua implementação nos seguintes casos: a) execução descentralizada de atividade pública que exija a transferência, exclusivamente para esse fim específico e determinado, observado o disposto na Lei 12.527/2011 (Lei de Acesso à Informação); b) dados que forem acessíveis publicamente; c) quando houver previsão legal ou a transferência for respaldada em contratos, convênios ou instrumentos congêneres, cujos instrumentos serão enviados à ANPD (art. 26, § 2º); ou c) transferência de dados com a finalidade exclusiva de prevenir fraudes e irregularidades, ou proteger e resguardar a segurança e a integridade do titular dos dados, desde que vedado o tratamento para outras finalidades.

A comunicação ou o compartilhamento de dados pessoais de pessoa jurídica de direito público a pessoa de direito privado será informado à autoridade nacional e dependerá de consentimento do titular, salvo nas seguintes situações (art. 27 da LGPD): a) hipóteses de dispensa de consentimento previstas na LGPD; b) casos de uso compartilhado de dados, com a devida publicidade nos termos do art. 23, I, da LGPD; ou c) nas exceções constantes do § 1º do art. 26 da LGPD.

Devem ser ressaltadas, aqui, as permissões de realização do tratamento de dados pessoais sensíveis sem autorização do titular, as quais, em algumas hipóteses, dizem respeito à Administração Pública. Sob essa perspectiva, o compartilhamento de dados necessário à execução de políticas públicas, a proteção da incolumidade física do titular ou de terceiro e a tutela da saúde em procedimentos realizados por serviços de saúde (art. 11, II, "b", "e" e "f").

Essa autorização apresenta repercussões importantes no cotidiano da Administração Pública. Exemplifica-se: eventuais políticas de vacinação em crianças e adolescentes, diante do atual movimento de pais que, por diversas razões, relutam em vacinar seus filhos. O compartilhamento desses dados entre Administração Pública, escolas públicas e privadas, ou até o pedido do Poder Público, feito a essas instituições, de transferência, deve ser interpretado como cumprimento de disposição legal que determina obrigatória a vacinação nos casos recomendados por autoridade sanitária (art. 14, § 1º, ECA).[22]

Por fim, a LGPD estabeleceu a submissão da Administração Pública, no que toca ao tratamento de dados, à circunscrição administrativa da ANPD, que poderá: a) solicitar a informação de operações de tratamento de dados pessoais para verificação de conformidade legal (art. 29); b) estabelecer normas complementares para as atividades de comunicação e de uso compartilhado de dados pessoais (art. 30); c) determinar medidas cabíveis para cessação de violação de preceitos legais destinados a tratamento de dados (art. 31); e d) requerer a solicitação de relatório de impacto à proteção de dados e sugerir adoção de boas práticas para tanto (art. 32).

Diante das amplas possibilidades de compartilhamento de dados pessoais no interior da Administração Pública, a supervisão desenhada para ANPD parece ter ficado tímida. Por conta dos potenciais danos desse compartilhamento, deveria a Autoridade, se não autorizar previamente, ser sempre (pelo menos) comunicada ativamente das operações, e não apenas lhe conferir um papel passivo, quebrado por uma provocação da própria Autoridade Nacional.[23]

6.5. RESPONSABILIDADE E SANÇÕES ADMINISTRATIVAS APLICÁVEIS AOS ÓRGÃOS E ENTIDADES PÚBLICOS NO ÂMBITO DA LGPD

A LGPD estabelece regras específicas a respeito da responsabilização civil (arts. 42 e 45) e das sanções administrativas (arts. 52 a 54) que podem ser aplicadas aos agentes de tratamento, e elas serão tratadas em capítulos específicos do presente livro.

Aqui, pretende-se destacar o tratamento jurídico específico da responsabilidade civil e das sanções direcionadas aos órgãos e entidades públicas no contexto do tratamento e compartilhamento de dados.

Com relação à responsabilidade civil dos agentes de tratamento, nas hipóteses em que os agentes de tratamento foram entidades estatais, aqui compreendidas as pessoas jurídicas de direito público e privadas prestadoras de serviços públicos, a responsabilidade será objetiva, com fundamento no art. 37, § 6º, da CRFB.

Conforme será aprofundado no Capítulo 11 adiante, o art. 42 da LGPD não foi claro a respeito da natureza subjetiva ou objetiva da responsabilidade dos agentes de tratamento, o que gera controvérsias doutrinárias.

---

[22] BUCAR, Daniel; OLIVEIRA, Rafael Carvalho Rezende. A Lei Geral de Proteção de Dados e a Administração Pública: por uma convergência da privacidade com o interesse público. *In*: DAL POZZO, Augusto Neves; MARTINS, Ricardo Marcondes (coord.). *LGPD e administração pública*: uma análise ampla dos impactos. São Paulo: Thomson Reuters Brasil, 2020. p. 896-897.

[23] BUCAR, Daniel; OLIVEIRA, Rafael Carvalho Rezende. A Lei Geral de Proteção de Dados e a Administração Pública: por uma convergência da privacidade com o interesse público. *In*: DAL POZZO, Augusto Neves; MARTINS, Ricardo Marcondes (coord.). *LGPD e administração pública*: uma análise ampla dos impactos. São Paulo: Thomson Reuters Brasil, 2020. p. 896-897.

De qualquer forma, tratando-se de pessoas jurídicas de direito público ou de direito privado prestadoras de serviços públicos, prevalece, naturalmente, a previsão constitucional (art. 37, § 6º, da CRFB) que estabelece a responsabilidade objetiva das referidas entidades pelos danos que seus agentes, nessa qualidade, causarem a terceiros, o que abrange os danos causados pela violação à LGPD.

Quanto às empresas públicas e sociedades de economia mista é preciso levar em consideração, como já assinalado, a atividade desenvolvida. Aplica-se a responsabilidade objetiva às empresas estatais prestadoras de serviços públicos, com fundamento no art. 37, § 6º, da CRFB, e o regime da responsabilidade subjetiva às empresas estatais exploradoras de atividades econômicas, na forma do art. 42 da LGPD, sublinhando, mais uma vez, a existência de polêmica doutrinária na interpretação desse último dispositivo legal.

No tocante ao regime jurídico sancionador, que será destacado no Capítulo 12 adiante, as sanções administrativas que podem ser aplicadas pela ANPD aos agentes de tratamento são aquelas estabelecidas no art. 52 da LGPD, a saber: a) advertência, com indicação de prazo para adoção de medidas corretivas; b) multa simples, de até 2% (dois por cento) do faturamento da pessoa jurídica de direito privado, grupo ou conglomerado no Brasil no seu último exercício, excluídos os tributos, limitada, no total, a R$ 50.000.000,00 (cinquenta milhões de reais) por infração; c) multa diária, observado o limite total indicado na alínea anterior; d) publicização da infração após devidamente apurada e confirmada a sua ocorrência; e) bloqueio dos dados pessoais a que se refere a infração até a sua regularização; f) eliminação dos dados pessoais a que se refere a infração; g) suspensão parcial do funcionamento do banco de dados a que se refere a infração pelo período máximo de seis meses, prorrogável por igual período, até a regularização da atividade de tratamento pelo controlador; h) suspensão do exercício da atividade de tratamento dos dados pessoais a que se refere a infração pelo período máximo de 6 (seis) meses, prorrogável por igual período; i) proibição parcial ou total do exercício de atividades relacionadas a tratamento de dados.

Contudo, nas situações em que os agentes de tratamento são entidades e órgãos públicos, o § 3º do art. 52 da LGPD afasta as sanções de multa (simples e diária), subsistindo, todavia, as demais sanções indicadas anteriormente e outras previstas na legislação específica.

Conforme salientado no item 6.2, as empresas estatais que operacionalizam políticas públicas recebem o mesmo tratamento dispensado às entidades e órgãos públicos, nos termos do art. 24, parágrafo único, da LGPD, razão pela qual não podem sofrer as sanções de multa por parte da ANPD, em consonância com o art. 52, § 3º, da LGPD.

Por outro lado, as empresas estatais que exploram atividades econômicas, em regime concorrencial, subordinam-se ao tratamento jurídico dispensado às demais empresas privadas, na forma indicada no *caput* do art. 24 da LGPD e com fulcro no art. 173 da CRFB, aplicando-se, por consequência, a íntegra do regime sancionador disposto no art. 52 da LGPD, inclusive as sanções de multa.

Ao tratar da responsabilidade de órgãos e entidades estatais, a LGPD permite que a ANPD adote as seguintes providências: a) enviar, na hipótese de infração, informe com medidas cabíveis para fazer cessar a violação (art. 31); e b) solicitar a agentes do Poder Público a publicação de relatórios de impacto à proteção de dados pessoais[24] e sugerir a adoção de padrões e de boas práticas para os tratamentos de dados pessoais pelo Poder Público (art. 32).

Por fim, é válido ressaltar alguns dos processos fiscalizatórios já instaurados pela ANPD, relativamente a órgãos/entidades do Poder Público:

AGENTE DE TRATAMENTO	MOTIVO DA INSTAURAÇÃO	PROCESSO ADMINISTRATIVO
Ministério da Saúde	• Falta de comprovação de indicação do encarregado. • Ausência de envio do Relatório de Impacto à Proteção de Dados Pessoais (RIPD). • Falta de comunicação de incidente de segurança à ANPD e aos titulares. • Deixar de atender a requisições da ANPD.	00261.000456/2022-12
Instituto de Pesquisa Jardim Botânico do Rio de Janeiro	• Falta de comunicação de incidente de segurança à ANPD e aos titulares. • Deixar de atender a requisições da ANPD.	00261.000574/2022-21
Secretaria de Educação do Distrito Federal	• Falta de comunicação de incidente aos titulares. • Ausência de comprovação de que os sistemas utilizados atendem aos requisitos de segurança, padrões de boas práticas e governança. • Ausência de comprovação da manutenção de registros das operações de tratamento de dados pessoais e não apresentação de RIPD. • Por deixar de atender a requisições da ANPD.	00261.001192/2022-14

---

[24] De acordo com o art. 5º, XVII, da LGPD, o relatório de impacto à proteção de dados pessoais é a "documentação do controlador que contém a descrição dos processos de tratamento de dados pessoais que podem gerar riscos às liberdades civis e aos direitos fundamentais, bem como medidas, salvaguardas e mecanismos de mitigação de risco".

AGENTE DE TRATAMENTO	MOTIVO DA INSTAURAÇÃO	PROCESSO ADMINISTRATIVO
Ministério da Saúde	• Ausência de comunicação a titulares de incidente de segurança. • Ausência de medidas de segurança.	00261.001882/2022-73
Secretaria de Estado da Saúde de Santa Catarina	• Ausência de comunicação a titulares de incidente de segurança. • Ausência de medidas de segurança. • Não atendimento a determinações da ANPD.	00261.000574/2022-21
Instituto de Assistência ao Servidor Público Estadual de São Paulo (Iamspe)	• Ausência de comunicação a titulares de incidente de segurança. • Ausência de medidas de segurança.	00261.001192/2022-14
Instituto Nacional do Seguro Social (INSS)	• Ausência de comunicação de incidente de segurança aos titulares. • Não atendimento de medida preventiva adotada pela ANPD.	00261.001888/2023-21
Secretaria de Assistência Social, Combate à Fome e Políticas sobre Drogas (SAS)-PE	• Ausência de comunicação a titulares de incidente de segurança. • Ausência de medidas de segurança.	08.642.138/0001-04

6.6. DIÁLOGO ENTRE A LGPD E A LAI

A compatibilidade entre a Lei 12.527/2011 (LAI) e a LGPD tem sido objeto de debate na doutrina e na jurisprudência.

A LAI regula, no âmbito infraconstitucional, o direito fundamental à informação disposto no art. 5º, XXXIII, da CRFB, com a finalidade de concretizar os princípios da publicidade e da transparência. Nesse sentido, a LAI elenca as seguintes diretrizes: (a) observância da publicidade como preceito geral e do sigilo como exceção; b) divulgação de informações de interesse público, independentemente de solicitações; c) utilização de meios de comunicação viabilizados pela tecnologia da informação; d) fomento ao desenvolvimento da cultura de transparência na Administração Pública; e e) desenvolvimento do controle social da Administração Pública.[25]

---

[25] OLIVEIRA, Rafael Carvalho Rezende. *Princípios do direito administrativo*. 2. ed. Rio de Janeiro: Forense, 2013. p. 101-102.

A LAI assegura, assim, que qualquer interessado, devidamente identificado e independentemente de motivação, pode solicitar informações de interesse público perante as entidades públicas ou privadas.

No entanto, tratando-se de informações de natureza pessoal, à primeira vista, podem colidir, de um lado, o direito à privacidade e o direito à proteção de dados pessoais e, de outro, o direito de todos os indivíduos à informação sobre as atividades do Poder Público, especialmente às informações relativas à execução de políticas públicas e ao exercício de competências legais pelos órgãos e entes públicos que permitam aos cidadãos o exercício do controle social. Frequentemente, todavia, para atender ao princípio da publicidade, o Estado é obrigado a divulgar dados pessoais.

A partir do sobredito conflito, a LAI excepciona o acesso à informação em duas hipóteses: a) informações classificadas como sigilosas, consideradas imprescindíveis à segurança da sociedade ou do Estado (art. 23); e b) informações pessoais relacionadas à intimidade, vida privada, honra e imagem. Nesse último caso, as informações pessoais terão seu acesso restrito, independentemente de classificação de sigilo e pelo prazo máximo de cem anos a contar da sua data de produção, a agentes públicos legalmente autorizados e à pessoa a que elas se referirem; e poderão ter autorizada sua divulgação ou acesso por terceiros diante de previsão legal ou consentimento expresso da pessoa a que elas se referirem (salvo as hipóteses excepcionadas pela lei).[26]

Por outro lado, a divulgação pública de dados pessoais deve ser realizada também em conformidade com a LGPD, que reforça e amplia as normas que garantem a proteção integral dos dados pessoais (consistindo estes em qualquer informação relacionada a pessoa natural ou identificável – conceito não restrito, portanto, às informações tão somente relativas à intimidade, vida privada, honra e imagem), incluindo a autodeterminação informativa[27] e o respeito à privacidade dos titulares durante todo o ciclo do tratamento.

---

[26] LAI: "Art. 31 [...] § 3º O consentimento referido no inciso II do § 1º não será exigido quando as informações forem necessárias: I – à prevenção e diagnóstico médico, quando a pessoa estiver física ou legalmente incapaz, e para utilização única e exclusivamente para o tratamento médico; II – à realização de estatísticas e pesquisas científicas de evidente interesse público ou geral, previstos em lei, sendo vedada a identificação da pessoa a que as informações se referirem; III – ao cumprimento de ordem judicial; IV – à defesa de direitos humanos; ou V – à proteção do interesse público e geral preponderante. § 4º A restrição de acesso à informação relativa à vida privada, honra e imagem de pessoa não poderá ser invocada com o intuito de prejudicar processo de apuração de irregularidades em que o titular das informações estiver envolvido, bem como em ações voltadas para a recuperação de fatos históricos de maior relevância".

[27] A autodeterminação informativa é um dos fundamentos da disciplina legal da proteção de dados pessoais (art. 2º, II) e consiste em garantir ao titular os meios necessários ao exercício do controle sobre seus próprios dados pessoais.

Não obstante a existência de controvérsias sobre o tema,[28] entendemos que o acesso público a quaisquer informações pessoais deve observar tanto as restrições impostas pela LAI como pela LGPD – esta, como dito, com escopo mais amplo de proteção.[29]

Isso significa que a divulgação, a terceiros, de dados pessoais detidos pelas entidades estatais deve ocorrer, de forma geral e independentemente da natureza da informação, mediante o consentimento do titular (salvo as hipóteses legais excepcionais),[30] consistente na sua manifestação livre, informada e inequívoca quanto a tal finalidade.

Nas hipóteses, porém, em que a LGPD dispensa o consentimento, abre-se caminho para algumas medidas mitigadoras de possíveis danos decorrentes da divulgação de informações pessoais, tais como: a) maior cautela quando a divulgação envolver dados pessoais sensíveis (art. 5º, II, LGPD), que recebem proteção jurídica especial, a exemplo da vedação de serem revelados dados pessoais sensíveis por ocasião da divulgação de resultados de estudos em saúde pública

---

[28] Para ilustrar a controvérsia em questão, o STF, em decisão polêmica e paradigmática, decidiu, em sede de recurso extraordinário, que é constitucional a publicação, em sítio eletrônico mantido pelo Município de São Paulo, do nome de seus servidores e do valor dos correspondentes vencimentos. Nesse sentido, a Tese de Repercussão Geral no Tema 483 do STF: "É legítima a publicação, inclusive em sítio eletrônico mantido pela Administração Pública, dos nomes dos seus servidores e do valor dos correspondentes vencimentos e vantagens pecuniárias".

[29] A respeito do tema, Miriam Wimmer afirma: "Apesar de adotarem lógicas distintas e, inclusive, terminologias distintas, observa-se que tanto a LAI como a LGPD buscam materializar seus princípios orientadores de modo a construir uma narrativa que permita aliar a lógica de transparência e a lógica de proteção. A LAI, por exemplo, introduz a ideia de consentimento para viabilizar a divulgação de informações pessoais; a LGPD faz referência explícita à LAI para operacionalizar o exercício de direitos nela previstos perante o Poder Público; além disso, indica que o tratamento de dados pessoais cujo acesso é público deve considerar a finalidade, a boa-fé e o interesse público que justificaram sua disponibilização. A ideia de qualidade dos dados está presente em ambas as normas, assim como a preocupação com a segurança" (WIMMER, Miriam. O regime jurídico do tratamento de dados pessoais pelo poder público. *In*: MENDES, Laura Schertel; DONEDA, Danilo; SARLET, Ingo Wolfgang; RODRIGUES JR., Otavio Luiz (coord.). *Tratado de proteção de dados pessoais*. 2. ed. Rio de Janeiro: Forense, 2023. p. 291).

[30] LGPD: "Art. 26. O uso compartilhado de dados pessoais pelo Poder Público deve atender a finalidades específicas de execução de políticas públicas e atribuição legal pelos órgãos e pelas entidades públicas, respeitados os princípios de proteção de dados pessoais elencados no art. 6º desta Lei. § 1º É vedado ao Poder Público transferir a entidades privadas dados pessoais constantes de bases de dados a que tenha acesso, exceto: I – em casos de execução descentralizada de atividade pública que exija a transferência, exclusivamente para esse fim específico e determinado, observado o disposto na Lei 12.527, de 18 de novembro de 2011 (Lei de Acesso à Informação); II – (Vetado); III – nos casos em que os dados forem acessíveis publicamente, observadas as disposições desta Lei; IV – quando houver previsão legal ou a transferência for respaldada em contratos, convênios ou instrumentos congêneres; ou V – na hipótese de a transferência dos dados objetivar exclusivamente a prevenção de fraudes e irregularidades, ou proteger e resguardar a segurança e a integridade do titular dos dados, desde que vedado o tratamento para outras finalidades".

(art. 13, § 1º, LGPD); b) observância dos princípios da finalidade, adequação e necessidade, verificando-se a proporcionalidade do ato de divulgação em face da restrição gerada para a esfera privada de direitos do titular da informação. Nesse caso, uma possível salvaguarda a ser adotada consistiria na limitação da divulgação àqueles dados estritamente necessários para a finalidade pública pretendida.

Com relação às empresas públicas e sociedades de economia mista, independentemente da natureza da atividade preponderante – isto é, se operacionalização de política pública ou atuação em regime de concorrência –, devem ser observadas, indistintamente, as restrições impostas no tocante à divulgação pública de informações pessoais, em razão da previsão contida no art. 1º, parágrafo único, II, da LAI.[31]

Nesse sentido, a divulgação indevida, por parte das empresas estatais, de informações pessoais fora das hipóteses legalmente permitidas ou sem observância dos requisitos previstos – seja pela LAI, seja pela LGPD –, deve ensejar a incidência do devido regime de responsabilização, seja em face da entidade, seja em face de seus agentes responsáveis.

Assim, em razão das infrações cometidas, a empresa estatal sujeitar-se-á à incidência das sanções administrativas aplicáveis pela ANPD. Como mencionado, quando se tratar, porém, de violação cometida no âmbito da operacionalização de política pública, poderão incidir as penalidades previstas na LGPD (art. 52), salvo a penalidade de multa, nos moldes do regime de responsabilização imposto às entidades e órgãos públicos (art. 52, § 3º). Por outro lado, tratando-se de estatal que atue em regime de concorrência, poderão ser aplicadas todas as sanções, incluindo multa simples ou diária, limitada, no total, a R$ 50 milhões por infração (art. 52, II).

Em qualquer hipótese, para fins de aplicação da sanção, dever-se-á levar em consideração as peculiaridades do caso concreto, especialmente: a) a gravidade e a natureza das infrações e dos direitos pessoais afetados; b) a boa-fé da entidade infratora; c) a vantagem auferida ou pretendida; d) sua condição econômica; e) a reincidência; f) o grau do dano; g) a cooperação efetivada; h) a adoção reiterada e demonstrada de mecanismos e procedimentos internos capazes de minimizar o dano; i) a adoção de política de boas práticas e governança; j) a pronta adoção de medidas corretivas; e k) a proporcionalidade entre a gravidade da falta e a intensidade da sanção.

---

[31] LAI: "Art. 1º [...]. Parágrafo único. Subordinam-se ao regime desta Lei: I – os órgãos públicos integrantes da administração direta dos Poderes Executivo, Legislativo, incluindo as Cortes de Contas, e Judiciário e do Ministério Público; II – as autarquias, as fundações públicas, as empresas públicas, as sociedades de economia mista e demais entidades controladas direta ou indiretamente pela União, Estados, Distrito Federal e Municípios".

Capítulo 7

AGENTES DE TRATAMENTO (CONTROLADOR E OPERADOR) E ENCARREGADO

A LGPD indica os principais responsáveis pelo tratamento de dados:

a) controlador (art. 5º, VI): pessoa natural ou jurídica, de direito público ou privado, a quem competem as decisões referentes ao tratamento de dados pessoais;

b) operador (art. 5º, VII): pessoa natural ou jurídica, de direito público ou privado, que realiza o tratamento de dados pessoais em nome do controlador; e

c) encarregado (art. 5º, VIII): pessoa indicada pelo controlador e operador para atuar como canal de comunicação entre o controlador, os titulares dos dados e a ANPD.

Nos termos do art. 5º, IX, da LGPD, apenas o controlador e o operador são considerados "agentes de tratamento". O encarregado de dados ou *Data Protection Officer (DPO)*, por sua vez, é indicado pelo controlador para atuar como canal de comunicação entre o controlador, os titulares dos dados e a ANPD.

Não devem ser considerados como "agentes de tratamento" (controladores e operadores) as pessoas naturais subordinadas à direção da instituição, tal como ocorre com os funcionários de uma empresa privada ou servidores públicos da Administração Pública.[1]

---

[1] Nesse sentido, o Guia orientativo da ANPD a respeito do tema dispõe: "Ressalta-se que os agentes de tratamento devem ser definidos a partir de seu caráter institucional. Não são considerados controladores (autônomos ou conjuntos) ou operadores os indivíduos subordinados, tais como os funcionários, os servidores públicos ou as equipes de trabalho de uma organização, já que atuam sob o poder diretivo do agente de tratamento. [...] Daí decorre que não são controladoras as pessoas naturais que atuam como profissionais subordinados a uma pessoa jurídica ou como membros de seus órgãos. É o caso de empregados, administradores, sócios, servidores e outras pessoas naturais que integram a pessoa jurídica e cujos atos expressam a atuação desta" (ANPD – AUTORIDADE NACIONAL DE PROTEÇÃO DE DADOS. *Guia orientativo para definições dos agentes de tratamento de dados pessoais e do encarregado*, versão 2.0. abr. 2022, p. 6-9. Disponível em: https://www.gov.br/anpd/pt-br/documentos-e-publicacoes/

É oportuno mencionar que as funções de tratamento de dados inerentes aos três atores citados na LGPD (controlador, operador e encarregado) devem ser distribuídas de acordo com a complexidade organizacional e o porte da instituição ou entidade.

Dessa forma, nada obsta que as funções inerentes ao controlador, operador e encarregado sejam concentradas em determinado órgão ou profissional nas entidades de menor porte e com poucos profissionais.

No tocante ao tratamento de dados realizado pela Administração Pública, por sua vez, é possível visualizar, com maior nitidez, a distribuição das referidas atribuições entre pessoas e órgãos distintos. Assim, por exemplo, na Administração Pública federal, a União pode ser considerada controladora, ainda que as funções sejam exercidas, na prática, pelos respectivos órgãos (ex.: Ministérios). Lembre-se, aqui, que os órgãos públicos não possuem personalidade jurídica e são considerados "braços" da entidade estatal, resultantes da desconcentração administrativa, motivo pelo qual não possuem, em regra, capacidade contratual e processual, devendo a sua atuação ser imputada à pessoa jurídica da qual fazem parte. O operador, nesse caso, poderá ser uma pessoa jurídica instituída pela União ou por ela contratada para armazenamento de dados. O encarregado, por sua vez, poderá ser o servidor público federal indicado para atuar como canal de comunicação entre o controlador, os titulares dos dados e a ANPD.

Com relação ao controlador, é possível destacar, exemplificativamente, as seguintes atribuições e responsabilidades no contexto da LGPD:

a) tem o ônus de comprovar que o consentimento foi obtido em conformidade com a LGPD e deve obter consentimento específico do titular para compartilhamento de dados, ressalvadas as hipóteses legais de dispensa de consentimento (arts. 7º, § 5º, e 8º, § 2º);

b) adoção de medidas para garantir a transparência do tratamento de dados baseado em seu legítimo interesse (art. 10, § 2º);

c) não pode comunicar ou compartilhar dados pessoais sensíveis entre controladores referentes à saúde, com o objetivo de obter vantagem econômica, exceto nas hipóteses relativas a prestação de serviços de saúde, de assistência farmacêutica e de assistência à saúde, incluídos os serviços auxiliares de diagnose e terapia, em benefício dos interesses dos titulares de dados, e para permitir a portabilidade de dados quando solicitada pelo titular ou as transações financeiras e administrativas resultantes do uso e da prestação dos serviços (art. 11, § 4º);

---

guia_agentes_de_tratamento_e_encarregado___defeso_eleitoral.pdf. Acesso em: 22 jan. 2024). De forma semelhante: FRAZÃO, Ana; CARVALHO, Angelo Prata de; MILANEZ, Giovanna. *Curso de proteção de dados pessoais*: fundamentos da LGPD. Rio de Janeiro: Forense, 2022. p. 288.

d) deve manter pública a informação sobre os tipos de dados de crianças coletados, a forma de sua utilização e os procedimentos (art. 14, § 2º);

e) os direitos dos titulares são exercidos, em regra, com relação ao controlador (art. 18);

f) elaboração de relatório de impacto à proteção de dados pessoais, inclusive de dados sensíveis, referente a suas operações de tratamento de dados, observados os segredos comercial e industrial (arts. 5º, XVII, 10, § 2º, e 38);

g) responsabilidade civil por danos provocados por irregularidades decorrentes do tratamento de dados (arts. 42 a 45);

h) comunicação à ANPD acerca da ocorrência de incidentes de segurança (art. 48);

i) pode formular regras de boas práticas e de governança (art. 50);

j) está submetido às sanções previstas na LGPD (art. 52).

Conforme já assinalado, o controlador é a pessoa natural ou jurídica, de direito público ou privado, a quem competem as decisões referentes ao tratamento de dados pessoais (art. 5º, VI). Ainda que, na prática, o controlador seja, em regra, pessoa jurídica, é possível encontrar situações em que o papel será exercido por pessoa natural (ex.: empresários individuais; profissionais liberais, tais como advogados, contadores e médicos; responsáveis pelas serventias extrajudiciais etc.).[2]

Não obstante as decisões sobre o tratamento de dados sejam inseridas nas atribuições do controlador, não há impedimento para que parcela das decisões seja transferida ao operador, conservando o controlador a responsabilidade pelas principais decisões, tal como aquela relacionada à definição da finalidade do tratamento.[3]

É admitida, ainda, a estipulação de controladoria conjunta (*joint controllers*) na hipótese em que as funções são exercidas por dois ou mais responsáveis que determinam, em conjunto, as finalidades e os meios do tratamento de dados, admitindo-se a distinção de atribuições entre eles.[4]

---

[2] ANPD – AUTORIDADE NACIONAL DE PROTEÇÃO DE DADOS. *Guia orientativo para definições dos agentes de tratamento de dados pessoais e do encarregado*, versão 2.0. abr. 2022, p. 11. Disponível em: https://www.gov.br/anpd/pt-br/documentos-e-publicacoes/guia-agentes_de_tratamento_e_encarregado___defeso_eleitoral.pdf. Acesso em: 22 jan. 2024.

[3] Nesse sentido: ANPD – AUTORIDADE NACIONAL DE PROTEÇÃO DE DADOS. *Guia orientativo para definições dos agentes de tratamento de dados pessoais e do encarregado*, versão 2.0. abr. 2022, p. 11. Disponível em: https://www.gov.br/anpd/pt-br/documentos-e-publicacoes/guia_agentes_de_tratamento_e_encarregado___defeso_eleitoral.pdf. Acesso em: 22 jan. 2024.

[4] No direito europeu, o art. 26 do GDPR trata da controladoria conjunta da seguinte forma: "1. Where two or more controllers jointly determine the purposes and means of processing, They shall be joint controllers. They shall in a transparent manner determine their respective responsibilities for compliance with the obligations under this Regulation, in particular as regards the exercising of the rights of the data subject and their respective duties to provide the information referred to in Articles 13 and 14, by means of an arrangement between them

Nesse caso, o art. 42, § 1º, II, da LGPD estabelece a responsabilidade solidária entre os controladores que estiverem diretamente envolvidos no tratamento do qual decorreram danos ao titular dos dados, salvo nas hipóteses de exclusão indicadas no art. 43 da LGPD.

O operador, por seu turno, que é a pessoa natural ou jurídica, de direito público ou privado, que realiza o tratamento de dados pessoais em nome do controlador (art. 5º, VII), possui as seguintes atribuições e responsabilidades exemplificativas:

a) seguir as instruções do controlador (art. 39);

b) responsabilidade solidária do operador pelos danos causados pelo tratamento quando descumprir as obrigações da legislação de proteção de dados ou quando não tiver seguido as instruções lícitas do controlador, hipótese em que o operador equipara-se ao controlador, ressalvadas as hipóteses de exclusão previstas no art. 43 da LGPD (art. 42, § 1º, I);

c) pode formular regras de boas práticas e de governança (art. 50).

O guia orientativo da ANPD destaca, ainda, outras atribuições do operador, tais como: a) firmar contratos que estabeleçam, entre outros assuntos, o regime de atividades e responsabilidades com o controlador; e b) dar ciência ao controlador em caso de contrato com o suboperador.[5]

Quanto à figura do suboperador, cabe assinalar que, não obstante a ausência de menção na LGPD, é possível a sua instituição em situações mais complexas de tratamento de dados, com a atuação subordinada a outro operador. É possível

---

unless, and in so far as, the respective responsibilities of the controllers are determined by Union or Member State law to which the controllers are subject. The arrangement may designate a contact point for data subjects. 2.The arrangement referred to in paragraph 1 shall duly reflect the respective roles and relationships of the joint controllers vis-à-vis the data subjects. The essence of the arrangement shall be made available to the data subject. 3. Irrespective of the terms of the arrangement referred to in paragraph 1, the data subject may exercise his or her rights under this Regulation in respect of and against each of the controllers" (Disponível em: https://gdpr-info.eu/art-26-gdpr/. Acesso em: 22 jan. 2024). A ANPD apresenta a seguinte definição de controladoria conjunta: "a determinação conjunta, comum ou convergente, por dois ou mais controladores, das finalidades e dos elementos essenciais para a realização do tratamento de dados pessoais, por meio de acordo que estabeleça as respectivas responsabilidades quanto ao cumprimento da LGPD" (ANPD – AUTORIDADE NACIONAL DE PROTEÇÃO DE DADOS. *Guia orientativo para definições dos agentes de tratamento de dados pessoais e do encarregado*, versão 2.0. abr. 2022, p. 14. Disponível em: https://www.gov.br/anpd/pt-br/documentos-e-publicacoes/guia_agentes_de_tratamento_e_encarregado___defeso_eleitoral.pdf. Acesso em: 22 jan. 2024).

5   ANPD – AUTORIDADE NACIONAL DE PROTEÇÃO DE DADOS. *Guia orientativo para definições dos agentes de tratamento de dados pessoais e do encarregado*, versão 2.0. abr. 2022, p. 17. Disponível em: https://www.gov.br/anpd/pt-br/documentos-e-publicacoes/guia_agentes_de_tratamento_e_encarregado___defeso_eleitoral.pdf. Acesso em: 22 jan. 2024.

definir o suboperador como "aquele contratado pelo operador para auxiliá-lo a realizar o tratamento de dados pessoais em nome do controlador".[6]

A relação contratual entre operador e suboperador produz efeitos, naturalmente, apenas no tocante às partes envolvidas, que respondem, inclusive, perante a ANPD, e não envolve o controlador. Todavia, considerando que o operador realiza funções em nome do controlador, afigura-se recomendável que a nomeação de suboperador seja previamente autorizada pelo controlador.[7]

De acordo com o art. 5º, VII, da LGPD, as funções do operador podem ser desenvolvidas por pessoa natural ou jurídica, de direito público ou privado. Assim como ocorre com o controlador, as funções do operador são, normalmente, exercidas por pessoas jurídicas na prática, o que não impede o desempenho por pessoas naturais, na forma permitida pela legislação. Ademais, não devem ser consideradas operadoras as pessoas subordinadas que integram a estrutura da entidade, tais como os empregados e os servidores públicos.[8]

Por fim, o encarregado, que é a pessoa indicada pelo controlador e operador para atuar como canal de comunicação entre o controlador, os titulares dos dados e a ANPD (art. 5º, VIII, da LGPD), possui as seguintes atribuições e responsabilidades (art. 41, § 2º, da LGPD):[9]

---

[6] ANPD – AUTORIDADE NACIONAL DE PROTEÇÃO DE DADOS. *Guia orientativo para definições dos agentes de tratamento de dados pessoais e do encarregado*, versão 2.0. abr. 2022, p. 19-20. Disponível em: https://www.gov.br/anpd/pt-br/documentos-e-publicacoes/guia_agentes_de_tratamento_e_encarregado___defeso_eleitoral.pdf. Acesso em: 22 jan. 2024.

[7] ANPD – AUTORIDADE NACIONAL DE PROTEÇÃO DE DADOS. *Guia orientativo para definições dos agentes de tratamento de dados pessoais e do encarregado*, versão 2.0. abr. 2022, p. 20. Disponível em: https://www.gov.br/anpd/pt-br/documentos-e-publicacoes/guia_agentes_de_tratamento_e_encarregado___defeso_eleitoral.pdf. Acesso em: 22 jan. 2024. No direito europeu, o art. 28 do GDPR prevê: "2. The processor shall not engage another processor without prior specific or general written authorisation of the controller. In the case of general written authorisation, the processor shall inform the controller of any intended changes concerning the addition or replacement of other processors, there by giving the controller the opportunity to object to such changes. [...] 4. Where a processor engages another processor for carrying out specific processing activities on be half of the controller, the same data protection obligations as set out in the contract or Other legal act between the controller and the processor as referred to in paragraph 3 shall be imposed on that other processor by way of a contract or other legal act under Union or Member State law, in particular providing sufficient guarantees to implement appropriate technical and organisational measures in such a manner that the processing will meet the requirements of this Regulation. Where that other processor fails to fulfil its data protection obligations, the initial processor shall remain fully liable to the controller for the performance of that Other processor's obligations." Disponível em: <https://gdpr-info.eu/art-28-gdpr/>. Acesso em: 22 jan. 2024.

[8] ANPD – AUTORIDADE NACIONAL DE PROTEÇÃO DE DADOS. *Guia orientativo para definições dos agentes de tratamento de dados pessoais e do encarregado*, versão 2.0. abr. 2022, p. 18. Disponível em: https://www.gov.br/anpd/pt-br/documentos-e-publicacoes/guia_agentes_de_tratamento_e_encarregado___defeso_eleitoral.pdf. Acesso em: 22 jan. 2024.

[9] Conforme dispõe o art. 3º da Resolução CD/ANPD 18, de 16 de julho de 2024, a indicação do encarregado deve ser realizada por ato formal do agente de tratamento, do qual constem

a) aceitar reclamações e comunicações dos titulares, prestar esclarecimentos e adotar providências;

b) receber comunicações da autoridade nacional e adotar providências;

c) orientar os funcionários e os contratados da entidade a respeito das práticas a serem tomadas com relação à proteção de dados pessoais; e

d) executar as demais atribuições determinadas pelo controlador ou estabelecidas em normas complementares.

As atividades e as atribuições do encarregado são detalhadas nos arts. 15 e 16 da Resolução CD/ANPD 18, de 16 de julho de 2024, e não acarretam ao encarregado a responsabilidade, perante a ANPD, pela conformidade do tratamento dos dados pessoais realizado pelo controlador, nos termos do art. 17 da citada Resolução.

Ademais, o encarregado deve atuar com ética, integridade e autonomia técnica, evitando situações que possam configurar conflito de interesse, admitida a acumulação de funções e o exercício de suas atividades para mais de um agente de tratamento, desde que seja possível o pleno atendimento de suas atribuições relacionadas a cada agente de tratamento e inexista conflito de interesse (arts. 18 e 19 da Resolução CD/ANPD 18/2024).

Em razão da finalidade da indicação do encarregado que, repita-se, atua como canal de comunicação entre o controlador, os titulares dos dados e a ANPD, o § 1º do art. 41 da LGPD exige que a identidade e as informações de contato do encarregado sejam divulgadas publicamente, de forma clara e objetiva, preferencialmente no sítio eletrônico do controlador.

Não obstante a regra seja a indicação do encarregado pelo tratamento de dados pessoais, o art. 41, § 3º, da LGPD autoriza a fixação pela ANPD de hipóteses de dispensa da necessidade de sua indicação, conforme a natureza e o porte da entidade ou o volume de operações de tratamento de dados.

Nesse sentido, a ANPD publicou a Resolução CD/ANPD 2, de 27 janeiro de 2022, que aprova o Regulamento de Aplicação da LGPD para agentes de tratamento de pequeno porte. De acordo com o art. 11, *caput* e §§ 1º e 2º, da referida Resolução, os agentes de tratamento de pequeno porte não são obrigados a indicar o encarregado, mas a eventual indicação será considerada política de boas práticas e governança. A ausência de indicação do encarregado não afasta o dever de disponibilização de um canal de comunicação com o

---

as formas de atuação e as atividades a serem desempenhadas. De acordo com o art. 4º, nas ausências, impedimentos e vacâncias do encarregado, a função será exercida por substituto formalmente designado.

titular de dados para aceitar reclamações e comunicações dos titulares, prestar esclarecimentos e adotar providências.

A LGPD é omissa com relação à pessoa que pode ser indicada para atuar como encarregado de dados, sem identificar se a pessoa é natural ou jurídica. Em consequência, o encarregado poderá ser funcionário da instituição ou pessoa externa, natural ou jurídica, contratada para exercer a função, admitindo-se, em qualquer caso, que exista apoio de uma equipe de proteção de dados.[10]

Em abono à afirmação anterior, o art. 12 da Resolução CD/ANPD 18/2024 dispõe que o encarregado poderá ser: (i) uma pessoa natural, integrante do quadro organizacional do agente de tratamento ou externo a esse; ou (ii) uma pessoa jurídica. Não é exigida a inscrição em qualquer entidade nem qualquer certificação ou formação profissional específica para o exercício da atividade de encarregado (art. 14 da referida Resolução).

As pessoas jurídicas da Administração Pública, por sua vez, deverão designar um encarregado quando realizarem operações de tratamento de dados pessoais, recaindo a escolha, preferencialmente, sobre servidores ou empregados públicos detentores de reputação ilibada, com a publicação da indicação no Diário Oficial do respectivo ente federado, na forma do art. 5º, *caput* e § 1º, da Resolução CD/ANPD 18/2024.

Admite-se, ainda, a indicação de encarregados próprios no âmbito dos órgãos públicos, que são despidos de personalidade jurídica, quando possuírem obrigações típicas de controlador, considerando o contexto e o volume dos tratamentos de dados pessoais realizados e a necessidade de desconcentração administrativa, nos termos do art. 5º, § 2º, da Resolução CD/ANPD 18/2024.

---

[10] ANPD – AUTORIDADE NACIONAL DE PROTEÇÃO DE DADOS. *Guia orientativo para definições dos agentes de tratamento de dados pessoais e do encarregado*, versão 2.0. abr. 2022, p. 23. Disponível em: https://www.gov.br/anpd/pt-br/documentos-e-publicacoes/guia_agentes_de_tratamento_e_encarregado___defeso_eleitoral.pdf. Acesso em: 22 jan. 2024.

Capítulo 8

SEGURANÇA, BOAS PRÁTICAS E GOVERNANÇA

Com o intuito de garantir que o tratamento de dados seja realizado dentro dos limites legais e éticos, com respeito aos direitos dos titulares, a LGPD, nos arts. 46 a 51, estabelece regras próprias voltadas à segurança, boas práticas e governança.

Nesse sentido, nos termos do art. 46, *caput* e § 2º, da LGPD, os agentes de tratamento devem adotar, desde a fase de concepção do produto ou do serviço (*privacy by design*)[1] até a sua execução, medidas de segurança, técnicas e

---

[1] De acordo com Ana Frazão, Angelo Carvalho e Giovanna Milanez: "É nesse contexto que cresce a implementação do que se chama de *privacy by design* e *privacy by default*. A primeira diz respeito ao fato de que, quando algum agente decide realizar um tratamento de dados pessoais, deve pensar na privacidade em cada passo adotado, incluindo o projeto, desenvolvimento de produtos e *softwares*, sistemas de informática, dentre outros, garantindo a privacidade durante todo o tratamento. Já a segunda diz respeito ao fato de que, ao lançar qualquer produto ou serviço, a privacidade deve ser protegida sem que se exija do usuário qualquer iniciativa para tanto" (FRAZÃO, Ana; CARVALHO, Angelo Prata de; MILANEZ, Giovanna. *Curso de proteção de dados pessoais*: fundamentos da LGPD. Rio de Janeiro: Forense, 2022. p. 417). O tema é tratado no art. 25 do GDPR: "Data protection by design and by default. 1. Taking into account the state of the art, the cost of implementation and the nature, scope, context and purposes of processing as well as the risks of varying likelihood and severity for rights and freedoms of natural persons posed by the processing, the controller shall, both at the time of the determination of the means for processing and at the time of the processing itself, implement appropriate technical and organisational measures, such as pseudonymisation, which are designed to implement data-protection principles, such as data minimisation, in na effective manner and to integrate the necessary safeguards into the processing in order to meet the requirements of this Regulation and protect the rights of data subjects. 2. The controller shall implement appropriate technical and organisational measures for ensuring that, by default, only personal data which are necessary for each specific purpose of the processing are processed. That obligation applies to the amount of personal data collected, the extent of their processing, the period of their storage and their accessibility. In particular, such measures shall ensure that by default personal data are not made accessible without the individual's intervention to an indefinite number of natural persons. 3. An approved certification mechanism pursuant to Article 42 may be usedas an element to demonstrate compliance with the requirements set out in paragraphs 1 and 2 of thisArticle" (Disponível em: https://gdpr-info.eu/art-25-gdpr/. Acesso em: 22 jan. 2024).

administrativas aptas a protegerem os dados pessoais de acessos não autorizados e de situações acidentais ou ilícitas de destruição, perda, alteração, comunicação ou qualquer forma de tratamento inadequado ou ilícito.

Aliás, o princípio da segurança, consagrado no art. 6º, VII, da LGPD, pressupõe a utilização de medidas técnicas e administrativas aptas a protegerem os dados pessoais de acessos não autorizados e de situações acidentais ou ilícitas de destruição, perda, alteração, comunicação ou difusão.

Cabe à ANPD a fixação de padrões técnicos mínimos para as medidas de segurança, considerados a natureza das informações tratadas, as características específicas do tratamento e o estado atual da tecnologia, especialmente no caso de dados pessoais sensíveis, assim como os princípios aplicáveis ao tratamento de dados, na forma do art. 46, § 1º, da LGPD.[2]

É possível elencar, exemplificativamente, diversas situações, acidentais ou dolosas, que colocam em risco a proteção de dados, tais como:[3] a) acesso não autorizado: acesso realizado por determinada pessoa sem a autorização do agente de tratamento (ex.: invasão do sistema por *hacker*); b) destruição indevida do dado: eliminação de dados fora das hipóteses permitidas pela LGPD (ex.: dados excluídos do sistema por erro ou acidente); c) comunicação indevida do dado: o dado é transmitido ou divulgado fora dos limites permitidos pela LGPD (ex.: divulgação de dados realizada por *hacker* após a invasão do sistema; envio de *e-mail* com informações sigilosas por funcionário da instituição para destinatário incorreto) etc.

---

[2]   O art. 32 do GDPR disciplina, com mais detalhes, as medidas de segurança para proteção de dados: "1. Taking into account the state of the art, the costs of implementation and the nature, scope, context and purposes of processing as well as the risk of varying like lihood and severity for the rights and freedoms of natural persons, the controller and the processor shall implement appropriate technical and organisational measures to ensure a level of security appropriate to the risk, including inter alia as appropriate: a) the pseudonymisation and encryption of personal data; b) the ability to ensure the ongoing confidentiality, integrity, availability and resilience of processing systems and services; c) the ability to restore the availability and access to personal data in a timely manner in the event of a physical or technical incident; d) a process for regularly testing, assessing and evaluating the effectiveness of technical and organisational measures for ensuring the security of the processing. 2. In assessing the appropriate level of security account shall be taken in particular of the risks that are presented by processing, in particular from accidental or unlawful destruction, loss, alteration, unauthorised disclosure of, or access to personal data transmitted, stored or otherwise processed. 3. Adherence to an approved code of conduct as referred to in Article 40 or an approved certification mechanism as referred to in Article 42 may be used as an element by which to demonstrate compliance with the requirements set out in paragraph 1 of this Article. 4 The controller and processor shall take steps to ensure that any natural person acting under the authority of the controller or the processor who has access to personal data does not process them except on instructions from the controller, unless he or she is required to do so by Union or Member State law" (Disponível em: https://gdpr-info.eu/art-32-gdpr/. Acesso em: 22 jan. 2024).

[3]   De forma semelhante: FRAZÃO, Ana; CARVALHO, Angelo Prata de; MILANEZ, Giovanna. *Curso de proteção de dados pessoais*: fundamentos da LGPD. Rio de Janeiro: Forense, 2022, p. 388; JIMENE, Camilla do Vale. Capítulo VII – Da Segurança e das Boas Práticas. *In*: MALDONADO, Vivian Nóbrega; BLUM, Renato Opice (coord.). *LGPD*: Lei Geral de Proteção de Dados comentada. 2. ed. São Paulo: Thomson Reuters Brasil, 2019. p. 334-336.

O dever de garantir a segurança dos dados pessoais, mesmo após o seu término, é direcionado não apenas aos agentes de tratamento, mas também a qualquer pessoa que intervenha em uma das fases do tratamento (art. 47).

O controlador tem o dever de comunicar à ANPD e ao titular de dados, dentro de prazo razoável a ser definido pela autoridade nacional, a ocorrência de incidente de segurança que possa acarretar risco ou dano relevante aos titulares, mencionando, no mínimo (art. 48, *caput* e § 1º, da LGPD): a) a descrição da natureza dos dados pessoais afetados; b) as informações sobre os titulares envolvidos; c) a indicação das medidas técnicas e de segurança utilizadas para a proteção dos dados, observados os segredos comercial e industrial; d) os riscos relacionados ao incidente; e) os motivos da demora, no caso de a comunicação não ter sido imediata; e f) as medidas que foram ou que serão adotadas para reverter ou mitigar os efeitos do prejuízo.

De acordo com a ANPD, considera-se incidente de segurança "qualquer evento adverso confirmado, relacionado à violação das propriedades de confidencialidade, integridade, disponibilidade e autenticidade da segurança de dados pessoais".[4]

Após levar em consideração a gravidade do incidente[5] e a necessidade de salvaguarda dos direitos dos titulares, a ANPD poderá determinar ao controlador a adoção de providências, tais como (art. 48, § 2º, da LGPD): a) ampla divulgação do fato em meios de comunicação; e b) medidas para reverter ou mitigar os efeitos do incidente.

Conforme previsão contida no art. 49 da LGPD, os sistemas utilizados para o tratamento de dados pessoais devem ser estruturados de forma a atender aos requisitos de segurança, aos padrões de boas práticas e de governança e aos princípios gerais de proteção de dados e às demais normas regulamentares.

A preocupação com a fixação de regras de boas práticas e de governança é reforçada no art. 50 da LGPD. De acordo com o dispositivo legal em comento, os controladores e operadores, no âmbito de suas competências, individualmente ou por meio de associações, poderão formular regras de boas práticas e de governança que estabeleçam as condições de organização, o regime de funcionamento, os procedimentos, incluindo reclamações e petições de titulares, as normas de segurança, os padrões técnicos, as obrigações específicas para os diversos envolvidos no tratamento, as ações educativas, os mecanismos internos de supervisão e de mitigação de riscos e outros aspectos relacionados ao tratamento de dados pessoais. Trata-se de estímulo à autorregulação na proteção de dados.

---

[4] Art. 3º, XII, do Regulamento de Comunicação de Incidente de Segurança, aprovado pela Resolução CD/ANPD 15, de 24 de abril de 2024. Disponível em: https://www.in.gov.br/en/web/dou/-/resolucao-cd/anpd-n-15-de-24-de-abril-de-2024-556243024. Acesso em: 22 jan. 2024.

[5] No juízo de gravidade do incidente, a ANPD deve avaliar a eventual comprovação de que foram adotadas medidas técnicas adequadas que tornem os dados pessoais afetados ininteligíveis, no âmbito e nos limites técnicos de seus serviços, para terceiros não autorizados a acessá-los, na forma do § 3º do art. 48 da LGPD.

Na fixação de regras de boas práticas, o controlador e o operador levarão em consideração a natureza, o escopo, a finalidade e a probabilidade e a gravidade dos riscos e dos benefícios decorrentes de tratamento de dados do titular (art. 50, § 1º, da LGPD).

Com o intuito de garantir a efetividade do princípio da transparência, previsto no inciso VI do art. 6º da LGPD, as regras de boas práticas e de governança deverão ser publicadas e atualizadas periodicamente, bem como poderão ser reconhecidas e divulgadas pela ANPD (art. 50, § 3º, da LGPD).

Em razão dos princípios da segurança e da prevenção, previstos nos incisos VII e VIII do art. 6º da LGPD, o controlador, observados a estrutura, a escala e o volume de suas operações, bem como a sensibilidade dos dados tratados e a probabilidade e a gravidade dos danos para os titulares dos dados, poderá adotar as seguintes providências (art. 50, § 2º, da LGPD):

a) implementar programa de governança em privacidade que, no mínimo: a.1) demonstre o comprometimento do controlador em adotar processos e políticas internas que assegurem o cumprimento, de forma abrangente, de normas e boas práticas relativas à proteção de dados pessoais; a.2) seja aplicável a todo o conjunto de dados pessoais que estejam sob seu controle, independentemente do modo como se realizou sua coleta; a.3) seja adaptado à estrutura, à escala e ao volume de suas operações, bem como à sensibilidade dos dados tratados; a.4) estabeleça políticas e salvaguardas adequadas com base em processo de avaliação sistemática de impactos e riscos à privacidade; a.5) tenha o objetivo de estabelecer relação de confiança com o titular, por meio de atuação transparente e que assegure mecanismos de participação do titular; a.6) esteja integrado a sua estrutura geral de governança e estabeleça e aplique mecanismos de supervisão internos e externos; a.7) conte com planos de resposta a incidentes e remediação; e a.8) seja atualizado constantemente com base em informações obtidas a partir de monitoramento contínuo e avaliações periódicas;

b) demonstrar a efetividade de seu programa de governança em privacidade quando apropriado e, em especial, a pedido da autoridade nacional ou de outra entidade responsável por promover o cumprimento de boas práticas ou códigos de conduta, os quais, de forma independente, promovam o cumprimento da LGPD.

Com o intuito de evitar programas de governança e *compliance* de fachada (*compliance fake*), algumas recomendações devem ser observadas, tais como:[6] a)

---

[6] Nesse sentido: FRAZÃO, Ana; CARVALHO, Angelo Prata de; MILANEZ, Giovanna. *Curso de proteção de dados pessoais*: fundamentos da LGPD. Rio de Janeiro: Forense, 2022. p. 416; FRAZÃO, Ana; MEDEIROS, Ana Rafaela Martinez. Desafios para a efetividade dos programas de *compliance*. *In*: CUEVA, Ricardo Villas Bôas; FRAZÃO, Ana. *Compliance*: perspectivas e desafios dos programas de conformidade. Belo Horizonte: Fórum, 2018. p. 95.

avaliação contínua de riscos e atualização do programa; b) elaboração dos códigos e regulamentos que regulem a forma como se deve atuar na organização; c) organização compatível com o risco da atividade; d) comprometimento da alta administração; e) autonomia e independência do setor responsável pela supervisão do programa de *compliance*; f) treinamentos periódicos; g) criação de uma cultura corporativa de respeito à ética e às leis; h) monitoramento constante dos controles e processos instituídos pelo programa de *compliance*; i) canais seguros e abertos de comunicação de infrações e mecanismos de proteção dos informantes; j) detecção, apuração e punição de condutas contrárias ao programa de *compliance*.

Outra medida recomendável para implementação efetiva de programas de governança e *compliance* é a instituição de selos ou certificações (ex.: ISO 19600 – Sistema de Gestão de Compliance e ISO 37001 – Sistemas de gestão antissuborno), com a intensificação da transparência, da fiscalização (institucional e social) e da responsabilização efetiva dos autores de desvios éticos.[7]

Destaca-se, ainda, que a ANPD, nos termos do art. 51 da LGPD, estimulará a adoção de padrões técnicos que facilitem o controle pelos titulares dos seus dados pessoais.

É preciso sublinhar que a preocupação com a fixação de regras de boas práticas e de governança não se limita às instituições da iniciativa privada, alcançando também os órgãos e as entidades da Administração Pública.

Nos últimos anos, a preocupação com a institucionalização de instrumentos de governança e de integridade entrou no radar da Administração Pública, em razão da necessidade de combate aos desvios éticos e de incremento da eficiência da gestão pública.[8]

A busca da governança e da integridade nas relações público-privadas integra a pauta da Administração Pública nos cenários internacional e nacional.

---

[7]   Nesse sentido, o Considerando 100 do GDPR dispõe: "A fim de reforçar a transparência e o cumprimento do presente regulamento, deverá ser encorajada a criação de procedimentos de certificação e selos e marcas de proteção de dados, que permitam aos titulares avaliar rapidamente o nível de proteção de dados proporcionado pelos produtos e serviços em causa" (Disponível em: https://gdpr-text.com/pt/read/recital-100/. Acesso em: 22 jan. 2024). Sobre o tema, no âmbito da Administração Pública, vide: OLIVEIRA, Rafael Carvalho Rezende. Integridade na Administração Pública: um projeto em andamento. *Solução em Direito Administrativo e Municipal*, v. 58, p. 57-62, 2024.

[8]   Sobre o tema, vide: OLIVEIRA, Rafael Carvalho Rezende. Integridade na Administração Pública: um projeto em andamento. *Solução em Direito Administrativo e Municipal*, v. 58, p. 57-62, 2024; OLIVEIRA, Rafael Carvalho Rezende; CARMO, Thiago Gomes do. Programas de integridade nas relações público-privadas: a relação custo-benefício na sua implementação. *Solução em Direito Administrativo e Municipal*, v. 4, p. 31, 2022; OLIVEIRA, Rafael Carvalho Rezende; ACOCELLA, Jéssica. A exigência de programas de *compliance* e integridade nas contratações públicas: os Estados-Membros na vanguarda. *In*: OLIVEIRA, Rafael Carvalho Rezende; ACOCELLA, Jéssica (org.). *Governança corporativa e* compliance. 3. ed. São Paulo: JusPodivm, 2022. p. 73-98.

A "governança pública" compreende a busca por instrumentos de maior legitimidade (ex.: participação na formulação da decisão administrativa), eficiência (ex.: planejamento e controle de resultados) e *accountability* (ex.: controle social e institucional) por parte dos reguladores.[9]

De acordo com o art. 2º, I, do Decreto 9.203/2017, a governança é o "conjunto de mecanismos de liderança, estratégia e controle postos em prática para avaliar, direcionar e monitorar a gestão, com vistas à condução de políticas públicas e à prestação de serviços de interesse da sociedade". Os princípios da governança pública são apresentados pelo art. 3º do referido Decreto: a) capacidade de resposta; b) integridade; c) confiabilidade; d) melhoria regulatória; e) prestação de contas e responsabilidade; e f) transparência.

Por sua vez, o programa de integridade, na forma do art. 3º do Decreto 11.529/2023, é o "conjunto de princípios, normas, procedimentos e mecanismos de prevenção, detecção e remediação de práticas de corrupção e fraude, de irregularidades, ilícitos e outros desvios éticos e de conduta, de violação ou desrespeito a direitos, valores e princípios que impactem a confiança, a credibilidade e a reputação institucional" (art. 3º).

A preocupação crescente com o combate à corrupção integra a agenda dos países que buscam implementar instrumentos de governança capazes de garantir o denominado "direito à boa administração". Os padrões éticos, a eficiência administrativa e o controle da gestão pública são características indissociáveis da gestão pública pós-moderna.

Não por outra razão, a OCDE considera que a integridade pública pressupõe o alinhamento consistente e a adesão de valores, princípios e normas éticas comuns para sustentar e priorizar o interesse público sobre os interesses privados no setor público, devendo ser observadas as seguintes recomendações para sua implementação:[10] 1) demonstrar compromisso nos mais altos níveis políticos e administrativos do setor público para aumentar a integridade pública e reduzir a corrupção; 2) esclarecer responsabilidades institucionais em todo o setor público para fortalecer a eficácia do sistema de integridade pública; 3) desenvolver uma abordagem estratégica para o setor público que se baseie em evidências e vise atenuar os riscos de integridade pública; 4) definir altos padrões de conduta para funcionários públicos; 5) promover uma cultura de integridade pública a toda a sociedade, em parceria com o setor privado, com a sociedade civil e com os indivíduos; 6) investir em liderança de integridade para demonstrar o compromisso

---

[9] OLIVEIRA, Rafael Carvalho Rezende. *Novo perfil da regulação estatal*: Administração Pública de resultados e análise de impacto regulatório. Rio de Janeiro: Forense, 2015. p. 184.

[10] OCDE – ORGANIZAÇÃO PARA A COOPERAÇÃO E DESENVOLVIMENTO ECONÔMICO. Recomendação do Conselho da OCDE sobre integridade pública. Disponível em: https://www.oecd.org/gov/ethics/integrity-recommendation-brazilian-portuguese.pdf. Acesso em: 27 fev. 2024.

da organização do setor público com a integridade; 7) promover um setor público profissional, baseado em mérito, dedicado aos valores do serviço público e à boa governança; 8) fornecer informações suficientes, treinamento, orientação e conselhos em tempo hábil para que os funcionários públicos apliquem padrões de integridade pública no local de trabalho; 9) apoiar uma cultura organizacional aberta no setor público que responda a preocupações de integridade; 10) aplicar um quadro de gestão de riscos e controle interno para salvaguardar a integridade nas organizações do setor público; 11) certificar que os mecanismos de cumprimento proporcionem respostas adequadas a todas as violações suspeitas de padrões de integridade pública por parte de funcionários públicos e todos os outros envolvidos nas violações; 12) reforçar o papel da fiscalização e controle externo no sistema de integridade pública; e 13) incentivar a transparência e o envolvimento das partes interessadas em todas as etapas do processo político e do ciclo político para promover a prestação de contas e o interesse público.

Atualmente, a importância da governança e da integridade nas relações público-privadas justifica-se pela urgência de elevar os padrões da gestão pública. Esse aprimoramento visa mitigar riscos de integridade que podem surgir nas interações entre a Administração Pública e a iniciativa privada, além de enfrentar a profunda crise ética que marcou profundamente o cenário nacional nos últimos anos.

No contexto normativo brasileiro, a legislação tem sido alterada com o intuito de impor ou fomentar a cultura da governança e da integridade nas relações público-privadas, com destaque, sem caráter exaustivo, para os seguintes diplomas normativos:

a) Lei 10.257/2011 (LAI): intensifica a publicidade e a cultura da transparência na Administração Pública, com a efetivação do direito constitucional à informação e desenvolvimento do controle social;

b) Lei 12.846/2013 (Lei Anticorrupção): prevê a integridade como parâmetro sancionador (art. 7º, VIII) e o seu regulamento (Decreto 11.129/2022) prevê a adoção, a aplicação ou o aperfeiçoamento de programa de integridade, como cláusula do acordo de leniência (art. 45, IV);[11]

c) Lei 13.303/2016 (Lei das Estatais): exige a governança nas empresas estatais (art. 6º) e a elaboração de Código de Conduta e Integridade e outras regras de boa prática de governança corporativa (art. 9º, § 1º);

---

[11] A definição do programa de integridade é apresentada pelo art. 56 do Decreto 11.129/2022: "Art. 56. Para fins do disposto neste Decreto, programa de integridade consiste, no âmbito de uma pessoa jurídica, no conjunto de mecanismos e procedimentos internos de integridade, auditoria e incentivo à denúncia de irregularidades e na aplicação efetiva de códigos de ética e de conduta, políticas e diretrizes, com objetivo de: I – prevenir, detectar e sanar desvios, fraudes, irregularidades e atos ilícitos praticados contra a administração pública, nacional ou estrangeira; e II – fomentar e manter uma cultura de integridade no ambiente organizacional".

d) Lei 13.848/2019 (Lei das Agências Reguladoras): impõe a elaboração de programas de integridade nas agências reguladoras (art. 3º, § 3º);

e) Lei 8.429/1992, alterada pela Lei 14.230/2021 (Lei de Improbidade Administrativa): permite a previsão de mecanismos e procedimentos internos de integridade no âmbito do acordo de não persecução civil – ANPC (art. 17-B, § 6º);

f) Lei 13.709/2018 (LGPD): os sistemas utilizados para o tratamento de dados pessoais devem ser estruturados de forma a atender aos requisitos de segurança, aos padrões de boas práticas e de governança (art. 49); regras de boas práticas e de governança (arts. 50 e 51); parâmetro sancionador: adoção de política de boas práticas e governança (art. 52, § 1º, IX);

g) Lei 14.133/2021 (nova Lei de Licitações e Contratos Administrativos):[12] indica a alta administração como responsável pela governança das contratações (art. 11, parágrafo único), a possibilidade de fixação de matriz de riscos (art. 22); impõe a criação de programa de integridade para contratos de grande vulto (art. 25, § 4º); incentiva a criação de programas de integridade nas demais contratações (art. 60, IV, 156, § 1º, V, e 163, parágrafo único); prevê as linhas de defesa (art. 169) etc.

Verifica-se, portanto, que a LGPD se insere no grupo de diplomas legais que, em alguma medida, revelam a preocupação com o incentivo ou a exigência de fixação de regras de boas práticas e governança, com o objetivo de prevenir infrações ao sistema de proteção de dados pessoais ou, na consumação da infração, de reprimir de forma célere as respectivas condutas.

Nesse caso, a LGPD, como demonstrado, tem incidência ampla, direcionando as suas disposições às entidades da iniciativa privada e às entidades da Administração Pública que devem incorporar no ambiente corporativo e institucional as regras de boas práticas e governança dos dados pessoais.

---

[12] Em outras oportunidades, destacamos a consagração da governança e da integridade na Lei 14.133/2021: OLIVEIRA, Rafael Carvalho Rezende. As tendências das licitações públicas na Administração Pública de Resultados. *Consulex*, v. 17, n. 393, p. 32-33, jun. 2013; OLIVEIRA, Rafael Carvalho Rezende; ACOCELLA, Jéssica. A exigência de *compliance* e programa de integridade nas contratações públicas: os Estados-membros na vanguarda. *Governança corporativa e compliance*. 2. ed. Salvador: JusPodivm, 2021. p. 73-98.

Capítulo 9

AUTORIDADE NACIONAL DE PROTEÇÃO DE DADOS (ANPD)

A Autoridade Nacional de Proteção de Dados (ANPD) é uma autarquia de natureza especial, dotada de autonomia técnica e decisória, com patrimônio próprio e com sede e foro no Distrito Federal, na forma do art. 55-A da LGPD, com a redação dada pela Lei 14.460/2022.

É oportuno lembrar que, originalmente, a ANPD foi instituída como órgão público, despido de personalidade jurídica, integrante da Presidência da República (art. 55-A, incluído pela Medida Provisória 869/2018, posteriormente convertida na Lei 13.853/2019). Nesse ponto, o veto presidencial ao texto original do art. 55 da LGPD, aprovado pelo Congresso, que criava a Autoridade sob a forma de autarquia, acabou retirando a concreta independência da autoridade nacional.

A caracterização como órgão público e a sua consequente subordinação hierárquica à Presidência da República retiravam da ANPD a necessária independência para o regular exercício das relevantes funções relacionadas à proteção de dados, uma vez que a atuação da autoridade nacional, em última instância, poderia se curvar ao interesse político do Chefe do Poder Executivo federal.

Por essa razão, a redação conferida pela Lei 14.460/2022 ao art. 55-A da LGPD, com a alteração da natureza jurídica da ANPD, que passou a ostentar, como já assinalado, a natureza de autarquia de natureza especial, com autonomia técnica e decisória, além de patrimônio próprio, revela importante avanço na garantia de independência da entidade e despolitização da proteção de dados no Brasil.

A ANPD é composta pelos seguintes órgãos (art. 55-E da LGPD): a) Conselho Diretor, órgão máximo de direção; b) Conselho Nacional de Proteção de Dados Pessoais e da Privacidade; c) Corregedoria; d) Ouvidoria; e) Procuradoria; e f) unidades administrativas e unidades especializadas necessárias à aplicação da LGPD.

Cumpre ressaltar que a expressão "autarquia de regime especial", utilizada para caracterizar a natureza jurídica da ANPD, é usada no ordenamento jurídico brasileiro para se referir, normalmente, às autarquias que possuem maior grau de autonomia administrativa, técnica e financeira, tal como ocorre com as agências reguladoras (ex.: Agência Nacional de Energia Elétrica – Aneel; Agência Nacional de Telecomunicações – Anatel; Agência Nacional do Petróleo, Gás Natural e Biocombustíveis – ANP; Agência Nacional de Vigilância Sanitária – Anvisa; Agência Nacional de Saúde Suplementar – ANS; Agência Nacional de Águas – ANA; Agência Nacional de Transportes Terrestres – ANTT; Agência Nacional de Transportes Aquaviários – Antaq; Agência Nacional do Cinema – Ancine; Agência Nacional de Aviação Civil – Anac; Agência Nacional de Mineração – ANM).

Não por outra razão, a ANPD apresenta características semelhantes àquelas encontradas nas agências reguladoras federais. Aliás, ainda que não se receba o rótulo de agência reguladora, é possível afirmar que a ANPD é uma autarquia com atribuições regulatórias no âmbito da proteção de dados.

Assim, por exemplo, quanto à nomeação de dirigentes, de forma semelhante ao que ocorre nas agências reguladoras (art. 5º da Lei 9.986/2000), a nomeação dos dirigentes da ANPD configura ato complexo, uma vez que o nome indicado pelo Presidente da República deve ser aprovado pelo Senado.

Nesse sentido, ao tratar do Conselho Diretor da ANPD, que é o órgão máximo de direção da autarquia, o art. 55-D, *caput* e § 1º, da LGPD dispõe que os seus membros serão escolhidos pelo Presidente da República e por ele nomeados, após aprovação pelo Senado Federal.

Ademais, os membros do Conselho Diretor, que possuem mandatos de quatro anos, devem ser escolhidos entre brasileiros que tenham reputação ilibada, nível superior de educação e elevado conceito no campo de especialidade dos cargos para os quais serão nomeados (art. 55-D, §§ 2º e 3º, da LGPD).

Outra semelhança com as agências reguladoras, que reforça a natureza de autarquia especial da ANPD, está relacionada à estabilidade reforçada dos dirigentes da entidade.

Assim como ocorre nas agências reguladoras, em que existe a vedação de exoneração *ad nutum* e sem motivação dos seus dirigentes, permitindo a demissão apenas nas hipóteses indicadas no art. 9º da Lei 9.986/2000, no âmbito da ANPD os membros do Conselho Diretor somente perderão seus cargos em situações semelhantes, a saber (art. 55-E da LGPD): a) renúncia; b) condenação judicial transitada em julgado; ou c) pena de demissão decorrente de processo administrativo disciplinar (PAD).[1]

---

[1] O PAD deve ser instaurado pelo Ministro de Estado Chefe da Casa Civil da Presidência da República e será conduzido por comissão especial constituída por servidores públicos federais estáveis (art. 55-E, § 1º, da LGPD). Compete ao Presidente da República determinar o afastamento preventivo, somente quando assim recomendado pela comissão especial e proferir o julgamento (art. 55-E, § 2º, da LGPD).

As vedações previstas no art. 6º da Lei 12.813/2013, em razão do conflito de interesses após o exercício de cargo ou emprego no âmbito do Poder Executivo federal, são aplicáveis aos membros do Conselho Diretor da ANPD (art. 55-F da LGPD),[2] a saber:

a) é vedado, a qualquer tempo, divulgar ou fazer uso de informação privilegiada obtida em razão das atividades exercidas; e

b) é vedado, no período de seis meses, contado da data da dispensa, exoneração, destituição, demissão ou aposentadoria, salvo quando expressamente autorizado, conforme o caso, pela Comissão de Ética Pública ou pela Controladoria-Geral da União: b.1) prestar, direta ou indiretamente, qualquer tipo de serviço a pessoa física ou jurídica com quem tenha estabelecido relacionamento relevante em razão do exercício do cargo ou emprego; b.2) aceitar cargo de administrador ou conselheiro ou estabelecer vínculo profissional com pessoa física ou jurídica que desempenhe atividade relacionada à área de competência do cargo ou emprego ocupado; b.3) celebrar com órgãos ou entidades do Poder Executivo federal contratos de serviço, consultoria, assessoramento ou atividades similares, vinculados, ainda que indiretamente, ao órgão ou entidade em que tenha ocupado o cargo ou emprego; ou b.4) intervir, direta ou indiretamente, em favor de interesse privado perante órgão ou entidade em que haja ocupado cargo ou emprego ou com o qual tenha estabelecido relacionamento relevante em razão do exercício do cargo ou emprego.

As competências da ANPD estão previstas no art. 55-J da LGPD, a saber: a) zelar pela proteção dos dados pessoais, nos termos da legislação; b) zelar pela observância dos segredos comercial e industrial, observada a proteção de dados pessoais e do sigilo das informações quando protegido por lei ou quando a quebra do sigilo violar os fundamentos do art. 2º; c) elaborar diretrizes para a Política Nacional de Proteção de Dados Pessoais e da Privacidade; d) fiscalizar e aplicar sanções em caso de tratamento de dados realizado em descumprimento à legislação, mediante processo administrativo que assegure o contraditório, a ampla defesa e o direito de recurso;[3] e) apreciar petições de titular contra controlador depois de comprovada pelo titular a apresentação de reclamação ao controlador não solucionada no prazo estabelecido em regulamentação;[4] f) promover na população o conhecimento das normas e das políticas públicas sobre proteção de dados pessoais e das medidas de segurança; g) promover e elaborar estudos sobre

---

[2] A infração ao art. 6º da Lei 12.813/2013 pelos membros do Conselho Diretor da ANPD caracteriza ato de improbidade administrativa, na forma do art. 55-F, parágrafo único, da LGPD.

[3] A Resolução CD/ANPD 1/2021 aprovou o Regulamento do Processo de Fiscalização e do Processo Administrativo Sancionador no âmbito da Autoridade Nacional de Proteção de Dados.

[4] Segundo o art. 55-J, § 6º, da LGPD, as reclamações poderão ser analisadas de forma agregada, e as eventuais providências delas decorrentes poderão ser adotadas de forma padronizada.

as práticas nacionais e internacionais de proteção de dados pessoais e privacidade; h) estimular a adoção de padrões para serviços e produtos que facilitem o exercício de controle dos titulares sobre seus dados pessoais, os quais deverão levar em consideração as especificidades das atividades e o porte dos responsáveis; i) promover ações de cooperação com autoridades de proteção de dados pessoais de outros países, de natureza internacional ou transnacional; j) dispor sobre as formas de publicidade das operações de tratamento de dados pessoais, respeitados os segredos comercial e industrial; k) solicitar, a qualquer momento, às entidades do poder público que realizem operações de tratamento de dados pessoais informe específico sobre o âmbito, a natureza dos dados e os demais detalhes do tratamento realizado, com a possibilidade de emitir parecer técnico complementar para garantir o cumprimento da LGPD; l) elaborar relatórios de gestão anuais acerca de suas atividades; m) editar regulamentos e procedimentos sobre proteção de dados pessoais e privacidade, bem como sobre relatórios de impacto à proteção de dados pessoais para os casos em que o tratamento representar alto risco à garantia dos princípios gerais de proteção de dados pessoais; n) ouvir os agentes de tratamento e a sociedade em matérias de interesse relevante e prestar contas sobre suas atividades e planejamento; o) arrecadar e aplicar suas receitas e publicar, no relatório de gestão a que se refere o inciso XII do presente artigo, o detalhamento de suas receitas e despesas; p) realizar auditorias, ou determinar sua realização, no âmbito da atividade de fiscalização de que trata o inciso IV e com a devida observância do inciso II do presente dispositivo legal, sobre o tratamento de dados pessoais efetuado pelos agentes de tratamento, incluído o poder público; q) celebrar, a qualquer momento, compromisso com agentes de tratamento para eliminar irregularidade, incerteza jurídica ou situação contenciosa no âmbito de processos administrativos, de acordo com o previsto no Decreto-lei 4.657/1942; r) editar normas, orientações e procedimentos simplificados e diferenciados, inclusive quanto aos prazos, para que microempresas e empresas de pequeno porte, bem como iniciativas empresariais de caráter incremental ou disruptivo que se autodeclarem *startups* ou empresas de inovação, possam adequar-se à LGPD; s) garantir que o tratamento de dados de idosos seja efetuado de maneira simples, clara, acessível e adequada ao seu entendimento, nos termos da LGPD e da Lei 10.741/2003 (Estatuto da Pessoa Idosa); t) deliberar, na esfera administrativa, em caráter terminativo, sobre a interpretação da LGPD, as suas competências e os casos omissos; u) comunicar às autoridades competentes as infrações penais das quais tiver conhecimento; v) comunicar aos órgãos de controle interno o descumprimento da LGPD por órgãos e entidades da Administração Pública federal; w) articular-se com as autoridades reguladoras públicas para exercer suas competências em setores específicos de atividades econômicas e governamentais sujeitas à regulação; e x) implementar mecanismos simplificados, inclusive por meio eletrônico, para o registro de reclamações sobre o tratamento de dados pessoais em desconformidade com a LGPD.

A ANPD, ao impor condicionantes administrativas ao tratamento de dados pessoais por agente de tratamento privado, deve observar a exigência de mínima intervenção, assegurados os fundamentos, os princípios e os direitos dos titulares previstos no art. 170 da CRFB e na própria LGPD (art. 55-J, § 1º, da LGPD).

No exercício do poder normativo, a ANPD deve implementar consulta e audiência públicas, bem como de análises de impacto regulatório, para edição de regulamentos e as normas infralegais (art. 55-J, § 2º, da LGPD). Aqui, é possível perceber mais uma semelhança entre a ANPD e as agências reguladoras que também exercem poder normativo, com a necessidade de realização de audiências e consultas públicas.[5]

A realização de consulta e audiências públicas tem sido exigida em outros diplomas legais para edição de atos normativos infralegais, com o objetivo de conferir reforço de legitimidade democrática e eficiência da gestão pública voltada à concretização dos direitos fundamentais, uma vez que a elaboração da norma administrativa é ocorre a partir das ponderações apresentadas pelos seus futuros destinatários.[6]

Igualmente, a exigência de realização de análise de impacto regulatório (AIR) para edição de atos normativos tem sido prevista na legislação, destacando-se, por exemplo, a Lei 13.848/2019 (Lei das Agências Reguladoras) e a Lei 13.874/2019 (Lei de Liberdade Econômica).[7]

---

[5]   A legislação confere autonomia às agências reguladoras para editar atos administrativos normativos, dotados de conteúdo técnico e respeitados os parâmetros (*standards*) legais, no âmbito do setor regulado, inclusive com a realização de consultas e audiências públicas (ex.: art. 4º, § 3º, da Lei 9.427/1996 – Aneel; b) arts. 3º, X e XI; 89, II, da Lei 9.472/1997 – Anatel; art. 19 da Lei 9.478/1997 – ANP etc.). Sobre o tema, vide: OLIVEIRA, Rafael Carvalho Rezende. *Curso de direito administrativo*. 12. ed. Rio de Janeiro: Método, 2024. p. 104-108. Cabe destacar que o STF já reconheceu a constitucionalidade da função normativa ampliada das agências reguladoras: ADI 4.874/DF, Rel. Min. Rosa Weber, Tribunal Pleno, *DJe* 1º.02.2019; ADI 1.668/DF, Rel. Min. Edson Fachin, Tribunal Pleno, *DJe* 23.03.2021; ADI 7.031/DF, Rel. Min. Alexandre de Moraes, Tribunal Pleno, *DJe* 16.08.2022; STF, Tribunal Pleno, ADI 5.906/DF, Rel. Min. Alexandre de Moraes, *DJe* 16.03.2023.

[6]   OLIVEIRA, Rafael Carvalho Rezende. *Princípios do direito administrativo*. 2. ed. Rio de Janeiro: Forense, 2013. p. 151-163. A previsão de consultas e audiências públicas também pode ser encontrada nos seguintes diplomas legais, por exemplo: Lei 9.784/1999 (arts. 31 a 34); Lei 10.257/2001; Lei 11.079/2004 (art. 10, VI) etc.

[7]   De acordo com a OCDE, a AIR "is a process of systematically identifying and assessing the expected effects of regulatory proposals, using a consistent analytical method, such as benefit/cost analysis" (OECD – ORGANISATION FOR ECONOMIC CO-OPERATION AND DEVELOPMENT. Introductory Handbook for Undertaking Regulatory Impact Analysis (RIA). 2008, p. 3. Disponível em: http://www.oecd.org/dataoecd/48/14/44789472.pdf. Acesso em: 22 jan. 2024). A respeito da AIR, vide, por exemplo: OLIVEIRA, Rafael Carvalho Rezende. *Novo perfil da regulação estatal*: Administração Pública de resultados e análise de impacto regulatório. Rio de Janeiro: Forense, 2015.
OLIVEIRA, Rafael Carvalho Rezende. Análise de impacto regulatório e pragmatismo jurídico: levando as consequências regulatórias a sério. *Revista Quaestio Juris*, v. 14, p. 463-480, 2021; OLIVEIRA, Rafael Carvalho Rezende. Governança e análise de impacto regulatório. *Revista de Direito Público da Economia*, v. 36, p. 173-203, 2011.

Assim como ocorre com a exigência de consultas e audiências públicas, a realização de AIR pode ser considerada importante ferramenta na formulação, execução e controle das políticas regulatórias, especialmente por efetivar os ideais da eficiência, do pluralismo e da legitimidade democrática.

Com efeito, a AIR tem como objetivo principal dotar a entidade estatal de ferramentas que permitam a tomada de decisão criteriosa e informada, por meio da sua racionalização. Esse processo propicia, de um lado, o recebimento de subsídios necessários para a construção do conhecimento sobre dada matéria e, de outro, torna o processo decisório mais transparente e controlável, na medida em que força a Administração a expor os motivos que tornam as soluções propostas mais adequadas que as demais alternativas disponíveis.

Registre-se, ainda, que a ANPD e os órgãos e entidades estatais responsáveis pela regulação de setores específicos da atividade econômica e governamental devem coordenar suas atividades, nas correspondentes esferas de atuação, com o intuito de garantir maior eficiência à atuação estatal no tratamento de dados pessoais (art. 55-J, § 3º, da LGPD).

Nesse contexto, exige-se, ainda, a manutenção pela ANPD de fórum permanente de comunicação, inclusive por meio de cooperação técnica, com órgãos e entidades da Administração Pública responsáveis pela regulação de setores específicos da atividade econômica e governamental, a fim de facilitar as competências regulatória, fiscalizatória e punitiva da ANPD (art. 55-J, § 4º, da LGPD).

No exercício de suas competências, a ANPD deve zelar pela preservação do segredo empresarial e do sigilo das informações (art. 55-J, § 4º, da LGPD).

Em razão do princípio da especialidade e com fulcro no art. 55-K, *caput* e parágrafo único, da LGPD, na hipótese de eventual conflito de competências entre órgãos e entidades da Administração Pública federal a respeito do tratamento de dados pessoais, deve prevalecer a competência da ANPD, considerada o órgão central de interpretação da LGPD e da fixação de normas e diretrizes para a sua implementação.

Com o objetivo de garantir autonomia financeira, o art. 55-L da LGPD prevê as seguintes receitas da ANPD: a) as dotações, consignadas no orçamento geral da União, os créditos especiais, os créditos adicionais, as transferências e os repasses que lhe forem conferidos; b) as doações, os legados, as subvenções e outros recursos que lhe forem destinados; c) os valores apurados na venda ou aluguel de bens móveis e imóveis de sua propriedade; d) os valores apurados em aplicações no mercado financeiro das receitas recebidas; e) os recursos provenientes de acordos, convênios ou contratos celebrados com entidades, organismos ou empresas, públicos ou privados, nacionais ou internacionais; f) o produto da venda de publicações, material técnico, dados e informações, inclusive para fins de licitação pública.

Já o patrimônio da ANPD é constituído pelos bens e os direitos (art. 55-M da LGPD): a) que lhe forem transferidos pelos órgãos da Presidência da República; e b) que venha a adquirir ou a incorporar.

Capítulo 10

CONSELHO NACIONAL DE PROTEÇÃO DE DADOS PESSOAIS E DA PRIVACIDADE

O Conselho Nacional de Proteção de Dados Pessoais e da Privacidade, órgão integrante da ANPD, é composto de vinte e três representantes, titulares e suplentes, dos seguintes órgãos e entidades (art. 58-A da LGPD): a) cinco do Poder Executivo federal; b) um do Senado Federal; c) um da Câmara dos Deputados; d) um do CNJ; e) um do CNMP; f) um do Comitê Gestor da Internet no Brasil; g) três de entidades da sociedade civil com atuação relacionada a proteção de dados pessoais; h) três de instituições científicas, tecnológicas e de inovação; i) três de confederações sindicais representativas das categorias econômicas do setor produtivo; j) dois de entidades representativas do setor empresarial relacionado à área de tratamento de dados pessoais; e k) dois de entidades representativas do setor laboral.

É possível perceber que o Conselho Nacional de Proteção de Dados Pessoais e da Privacidade constitui órgão estatal de composição plural e com legitimidade reforçada, uma vez que a sua composição é marcada pela presença não apenas de agentes públicos, mas também de representantes da sociedade civil.[1]

Os representantes serão designados por ato do Presidente da República, permitida a delegação, e a participação no Conselho Nacional de Proteção de

---

[1] Trata-se da forma de participação orgânica dos particulares na Administração Pública, conferindo maior legitimidade à atuação estatal. As formas de participação administrativa, na concepção de Eduardo García de Enterría, seriam: a) orgânica: cunhada sob o modelo corporativo, na atuação orgânica, o cidadão se insere em um órgão da Administração (ex.: Conselhos universitários); b) funcional: cidadãos, no exercício de funções administrativas, sem ingressar na estrutura orgânica da Administração (ex.: participação em consultas públicas); e c) cooperativa: o administrado, sem deixar de atuar como tal e sem exercer funções materialmente públicas, colabora com o atendimento do interesse público. Nesse caso, ainda que a Administração possa impor determinadas condutas, é mais frequente o fomento à conduta que se espera do particular (ex.: instituições de utilidade pública) (GARCÍA DE ENTERRÍA, Eduardo. *Curso de derecho administrativo*. 9. ed. Madrid: Civitas, 2004. v. II, p. 86 e ss.).

Dados Pessoais e da Privacidade será considerada prestação de serviço público relevante, não remunerada (art. 58-A, §§ 1º e 4º, da LGPD).[2]

As competências do Conselho Nacional de Proteção de Dados Pessoais e da Privacidade estão elencadas no art. 58-B da LGPD, a saber: a) propor diretrizes estratégicas e fornecer subsídios para a elaboração da Política Nacional de Proteção de Dados Pessoais e da Privacidade e para a atuação da ANPD; b) elaborar relatórios anuais de avaliação da execução das ações da Política Nacional de Proteção de Dados Pessoais e da Privacidade; c) sugerir ações a serem realizadas pela ANPD; d) elaborar estudos e realizar debates e audiências públicas sobre a proteção de dados pessoais e da privacidade; e e) disseminar o conhecimento sobre a proteção de dados pessoais e da privacidade à população.

---

[2]   LGPD: "Art. 58-A. [...] § 2º Os representantes de que tratam os incisos I, II, III, IV, V e VI do *caput* deste artigo e seus suplentes serão indicados pelos titulares dos respectivos órgãos e entidades da administração pública. § 3º Os representantes de que tratam os incisos VII, VIII, IX, X e XI do *caput* deste artigo e seus suplentes: I – serão indicados na forma de regulamento; II – não poderão ser membros do Comitê Gestor da Internet no Brasil; III – terão mandato de 2 (dois) anos, permitida 1 (uma) recondução".

Capítulo 11

RESPONSABILIDADE CIVIL E RESSARCIMENTO DE DANOS

No tocante à responsabilidade civil e ressarcimento de danos, o art. 42 da LGPD dispõe que o controlador ou o operador que, em razão do exercício de atividade de tratamento de dados pessoais, causar a outrem dano patrimonial, moral, individual ou coletivo, em violação à legislação de proteção de dados pessoais, tem o dever de repará-lo.

Verifica-se que o legislador não foi literal em relação à natureza subjetiva ou objetiva da responsabilidade civil dos agentes de tratamento, o que pode gerar polêmicas interpretativas.

Há entendimento doutrinário no sentido da natureza objetiva da responsabilidade prevista no art. 42 da LGPD, em razão da ausência de previsão da "culpa" no comando legal e dos riscos criados na atividade de tratamento de dados pelos agentes de tratamento.[1]

De nossa parte, em que pese a ausência de clareza do legislador, sustentamos que, em regra, a responsabilidade dos agentes de tratamento, com fundamento no art. 42 da LGPD, é subjetiva, fundada na culpa, uma vez que o dispositivo legal indica a necessidade de demonstração de "violação à legislação de proteção de dados pessoais" e a própria legislação impõe diversos deveres de cautela aos agentes, o que indica que a responsabilidade somente ocorrerá no descumprimento culposo dos referidos deveres.[2]

---

[1]   Nesse sentido: MENDES, Laura Schertel; DONEDA, Danilo. Reflexões iniciais sobre a nova Lei Geral de Proteção de Dados. *Revista de Direito do Consumidor*, v. 27, n. 120, p. 477, nov./ dez. 2018.

[2]   No mesmo sentido: FRAZÃO, Ana; CARVALHO, Angelo Prata de; MILANEZ, Giovanna. *Curso de proteção de dados pessoais*: fundamentos da LGPD. Rio de Janeiro: Forense, 2022. p. 438-441; BLUM, Renato Opice; MALDONADO, Viviane Nóbrega (coord.). *LGPD*: Lei Geral de Proteção de Dados comentada. São Paulo: RT, 2019. p. 323.

Ademais, o art. 42 da LGPD não utilizou a expressão "independentemente de culpa", que normalmente é indicada nos dispositivos legais que consagram a responsabilidade objetiva (ex.: arts. 927, parágrafo único, e 931 do Código Civil; arts. 12 e 14 do CDC), revelando que a intenção seria adotar a regra da responsabilidade subjetiva.

Acrescente-se, ainda, que o art. 45 da LGPD, ao determinar a aplicação do regime da responsabilidade objetiva previsto no Código de Defesa do Consumidor, no âmbito das relações de consumo, corrobora a natureza subjetiva da responsabilidade prevista na legislação de proteção de dados, uma vez que não faria sentido a aplicação do regime consumerista se as naturezas das responsabilidades fossem idênticas.

A natureza subjetiva da responsabilidade civil dos agentes de tratamento seria confirmada, ainda, pelo histórico da tramitação no Congresso Nacional do projeto de lei que originou a LGPD. Não obstante a previsão inicial da responsabilidade objetiva no texto do projeto, o texto final não manteve a referida previsão, demonstrando a opção pela responsabilização subjetiva.

Excepcionalmente, a responsabilidade dos agentes de tratamento pode ser objetiva, com fundamento na legislação específica.[3] É o que ocorre, por exemplo, na hipótese em que o agente de tratamento é órgão público, pessoa jurídica de direito público ou pessoa jurídica de direito privado prestadora de serviço público, configurando-se a responsabilidade objetiva na forma do art. 37, § 6º, da CRFB. Igualmente, a responsabilidade dos agentes de tratamento será objetiva no âmbito das relações de consumo, com fundamento no já mencionado art. 45 da LGPD.

Ultrapassada a discussão a respeito da natureza da responsabilidade civil, o § 1º do art. 42 da LGPD, com o objetivo de assegurar a efetiva indenização ao titular dos dados, serão observadas as seguintes regras de responsabilização, ressalvados os casos de exclusão de responsabilidade indicados no art. 43 do referido diploma legal: a) o operador responde solidariamente pelos danos causados pelo tratamento quando descumprir as obrigações da legislação de proteção de dados ou quando não tiver seguido as instruções lícitas do controlador, hipótese em

---

[3] De acordo com Anderson Schreiber, a LGPD convive com dois regimes distintos de responsabilidade civil: a responsabilidade subjetiva e a responsabilidade objetiva. Nas palavras do autor: "A instituição de uma hipótese de responsabilidade objetiva no âmbito da LGPD não deve causar espanto. De resto, a própria LGPD, ao reconhecer a aplicabilidade do CDC ao tratamento de dados pessoais nas relações de consumo, já abria as portas da matéria para a responsabilidade sem culpa. A própria cláusula geral de responsabilidade objetiva, prevista no parágrafo único do art. 927 do Código Civil, também poderia ser aplicada, em teoria, ao tratamento de dados pessoais, como atividade que, na realidade atual, caracterizada pela hiperconectividade e pela demanda insaciável por exposição, suscita risco excessivo" (SCHREIBER, Anderson. Responsabilidade civil na Lei Geral de Proteção de Dados Pessoais. *In*: MENDES, Laura Schertel; DONEDA, Danilo; SARLET, Ingo Wolfgang; RODRIGUES JR., Otavio Luiz (coord.). *Tratado de proteção de dados pessoais*. 2. ed. Rio de Janeiro: Forense, 2023. p. 341-342).

que o operador equipara-se ao controlador; e b) os controladores que estiverem diretamente envolvidos no tratamento do qual decorreram danos ao titular dos dados respondem solidariamente.

Nas ações judiciais de responsabilidade civil, admite-se que o juiz inverta o ônus da prova a favor do titular dos dados quando a alegação for verossímil, houver hipossuficiência para fins de produção de prova ou quando a produção de prova pelo titular resultar-lhe excessivamente onerosa (art. 42, § 2º, da LGPD).

O § 4º do art. 42 da LGPD prevê o direito de regresso daquele que reparar o dano ao titular com relação aos demais responsáveis, na medida de sua participação no evento danoso.

As causas excludentes da responsabilidade civil dos agentes de tratamento são indicadas no art. 43 da LGPD, a saber: a) demonstração de que não realizaram o tratamento de dados pessoais que lhes é atribuído; b) comprovação de que, embora tenham realizado o tratamento de dados pessoais que lhes é atribuído, não houve violação à legislação de proteção de dados; ou c) constatação de que o dano é decorrente de culpa exclusiva do titular dos dados ou de terceiro.

Considera-se irregular o tratamento de dados pessoais quando deixar de observar a legislação ou quando não fornecer a segurança que o titular dele pode esperar, consideradas as circunstâncias relevantes, entre as quais (art. 44 da LGPD): a) o modo pelo qual é realizado; b) o resultado e os riscos que razoavelmente dele se esperam; c) as técnicas de tratamento de dados pessoais disponíveis à época em que foi realizado.

O controlador ou o operador responde pelos danos decorrentes da violação da segurança dos dados, quando deixar de adotar as medidas de segurança previstas no art. 46 da LGPD, na forma do parágrafo único do art. 44 da LGPD.

Capítulo 12

RESPONSABILIDADE ADMINISTRATIVA E AS SANÇÕES PREVISTAS NA LGPD

No campo da responsabilidade administrativa, o art. 52 da LGPD prevê que a ANPD poderá aplicar as seguintes sanções administrativas aos agentes de tratamento, em razão das infrações às normas de tratamento de dados pessoais:[1] a) advertência, com indicação de prazo para adoção de medidas corretivas; b) multa simples, de até 2% do faturamento da pessoa jurídica de direito privado, grupo ou conglomerado no Brasil no seu último exercício, excluídos os tributos, limitada, no total, a R$ 50.000.000,00 (cinquenta milhões de reais) por infração; c) multa diária, observado o limite total de R$ 50.000.000,00 (cinquenta milhões de reais); d) publicização da infração após devidamente apurada e confirmada a sua ocorrência; e) bloqueio dos dados pessoais a que se refere a infração até a sua regularização; f) eliminação dos dados pessoais a que se refere a infração; g) suspensão parcial do funcionamento do banco de dados a que se refere a infração pelo período máximo de 6 (seis) meses, prorrogável por igual período, até a regularização da atividade de tratamento pelo controlador; h) suspensão do exercício da atividade de tratamento dos dados pessoais a que se refere a infração pelo período máximo de 6 (seis) meses, prorrogável por igual período; i) proibição parcial ou total do exercício de atividades relacionadas a tratamento de dados.

Na aplicação das sanções administrativas, a ANPD deve observar a ampla defesa, as peculiaridades do caso concreto e os seguintes parâmetros e critérios (art. 52, § 1º, da LGPD): a) a gravidade e a natureza das infrações e dos direitos pessoais afetados; b) a boa-fé do infrator; c) a vantagem auferida ou pretendida pelo infrator; d) a condição econômica do infrator; e) a reincidência; f) o grau

---

[1] A Resolução CD/ANPD 1/2021 aprovou o Regulamento do Processo de Fiscalização e do Processo Administrativo Sancionador no âmbito da Autoridade Nacional de Proteção de Dados. Acrescente-se que é atribuição da ANPD a regulamentação das sanções administrativas, após prévia consulta pública, com a definição das metodologias que orientarão o cálculo do valor-base das sanções de multa (art. 53 da LGPD).

do dano; g) a cooperação do infrator; h) a adoção reiterada e demonstrada de mecanismos e procedimentos internos capazes de minimizar o dano, voltados ao tratamento seguro e adequado de dados, em consonância com o disposto no inciso II do § 2º do art. 48; i) a adoção de política de boas práticas e governança; j) a pronta adoção de medidas corretivas; e k) a proporcionalidade entre a gravidade da falta e a intensidade da sanção.

A análise dos parâmetros e critérios sancionadores, especialmente o incentivo à institucionalização de mecanismos e procedimentos internos capazes de minimizar o dano, bem como o estímulo à formulação de regras de boas práticas e de governança, revelam que a LGPD "acompanha tendência internacional nas legislações de proteção de dados pessoais de migrar de uma lógica regulatória de comando e controle para uma racionalidade mais voltada para a corregulação e *accountability*".[2]

Destaca-se que as sanções administrativas estabelecidas na LGPD não afastam as sanções administrativas, civis ou penais previstas no Código de Defesa do Consumidor e na legislação específica (art. 52, § 2º, da LGPD).

Nesse caso, não obstante a salutar preocupação com a independência das esferas administrativas, civis ou penais, é preciso evitar o *bis in idem*, notadamente na aplicação das sanções administrativas previstas em legislações distintas e com natureza semelhante para os mesmos fatos.

Em interessante exemplo apresentado por Francisco Zardo, se um provedor de internet deixar de proteger os dados pessoais, abre-se o caminho para aplicação, em tese, das sanções administrativas previstas no art. 12 da Lei 12.965/2014 (Marco Civil da Internet) e no art. 52 da LGPD. Nesse caso, contudo, seria vedada a aplicação concomitante das sanções administrativas estabelecidas nos referidos diplomas legais, em razão do princípio do *ne bis in idem*, devendo prevalecer no caso as sanções administrativas da LGPD, em razão do caráter especial e temporal, bem como pela previsão contida no art. 55-K da LGPD que dispõe que as sanções listadas na LGPD devem ser aplicadas exclusivamente à ANPD "e suas competências prevalecerão, no que se refere à proteção de dados pessoais, sobre as competências correlatas de outras entidades ou órgãos da administração pública".[3]

As sanções de advertência, publicização da infração, bloqueio dos dados, eliminação de dados, suspensão parcial do funcionamento do banco de dados e

---

[2] WIMMER, Miriam. Os desafios do *enforcement* na LGPD: fiscalização, aplicação de sanções administrativas e coordenação intergovernamental. *In*: MENDES, Laura Schertel; DONEDA, Danilo; SARLET, Ingo Wolfgang; RODRIGUES JR., Otavio Luiz (coord.). *Tratado de proteção de dados pessoais*. 2. ed. Rio de Janeiro: Forense, 2023. p. 392.

[3] No mesmo sentido: ZARDO, Francisco. As sanções administrativas de multa simples e multa diária na LGPD. *In*: DAL POZZO, Augusto Neves; MARTINS, Ricardo Marcondes (coord.). *LGPD e administração pública*: uma análise ampla dos impactos. São Paulo: Thomson Reuters Brasil, 2020. p. 706.

proibição parcial ou total do exercício de atividades relacionadas a tratamento de dados podem ser aplicadas às entidades e aos órgãos públicos, não afastando a possibilidade de aplicação das sanções previstas na Lei 8.112, de 11 de dezembro de 1990 (Estatuto dos Servidores Públicos Federais), Lei 8.429/1992 (Lei de Improbidade Administrativa) e Lei 12.527/2011 (Lei de Acesso à Informação), na forma do art. 52, § 3º, da LGPD.

Verifica-se que o art. 52, § 3º, da LGPD, ao tratar das sanções aplicáveis aos órgãos e entidades administrativas, não menciona as multas (simples e diárias), previstas nos incisos II e III do *caput* do referido dispositivo legal. Em consequência, as multas não poderiam ser aplicadas pela ANPD aos órgãos e entidades administrativas.

Aqui, é oportuno destacar que as funções exercidas pelas multas são distintas: enquanto a multa simples pretende sancionar os agentes de tratamento pelas infrações cometidas, a multa diária tem por objetivo compelir que os agentes de tratamento adotem determinada conduta compatível com a LGPD.

Atente-se, porém, que, apesar de possibilitar a aplicação das demais sanções à Administração Pública, algumas delas parecem não ser adequadas no contexto de execução de finalidades públicas, em razão, notadamente, dos princípios da continuidade e da obrigatoriedade de o Estado prestar a atividade de interesse público no âmbito do qual se dá o tratamento de dados.

Assim, por exemplo, a eventual aplicação das sanções de suspensão parcial do funcionamento do banco de dados, de suspensão da atividade de tratamento dos dados pessoais a que se refere a infração e de proibição parcial ou total do exercício das atividades relacionadas ao tratamento de dados comprometeriam o atendimento da finalidade pública ou a execução das competências legais relacionadas à atividade pública prestada. Quanto às demais (advertência, publicização da infração, bloqueio e eliminação dos dados pessoais), juridicamente, não haveria empecilhos para sua incidência em face do Poder Público infrator.[4]

Conforme já salientado em outra oportunidade, no tocante às empresas estatais, o art. 24, *caput* e parágrafo único, da LGPD estabelece uma assimetria regulatória entre as empresas estatais: enquanto as empresas estatais, que atuam em regime de concorrência, submetem-se ao mesmo tratamento dispensado às pessoas jurídicas privadas, as empresas estatais, que estiverem operacionalizando políticas públicas, submetem-se ao mesmo tratamento dispensado aos órgãos e entidades do Poder Público, nos termos do Capítulo IV da LGPD.

Em consequência, o afastamento das multas (simples e diária) dos órgãos e entidades administrativas, previsto no art. 52, § 3º, da LGPD, englobaria apenas as

---

4   SAMPAIO, Rodrigo; ACOCELLA, Jéssica. E se a Administração Pública descumprir a LGPD? *Jota*, 22 jan. 2021. Disponível em: https://www.jota.info/opiniao-e-analise/artigos/e-se-a-administracao-publica-descumprir-a-lgpd-22012021. Acesso em: 22 jan. 2024.

empresas estatais que operacionalizarem políticas públicas, admitindo-se, contudo, a sua aplicação para empresas estatais que atuam em regime de concorrência.

No cálculo do valor da multa, a ANPD poderá considerar o faturamento total da empresa ou grupo de empresas, quando não dispuser do valor do faturamento no ramo de atividade empresarial em que ocorreu a infração, definido pela autoridade nacional, ou quando o valor for apresentado de maneira incompleta ou não for demonstrado de forma inequívoca e idônea (art. 52, § 4º, da LGPD).

Quanto à multa simples, prevista no art. 52, II e § 4º, da LGPD, além de não ser aplicada aos órgãos públicos e entidades administrativas, em razão do art. 52, § 3º, da LGPD, não será aplicada às pessoas naturais, uma vez que a sua incidência ocorre com relação ao "faturamento da pessoa jurídica de direito privado, grupo ou conglomerado no Brasil". Ainda que as sanções administrativas sejam normalmente aplicáveis aos agentes de tratamento de dados (controlador e operador), que podem ser pessoas físicas ou jurídicas, no caso da multa simples, o legislador restringiu a sua aplicação às pessoas jurídicas.[5]

Os valores arrecadados em razão das multas aplicadas pela ANPD, inscritas ou não em dívida ativa, serão destinados ao Fundo de Defesa de Direitos Difusos de que tratam o art. 13 da Lei 7.347/1985 (Lei da Ação Civil Pública) e a Lei 9.008/1995, nos termos do art. 52, § 5º, da LGPD.

Quanto ao valor da sanção de multa diária, a ANPD deve observar a gravidade da falta e a extensão do dano ou prejuízo causado, com a devida fundamentação, bem como a intimação da sanção deverá conter, no mínimo, a descrição da obrigação imposta, o prazo razoável e estipulado pelo órgão para o seu cumprimento e o valor da multa diária a ser aplicada pelo seu descumprimento (art. 54, *caput* e parágrafo único, da LGPD).

No tocante às sanções de suspensão parcial do funcionamento do banco de dados, suspensão do exercício da atividade de tratamento dos dados pessoais e proibição parcial ou total do exercício de atividades relacionadas a tratamento de dados, em razão da maior gravidade, a aplicação deve observar os parâmetros a seguir (art. 52, § 6º, da LGPD): a) somente podem ser aplicadas após a implementação de, ao menos, uma das seguintes sanções para o mesmo caso concreto: multa simples, multa diária, publicização da infração, bloqueio ou eliminação de dados pessoais; e b) em caso de controladores submetidos a outros órgãos e entidades com competências sancionatórias, ouvidos esses órgãos.

---

[5] No mesmo sentido: ZARDO, Francisco. As sanções administrativas de multa simples e multa diária na LGPD. *In*: DAL POZZO, Augusto Neves; MARTINS, Ricardo Marcondes (coord.). *LGPD e administração pública*: uma análise ampla dos impactos. São Paulo: Thomson Reuters Brasil, 2020. p. 700.

Admite-se a conciliação entre o controlador e o titular nas hipóteses de vazamentos individuais ou acessos não autorizados indicados no art. 46 da LGPD (art. 52, § 7º, da LGPD).

Não obstante a previsão restritiva da utilização da conciliação às hipóteses de vazamentos individuais ou acessos não autorizados indicados no art. 46 da LGPD, entendemos que seria adequado admitir a consensualidade (autocomposição, inclusive por meio de mediação e conciliação) no contexto geral das sanções administrativas previstas na LGPD.

No âmbito do Estado Democrático de Direito, a Administração Pública é caracterizada pelo consensualismo na determinação e na efetivação das finalidades públicas. Supera-se o modelo liberal "agressivo" de atuação da Administração por mecanismos consensuais de satisfação do interesse público.[6]

Em consequência, na eterna tensão entre autoridade e liberdade, a Administração Pública passa a atuar de forma mais concertada com os interesses da sociedade, evitando o uso da coerção e prestigiando a utilização do consenso, da participação dos administrados nas decisões públicas.

Em vez de impor unilateralmente a sua vontade aos particulares, a Administração Pública deve buscar, na medida do possível, o diálogo com os destinatários da decisão administrativa. Trata-se da substituição da "Administração autoritária" por uma "Administração consensual". A Administração Pública, com essa nova fisionomia, deixa de lado os atos unilaterais de imposição e passa a se utilizar de instrumentos consensuais, como os contratos, para a satisfação das necessidades públicas.[7]

A celebração de acordos, em sentido amplo, pela Administração Pública envolve, naturalmente, a disposição de interesses públicos, com a definição do caminho mais adequado para satisfação do interesse público por meio das cláusulas pactuadas.[8]

---

[6] SILVA, Vasco Manuel Pascoal Dias Pereira da. *Em busca do acto administrativo perdido*. Coimbra: Almedina, 2003. p. 40.

[7] ESTORNINHO, Maria João. *A fuga para o direito privado*: contributo para o estudo da actividade de direito privado da Administração Pública. Coimbra: Almedina, 1999. p. 44.

[8] Aliás, é tradicional a distinção entre interesse público primário e secundário. No primeiro caso, o interesse público relaciona-se com a necessidade de satisfação de necessidades coletivas (justiça, segurança e bem-estar) por meio do desempenho de atividades administrativas prestadas à coletividade (serviços públicos, poder de polícia, fomento e intervenção na ordem econômica). No segundo caso, o interesse público é o interesse do próprio Estado, como sujeito de direitos e obrigações, ligando-se fundamentalmente à noção de interesse do erário, implementado por meio de atividades administrativas instrumentais necessárias para o atendimento do interesse público primário, tais como as relacionadas ao orçamento, aos agentes públicos e ao patrimônio público. Os adeptos da dicotomia costumam afirmar a supremacia e indisponibilidade do interesse público primário, mas não do secundário (ALESSI, Renato. *Sistema istituzionale del diritto amministrativo italiano*. 2. ed. Milano: Giuffrè, 1960. p. 197). Sobre a discussão atual e releitura do princípio da supremacia do interesse público, vide: OLIVEIRA, Rafael Carvalho Rezende. *Curso de direito administrativo*. 3. ed. São Paulo: Método, 2015. p. 35-38.

Não por outra razão, o direito administrativo sancionador vem sofrendo, nos últimos tempos, importantes transformações, especialmente em razão do influxo dos direitos e garantias fundamentais; da influência das teorias jurídicas inspiradas no pragmatismo e no consequencialismo; e da introdução da consensualidade na atividade sancionatória.[9]

O direito público é repleto de normas jurídicas que tipificam sanções pela prática de atos ilícitos. Destacam-se no campo do direito público sancionador o direito penal e o direito administrativo sancionador.

Tradicionalmente, o exercício do poder punitivo do Estado seria pautado por duas teorias (ou estratégias) principais:[10] a) teoria preventiva ou dissuasória: influenciada pelo movimento da análise econômica do direito (*Law and Economics*), busca, de forma pragmática e consequencialista, justificar a sanção como instrumento de imposição de custos e incentivos econômicos, que deve impor custos às pessoas com intensidade suficiente para inibir a infração à ordem jurídica (abordagem prospectiva ou *forward-looking*); e b) teoria retributiva: a sanção é percebida como forma de punição ou castigo ao infrator da ordem jurídica, independentemente dos custos envolvidos na sua aplicação (abordagem retrospectiva ou *backward-looking*).

Enquanto predomina (não é exclusividade) o viés retributivo do direito penal, no direito administrativo sancionador, o caráter preventivo seria preponderante. Outra diferença, que seria discutível em determinados casos, seria a maior gravidade das sanções penais quando comparadas às sanções administrativas. A assertiva, repita-se, é bastante discutível, especialmente se considerarmos a gravidade das sanções de improbidade administrativa, que não possuem natureza penal.

Independentemente das eventuais tentativas de distinção entre os dois campos principais do direito público sancionador, é possível sustentar que os dois ramos jurídicos decorrem de um *ius puniendi* estatal único, inexistindo diferença ontológica, mas apenas de regimes jurídicos, em conformidade com a discricionariedade conferida ao legislador.[11]

---

[9] Sobre o tema, vide: OLIVEIRA, Rafael Carvalho Rezende. A consensualidade no direito público sancionador e os acordos nas ações de improbidade administrativa. *Revista Forense*, v. 427, p. 197-218, 2018; OSÓRIO, Fábio Medina. *Direito administrativo sancionador*. 5. ed. São Paulo: RT, 2015; MELLO, Rafael Munhoz de. *Princípios constitucionais de direito administrativo sancionador*: as sanções administrativas à luz da Constituição Federal de 1988. São Paulo: Malheiros, 2007; VORONOFF, Alice. *Direito administrativo sancionador no Brasil*: justificação, interpretação e aplicação. Belo Horizonte: Fórum, 2018.

[10] VORONOFF, Alice. *Direito administrativo sancionador no Brasil*: justificação, interpretação e aplicação. Belo Horizonte: Fórum, 2018. p. 81-95 e 102.

[11] Nesse sentido: OLIVEIRA, Regis Fernandes. *Infrações e sanções administrativas*. 2. ed. São Paulo: RT, 2005. p. 19-20; MELLO, Rafael Munhoz de. *Princípios constitucionais de direito administrativo sancionador*: as sanções administrativas à luz da Constituição Federal de 1988. São Paulo: Malheiros, 2007. p. 76; OSÓRIO, Fábio Medina. *Direito administrativo sancionador*.

As sanções penais e administrativas, em razão de suas semelhanças, submetem-se a regime jurídico similar, com a incidência de princípios comuns que conformariam o direito público sancionador, especialmente os direitos, garantias e princípios fundamentais consagrados no texto constitucional, tais como: a) legalidade, inclusive a tipicidade (arts. 5º, II e XXXIX, e 37); b) princípio da irretroatividade (art. 5º, XL); c) pessoalidade da pena (art. 5º, XLV); d) individualização da pena (art. 5º, XLVI); e) devido processo legal (art. 5º, LIV); f) contraditório e ampla defesa (art. 5º, LV); g) razoabilidade e proporcionalidade (arts. 1º e 5º, LIV e LXXVIII) etc.[12]

O regime jurídico similar também pode ser notado no âmbito da consensualidade. No direito penal, a relativização da visão punitivista do Estado tem justificado a consagração de instrumentos consensuais no âmbito da denominada "justiça penal consensual", com destaque para os seguintes exemplos: a) composição civil dos danos (art. 74, *caput* e parágrafo único, da Lei 9.099/1995): acarreta a renúncia ao direito de queixa ou representação nos crimes de ação penal de iniciativa privada e nos de ação penal pública condicionada à representação; b) transação penal (art. 76 da Lei 9.099/1995): o Ministério Público, quando houver representação ou nos casos de ações penais públicas incondicionadas, poderá propor a aplicação imediata de pena restritiva de direitos ou multas; c) suspensão condicional do processo (art. 89 da Lei 9.099/1995): nas infrações com pena mínima de até um ano, o Ministério Público poderá propor a suspensão condicional do processo, por dois a quatro anos, desde que o acusado não esteja sendo processado ou não tenha sido condenado por outro crime, e, ao final do prazo, ocorreria a extinção da punibilidade; d) colaboração (ou delação) premiada.

Na seara do direito administrativo sancionador, além dos diversos exemplos de consensualidade previstos na legislação específica (ex.: Termo de Ajustamento de

---

5. ed. São Paulo: RT, 2015. p. 155. De acordo com Celso Antônio Bandeira de Mello: "Não há, pois, cogitar de qualquer distinção substancial entre infrações e sanções administrativas e infrações e sanções penais. O que as aparta é única e exclusivamente a autoridade competente para impor a sanção" (*Curso de direito administrativo*. 32. ed. São Paulo: Malheiros, 2015. p. 871). A respeito do *ius puniendi* estatal único, Eduardo García de Enterría e Tomás-Ramón Fernández afirmam que o "mesmo *ius puniendi* do Estado pode se manifestar tanto pela via judicial como pela via administrativa" (GARCÍA DE ENTERRÍA, Eduardo. *Curso de derecho administrativo*. 9. ed. Madrid: Civitas, 2004. v. II, p. 163).

[12] No mesmo sentido: BINENBOJM, Gustavo. O direito administrativo sancionador e o estatuto constitucional do poder punitivo estatal: possibilidades, limites e aspectos controvertidos da regulação no setor de revenda de combustíveis. *Revista de Direito da Procuradoria-Geral*, Rio de Janeiro, edição especial: Administração Pública, risco e segurança jurídica, p. 470, 2014. De forma semelhante, Rafael Munhoz de Melo sustenta que a utilização de expressões próprias do direito penal em diversos incisos do art. 5º da CRFB não impede a sua aplicação ao direito administrativo sancionador, uma vez que os princípios jurídicos neles vinculados seriam corolários do Estado de Direito e nem sequer necessitariam de menção expressa no texto constitucional (MELLO, Rafael Munhoz de. *Princípios constitucionais de direito administrativo sancionador*: as sanções administrativas à luz da Constituição Federal de 1988. São Paulo: Malheiros, 2007. p. 104).

Conduta – TAC, Termo de Ajustamento de Gestão – TAG, acordos de leniência, acordos regulatórios, Acordo de Não Persecução Civil – ANPC etc.), destaca-se o art. 26 da Lei de Introdução às Normas do Direito Brasileiro (LINDB) que funciona como cláusula geral da consensualidade administrativa ao permitir a celebração de acordos para eliminar irregularidade, incerteza jurídica ou situação contenciosa na aplicação do direito público.

Em consequência, levando em consideração a consensualidade administrativa e a instrumentalidade da sanção administrativa, que pode não representar a melhor solução para o atendimento do interesse público, pode se revelar mais eficiente o estabelecimento de um sistema de incentivos ao agente, adequados a cada contexto, buscando-se alternativas à sanção nos casos de menor gravidade, ou definindo-se hipóteses de mitigação da penalidade aplicável, devendo ser observados, em síntese, os seguintes parâmetros:[13]

a) em vez da aplicação imediata de sanção, caberia a previsão de procedimentos de resolução consensual entre a entidade e o agente infrator, mediante, por exemplo, celebração de compromissos de ajustamento de conduta para ilícitos de menor gravidade. O objetivo principal consistiria na previsão do dever de integral reparação do dano, quando possível, e das demais condições, tais como obrigações, prazo e formas de fiscalização, tudo para garantir a satisfação da finalidade pública envolvida; por outro lado, quando não possível, a reparação integral do dano ao titular afetado; e

b) é possível cogitar a redução da sanção aplicável, levando-se em consideração critérios que se relacionem, ainda que indiretamente, com a mitigação de riscos para os dados pessoais em jogo, tais como: a gravidade e a natureza da infração, a boa-fé do agente infrator e seu grau de culpabilidade, sua reincidência, o grau do dano, o esforço de cooperação e a pronta e espontânea adoção de medidas corretivas.

---

[13] A tese aqui defendida foi apresentada no seguinte trabalho: OLIVEIRA, Rafael Carvalho Rezende; ACOCELLA, Jéssica. A proteção de dados nas empresas estatais e o regime de responsabilização à luz do direito administrativo sancionador. *Revista de Direito Público da Economia*, v. 81, p. 165-190, 2023. Registre-se que o caráter preventivo da atuação da ANPD, em preferência à atuação repressiva, pode ser percebido nos arts. 30 a 32 da Resolução CD/ANPD 1/2021: "Art. 30. A atividade preventiva visa reconduzir o agente de tratamento à plena conformidade ou evitar ou remediar situações que acarretem risco ou dano aos titulares de dados pessoais. Art. 31. As medidas aplicadas pela Coordenação-Geral de Fiscalização ao longo da atividade preventiva não constituem sanção ao agente regulado. Art. 32. São consideradas medidas preventivas: I – divulgação de informações; II – aviso; III – solicitação de regularização ou informe; e IV – plano de conformidade. § 1º Poderão ser adotadas outras medidas não previstas neste artigo, se compatíveis com o disposto nos arts. 30 e 31. § 2º O não atendimento de medida preventiva: I – enseja a progressão de atuação da ANPD para que, a seu critério, adote outras medidas preventivas ou atue de modo repressivo, com a adoção de medidas compatíveis; e II – será considerado circunstância agravante em caso de instauração de processo administrativo sancionador. § 3º As medidas dispostas neste Capítulo IV não se confundem com as medidas preventivas a que se refere o art. 26, inciso IV do Anexo I do Decreto nº 10.474, de 2020".

Importante, frisar, porém, que as hipóteses aqui aventadas referem-se a infrações de menor potencial, sem dolo ou má-fé do agente infrator. A título de exemplo, imagine-se o caso em que o empregado de uma estatal, em razão de negligência na operação do sistema de tratamento de dados, ocasiona o vazamento de dados pessoais de um pequeno número de indivíduos, conseguindo, porém, reverter a falha provocada em um curto espaço de tempo. Nesse caso, apurando-se, mediante o devido processo administrativo, a baixa gravidade e lesividade da infração, poder-se-ia conferir tratamento mais favorecido ao agente infrator.

Por outro lado, verificadas a gravidade da infração e a má-fé ou dolo do agente no cometimento da irregularidade, por exemplo, na venda a terceiros de banco de dados para fins de enriquecimento ilícito, na alteração ou supressão intencional de cadastros ou na utilização de dados pessoais para finalidades ilegítimas, justificar-se-ia o maior rigor na responsabilização pelo ilícito.

O que se propõe, portanto, é que se avalie se a sanção administrativa produz, em cada caso, os incentivos corretos, adequados e necessários para a realização do tratamento de dados com a devida proteção dos direitos dos seus titulares e, com isso, proporcionar os resultados esperados na execução da atividade pública a que se incumbiu a entidade estatal.

Por derradeiro, a LGPD é omissa quanto ao prazo prescricional para aplicação das sanções administrativas, devendo ser aplicado, por analogia, o prazo de cinco anos previsto no art. 1º da Lei 9.873/1999, que dispõe sobre a "prescrição para o exercício de ação punitiva pela Administração Pública Federal, direta e indireta".[14]

De acordo com o referido dispositivo legal, o prazo quinquenal deve ser contado da data da prática do ato ou, no caso de infração permanente ou continuada, do dia em que tiver cessado. De fato, a Lei 9.873/1999 determinou a observância de três prazos distintos: a) prazo prescricional de cinco anos para o exercício do poder de polícia e constituição do crédito (art. 1º); b) prazo de prescrição intercorrente de três anos para a conclusão do processo administrativo instaurado para se apurar a infração administrativa (art. 1º, § 1º); e c) prazo prescricional de cinco anos para a cobrança da multa aplicada em virtude da infração cometida (art. 1º-A).[15] Na hipótese em que a infração administrativa também constituir crime, a prescrição será regida pelo prazo previsto na lei penal (art. 1º, § 2º, da Lei 9.873/1999).

---

[14] No mesmo sentido: ZARDO, Francisco. As sanções administrativas de multa simples e multa diária na LGPD. *In*: DAL POZZO, Augusto Neves; MARTINS, Ricardo Marcondes (coord.). *LGPD e administração pública*: uma análise ampla dos impactos. São Paulo: Thomson Reuters Brasil, 2020. p. 706-707.

[15] OLIVEIRA, Rafael Carvalho Rezende. *Curso de direito administrativo*. 12. ed. Rio de Janeiro: Método, 2024. p. 280.

Capítulo 13

ASPECTOS PROCESSUAIS DA PROTEÇÃO DE DADOS

13.1. CONSIDERAÇÕES GERAIS

A LGPD também tratou de regular aspectos processuais indispensáveis à tutela da autodeterminação informativa, a fim de evitar violações sistemáticas a esse direito fundamental de elevada envergadura.

Assim, há a garantia não apenas de busca pela proteção individualizada, mas também são chancelados os meios de tutela coletiva, conforme dispõe o art. 22 da LGPD: "A defesa dos interesses e dos direitos dos titulares de dados poderá ser exercida em juízo, individual ou coletivamente, na forma do disposto na legislação pertinente, acerca dos instrumentos de tutela individual e coletiva".

Imagine-se, por exemplo, que os dados de determinado indivíduo tenham sido tratados de forma automatizada, com intuito de analisar a possibilidade ou não de concessão de uma linha de crédito. Diante da negativa da instituição financeira, o titular solicita informações acerca dos procedimentos utilizados para a tomada de decisão, as quais não lhes são fornecidas. Nesse caso, poderá o cidadão, com base no direito à explicabilidade[1] previsto no art. 20, § 1º, da LGPD, solicitar ao Poder Judiciário que sejam revelados os critérios de funcionamento da solução tecnológica, até mesmo para que se pleiteie uma eventual revisão.

---

[1] São válidas, nesse sentido, as considerações tecidas por Bruno Feigelson, Daniel Becker e Sylvia M. F. Camarinha: "O direito à revisão, previsto no *caput* do artigo 20, surge da necessidade de resolver o problema da opacidade da tomada de decisões automatizadas e as graves consequências sociais comumente ocasionadas por suas falhas. No tocante ao direito à explicação de decisões automatizadas, cristalizado no § 1º do artigo 20, o que se requer é entender as razões ou a justificativa que levaram àquele desfecho. Como destacado por Doshi-Velez e Kortz, uma decisão é explicada quando é possível responder, ao menos, umas das seguintes perguntas: (i) Quais são os principais fatores que levaram à decisão?; (ii) Alterar algum dos fatores determinantes mudaria a decisão?; e (iii) Por que casos semelhantes tiveram decisões diferentes e vice-versa?" (FEIGELSON, Bruno; BECKER, Daniel; CAMARINHA, Sylvia M. F. *Comentários à Lei Geral de Proteção de Dados*. São Paulo: Thomson Reuters, 2020. p. 92-93).

Os instrumentos de tutela coletiva também se configuram como indispensáveis à adequada proteção de dados pessoais, principalmente em razão do armazenamento em massa de informações por pessoas jurídicas de direito público e privado. Após a vigência da LGPD, o Ministério Público e algumas associações propuseram ações civis públicas com o objetivo de resguardar o direito fundamental à proteção de dados, mormente em situações nas quais não são cumpridos os requisitos técnicos de segurança alinhavados no art. 46.[2]

Nesse ponto, vale destacar a sentença proferida em 06.09.2023, nos autos da Ação Civil Pública 5028572-20.2022.4.03.6100, em curso na 1ª Vara Cível Federal de São Paulo. A demanda foi proposta pelo Instituto Brasileiro de Defesa da Proteção de Dados Pessoais, *Compliance* e Segurança da Informação (Sigilo) em face da União Federal, da Caixa Econômica Federal, da Empresa de Tecnologia e Informações da Previdência (Dataprev S.A.) e da ANPD, tendo em vista a ocorrência do "vazamento de dados em massa de mais de 4.000.000 (quatro milhões) de titulares, através de correspondentes bancários, contratados pelos réus, que acessaram dados de beneficiários do Auxílio Brasil, programa governamental de renda mínima para pessoas mais pobres".

Por descumprimento de vários enunciados normativos da LGPD, os pedidos foram julgados parcialmente procedentes e o dispositivo foi assim esquadrinhado:

> Diante do exposto, **julgo parcialmente procedente** o pedido e extingo o feito com resolução de mérito nos termos do inciso I, do artigo 487, do Código de Processo Civil, para determinar: (i) aos corréus e responsáveis pela guarda de dados o fornecimento de registros de conexão ou de registros de acesso a aplicações de internet existentes entre janeiro de 2022 até julho de 2023, por meio dos quais os dados pessoais das vítimas foram e seguem sendo vazados; (ii) seja imposta à Caixa Econômica Federal a obrigação de fazer, no sentido de ser disponibilizado, no prazo máximo de dez (10) dias, a todos os correntistas contratantes junto à mesma, bem como a todos os titulares de dados vazados, o livre acesso aos registros existentes quanto aos seus dados, os quais deverão ser disponibilizadas de forma clara, adequada, completa e ostensiva, indicando a sua origem, os critérios utilizados e a finalidade do tratamento, observados os segredos comercial e industrial; (iii) seja imposta obrigação de fazer aos corréus, no sentido de desenvolverem mecanismos de segurança e de controle preventivo, que impeçam o acesso e malversação a referidos dados, inclusive, em situações de terceirização de serviços da CEF; (iv) seja imposta obrigação de fazer aos corréus, no sentido de comunicarem a todos os titulares dos dados que foram vazados

---

[2] LGPD: "Art. 46. Os agentes de tratamento devem adotar medidas de segurança, técnicas e administrativas aptas a proteger os dados pessoais de acessos não autorizados e de situações acidentais ou ilícitas de destruição, perda, alteração, comunicação ou qualquer forma de tratamento inadequado ou ilícito".

acerca do incidente de segurança que resultou na sua indevida divulgação e compartilhamento, bem assim indicação das medidas adotadas para mitigarem os danos causados, planos para solucionar os eventuais riscos aos seus titulares cidadãos, tal como determina o art. 48 da LGPD, sob pena de multa diária no montante de R$ 10.000,00 (dez mil reais), devendo esta comunicação ser feita por meio de cartas com aviso de recebimento (AR) e uma segunda e genérica informação deverá ser igualmente veiculada no âmbito de suas redes e mídias de comunicação, com a mesma finalidade e no mesmo prazo; (v) seja imposta a obrigação de fazer, em atendimento ao disposto no art. 38 da LGPD, no sentido de que os controladores responsáveis pela proteção de dados no âmbito das três instituições corrés elaborarem relatórios independentes de impacto à proteção de dados pessoais, inclusive de dados sensíveis, referente a suas operações de tratamento de dados, observados os segredos comercial e industrial; (vi) seja efetuada, por parte dos corréus, revisão do sistema de segurança de armazenamento de dados e suas matrizes de risco, como forma de se evitarem novos e futuros vazamentos; (vii) sejam os corréus condenados ao pagamento indenizatório, por danos morais, em favor de cada um dos titulares de dados pessoais afetados com as práticas ilícitas dos corréus, no montante individual de R$ 15.000,00 (quinze mil reais); (viii) pagamento indenizatório pelo dano moral coletivo gerado, no valor mínimo de R$ 40.000.000,00 (quarenta milhões de reais), com fulcro no art. 6º, VI, do Código de Defesa do Consumidor combinado com o art. 12, inc. II, do Marco Civil da Internet, montante que deverá ser rateado entre os corréus e revertido ao Fundo de Defesa de Direitos Difusos, estabelecido pelo art. 13 da Lei n. 7.347/8512, em observância ao princípio da razoabilidade; e (ix) que seja feito o cadastramento da presente ação civil pública no Cadastro Nacional de Informações de Ações Coletivas do CNJ, através de comunicação eletrônica ao setor responsável.

Está evidente, portanto, o quão indispensável é o debate acerca dos mecanismos processuais postos à disposição para a tutela dos dados dos cidadãos.

13.2. JURISDIÇÃO NACIONAL E INTERNACIONAL, EM MATÉRIA DE PROTEÇÃO DE DADOS PESSOAIS

O Código de Processo Civil regulou as situações nas quais a jurisdição nacional atuará, seja em regime de exclusividade ou concorrência com jurisdições estrangeiras. Nesse sentido, compete à jurisdição brasileira, excluindo-se quaisquer outras: a) conhecer de ações relativas a imóveis situados no Brasil; b) em matéria de sucessão hereditária, proceder à confirmação de testamento particular e ao inventário e à partilha de bens situados no Brasil, ainda que o autor da herança seja de nacionalidade estrangeira ou tenha domicílio fora do território nacional; e c) em divórcio, separação judicial ou dissolução de união estável, proceder à partilha de bens situados no Brasil, ainda que o titular seja de nacionalidade estrangeira ou tenha domicílio fora do território nacional.

Por outro lado, em concorrência com outras jurisdições, poderá a jurisdição brasileira analisar demandas judiciais nos seguintes casos: a) o réu, qualquer que seja a sua nacionalidade, estiver domiciliado no Brasil; b) no Brasil, tiver de ser cumprida a obrigação; e c) o fundamento seja fato ocorrido ou ato praticado no Brasil; d) ações de alimentos, quando o credor tiver domicílio ou residência no Brasil ou quando o réu mantiver vínculos no Brasil, tais como posse ou propriedade de bens, recebimento de renda ou obtenção de benefícios econômicos; e) ações decorrentes de relações de consumo, quando o consumidor tiver domicílio ou residência no Brasil; e f) ações em que as partes, expressa ou tacitamente, se submeterem à jurisdição nacional.

O fato de existir a possibilidade de atuação da jurisdição nacional não significa, necessariamente, que será aplicada, para os aspectos materiais, a legislação brasileira, a qual incidirá, no caso, a depender das circunstâncias estabelecidas, por exemplo, na LINDB, especialmente nos arts. 7.º a 17.

A LGPD tratou dos casos nos quais há sua respectiva incidência, de tal modo que, quando for hipótese de atuação da jurisdição nacional, seus termos devem necessariamente ser aplicados, de acordo com as balizas do art. 3º:

> Art. 3º Esta Lei aplica-se a qualquer operação de tratamento realizada por pessoa natural ou por pessoa jurídica de direito público ou privado, independentemente do meio, do país de sua sede ou do país onde estejam localizados os dados, desde que:
>
> I – a operação de tratamento seja realizada no território nacional;
>
> II – a atividade de tratamento tenha por objetivo a oferta ou o fornecimento de bens ou serviços ou o tratamento de dados de indivíduos localizados no território nacional; ou
>
> III – os dados pessoais objeto do tratamento tenham sido coletados no território nacional.

Assim, observando a extensão e o alcance dos arts. 21 a 22 da legislação processual civil, percebe-se que questões controversas relacionadas à LGPD serão apreciadas pela Justiça brasileira, nas situações a seguir dispostas: a) o réu, qualquer que seja a sua nacionalidade, estiver domiciliado no Brasil; b) no Brasil, tiver de ser cumprida a obrigação; c) o fundamento seja fato ocorrido ou ato praticado no Brasil; d) decorrentes de relações de consumo, quando o consumidor tiver domicílio ou residência no Brasil; e e) em que as partes, expressa ou tacitamente, se submeterem à jurisdição nacional. As hipóteses enumeradas no art. 23 do CPC (jurisdição exclusiva) não abrangem contextos ligados ao tratamento de dados pessoais e, portanto, não incidem para os fins que neste livro são tratados.

Com efeito, agindo a jurisdição nacional em contendas vinculadas à proteção de dados pessoais, nos contextos anteriormente enumerados, aplicar-se-á materialmente a LGPD, nas circunstâncias capituladas no art. 3º.

13.3. DELIMITAÇÃO DE COMPETÊNCIA TERRITORIAL EM DEMANDAS RELACIONADAS À PROTEÇÃO DE DADOS PESSOAIS, NOS CASOS QUE ENVOLVAM ENTES PÚBLICOS

Definida a possibilidade de a jurisdição nacional atuar em determinado caso, deve-se ponderar, sob a ótica das medidas e limites jurisdicionais, qual o órgão do Poder Judiciário possui competência territorial para apreciar determinada demanda relacionada à proteção de dados pessoais que envolva a Fazenda Pública.

De início, é preciso verificar se o ente da Administração Pública (União, Estados, Municípios e suas respectivas autarquias e fundações de direito público) está alocado no polo ativo ou passivo e se o objeto envolve a tutela de direitos individuais ou coletivos *lato sensu*.

Desse modo, em um primeiro cenário exemplificativo, teríamos uma demanda alusiva à tutela de direito individual postulado por um cidadão em face da Administração Pública (imaginemos que o titular requeira a anonimização de dados tratados por um ente federativo). Nesse caso, seria imprescindível observar as previsões insertas no Código de Processo Civil relacionadas à delimitação de competência, quando a Fazenda Pública figura como ré:

Ente federativo	Previsão do Código de Processo Civil
União e suas respectivas autarquias e fundações de direito público	Art. 51. [...] Parágrafo único. Se a União for a demandada, a ação poderá ser proposta no foro de domicílio do autor, no de ocorrência do ato ou fato que originou a demanda, no de situação da coisa ou no Distrito Federal.
Estados e suas respectivas autarquias e fundações de direito público	Art. 52. [...] Parágrafo único. Se Estado ou o Distrito Federal for o demandado, a ação poderá ser proposta no foro de domicílio do autor, no de ocorrência do ato ou fato que originou a demanda, no de situação da coisa ou na capital do respectivo ente federado. O dispositivo precisa ser interpretado conforme à Constituição, nos termos do que foi decidido nas ADIS 5.737 e 5.492: Direito processual civil. Ações diretas de inconstitucionalidade. Análise da adequação constitucional de dispositivos do Código de Processo Civil à luz do federalismo

Ente federativo	Previsão do Código de Processo Civil
Estados e suas respectivas autarquias e fundações de direito público	e dos princípios fundamentais do processo. 1. Julgamento conjunto de duas ações diretas de inconstitucionalidade contra diversos dispositivos do Código de Processo Civil (CPC) (ADI 5.492 e ADI 5.737). 2. A edição do Código de Processo Civil de 2015 consagrou a compreensão de que o processo deve ser mediador adequado entre o direito posto e sua realização prática, e não um fim em si mesmo. A necessidade de se conferir efetividade aos direitos é o principal vetor axiológico do novo sistema processual, para cuja realização convergem os princípios da duração razoável do processo, da primazia do julgamento de mérito, da necessidade de se conferir coesão e estabilidade aos precedentes jurisdicionais, dentre outros. 3. Nas hipóteses previstas nos arts. 9º, parágrafo único, inciso II, e 311, parágrafo único, do CPC/2015, o contraditório não foi suprimido, e sim diferido, como ocorre em qualquer provimento liminar. O legislador realizou uma ponderação entre a garantia do contraditório, de um lado, e a garantia de um processo justo e efetivo, de outro, o qual compreende a duração razoável do processo, a celeridade de sua tramitação e o acesso à justiça na dimensão material. Os preceitos questionados também conferem consequências de ordem prática às teses vinculantes firmadas nos termos do CPC/2015. 4. O art. 15 do CPC/2015 não cerceia a capacidade de os entes federados se organizarem e estabelecerem ritos e regras para seus processos administrativos. O código somente será aplicável aos processos administrativos das demais entidades federativas de forma supletiva e subsidiária, caso haja omissão legislativa. Houve, na verdade, ampliação, atualização e enriquecimento das normas administrativas vigentes, possibilitando sua integração, em caso de lacunas, pelas normas do CPC. 5. A regra de competência prevista nos arts. 46, § 5º, e 52, *caput* e parágrafo único, do CPC, no ponto em que permite que estados e o Distrito Federal sejam

Ente federativo	Previsão do Código de Processo Civil
Estados e suas respectivas autarquias e fundações de direito público	demandados fora de seus respectivos limites territoriais, desconsidera sua prerrogativa constitucional de auto-organização. Não se pode alijar o Poder Judiciário Estadual de atuar nas questões de direito afetas aos entes públicos subnacionais. Além disso, os tribunais também possuem funções administrativas – como aquelas ligadas ao pagamento de precatórios judiciais – que não podem, sem base constitucional expressa, ser exercidas por autoridades de outros entes federados. Tal possibilidade produziria grave interferência na gestão e no orçamento públicos, além de risco ao direito dos credores à não preterição (entendimento prevalente do Ministro Roberto Barroso, vencido o relator). 6. Diante de seu caráter autorizativo, o art. 75, § 4º, do CPC não viola a autonomia dos estados-membros, não impondo a celebração do convênio. As procuradorias jurídicas estaduais e distrital, prévia e devidamente organizadas em carreira segundo os ditames da Constituição Federal, da Constituição Estadual ou da Lei Orgânica do Distrito Federal, bem como das normas constantes da lei que instituir a carreira, é que disporão, mediante ato consensual, acerca dessa cooperação mútua, mediante instrumento no qual serão definidos os contornos jurídicos dessa colaboração. Ausência de inconstitucionalidade. 7. O art. 242, § 3º, do CPC/2015 não fragilizou o direito de defesa dos entes estatais, e sim conferiu a ele maior assertividade, ao direcionar as citações ao órgão responsável por sua defesa em juízo (art. 132 da CF/88). Cada ente federado, no exercício da sua capacidade de auto-organização, pode estabelecer a quem competirá, dentro da estrutura da advocacia pública, o encargo de receber as citações que lhe forem endereçadas. Precedente: ADI 5773, Rel. Min Alexandre de Moraes, red. do ac. Min. Cármen Lúcia, Tribunal Pleno, *DJe* 21.05.2021. 8. A Constituição de 1988 não determina a obrigatoriedade do depósito em banco público dos valores referidos nos arts. 840,

Ente federativo	Previsão do Código de Processo Civil
Estados e suas respectivas autarquias e fundações de direito público	inciso I, e 535, § 3º, inciso II, do CPC/2015, os quais não correspondem a "disponibilidades de caixa" (art. 164, § 3º, da CF/88). Os depósitos judiciais não são recursos públicos, não estão à disposição do Estado, sendo recursos pertencentes aos jurisdicionados. Precedentes: ADI 6.660, Rel. Min. Rosa Weber, *DJe* de29.06.2022; ADI 5.409, Rel. Min. Edson Fachin, Tribunal Pleno, *DJe* 12.02.2020. A obrigatoriedade de depósitos judiciais e de pagamento de obrigações de pequeno valor em bancos públicos cerceia a autonomia dos entes federados e configura ofensa aos princípios da eficiência administrativa, da livre concorrência e da livre-iniciativa. Proposta de interpretação conforme à Constituição de 1988 com base nos parâmetros fixados pelo Conselho Nacional de Justiça no enfrentamento da matéria. 9. Os arts. 985, § 2º, e 1.040, inciso IV, do CPC, ao tempo em que asseguram maior racionalidade ao sistema, densificam o direito de acesso à justiça na perspectiva da efetivação dos direitos. A efetividade da justiça compreende uma dimensão coletiva, relativa à capacidade de gerar segurança jurídica e tratamento isonômico ao administrado no que tange aos conflitos de massa. Os dispositivos também dão concretude à defesa do consumidor de serviços públicos delegados (art. 170, inciso V, da CF/1988). Ademais, nas hipóteses atacadas poderá o Poder Público responsável pelo serviço delegado participar da construção da tese, na qualidade de *amicus curiae* ou de experto ouvido em audiência pública. 10. O art. 1.035, § 3º, inciso III, não estabelece privilégio inconstitucional em favor da União. A presunção criada coaduna-se com o objetivo do CPC/2015 de garantir a efetividade da prestação jurisdicional, visto que o deslinde de matéria relativa à constitucionalidade de norma federal tem a aptidão de conferir solução a um número significativo de litígios. A medida promove a eficiência e a coerência na aplicação do direito e o tratamento isonômico de jurisdicionados que se encontrem na mesma situação jurídica no território nacional.

Ente federativo	Previsão do Código de Processo Civil
Estados e suas respectivas autarquias e fundações de direito público	A extensão da presunção às leis estaduais, distritais e municipais esvaziaria a finalidade do instituto, considerando-se a quantidade de estados e municípios da Federação Brasileira. 11. Pedido julgado parcialmente procedente para: (i) atribuir interpretação conforme à Constituição ao art. 46, § 5º, do CPC, para restringir sua aplicação aos limites do território de cada ente subnacional ou ao local de ocorrência do fato gerador; (ii) conferir interpretação conforme também ao art. 52, parágrafo único, do CPC, para restringir a competência do foro de domicílio do autor às comarcas inseridas nos limites territoriais do Estado-membro ou do Distrito Federal que figure como réu; (iii) declarar a inconstitucionalidade da expressão "de banco oficial" constante do art. 535, § 3º, inciso II, do CPC/2015 e conferir interpretação conforme à Constituição ao dispositivo para que se entenda que a "agência" nele referida pode ser de instituição financeira pública ou privada; e (iv) declarar a inconstitucionalidade da expressão "na falta desses estabelecimentos" do art. 840, inciso I, da CPC/2015 e conferir interpretação conforme ao preceito para que se entenda que poderá a administração do tribunal efetuar os depósitos judiciais (a) no Banco do Brasil, na Caixa Econômica Federal ou em banco do qual o estado ou o Distrito Federal possua mais da metade do capital social integralizado, ou, (b) não aceitando o critério preferencial proposto pelo legislador e observada a realidade do caso concreto, os regramentos legais e os princípios constitucionais aplicáveis, realizar procedimento licitatório visando à escolha da proposta mais adequada para a administração dos recursos dos particulares (ADI 5.492, Rel. Dias Toffoli, Tribunal Pleno, j. 25.04.2023, *DJe*-s/n divulg. 08.08.2023, public. 09.08.2023)
Municípios e suas respectivas autarquias e fundações de direito público	Art. 53. É competente o foro: [...] III – do lugar: a) onde está a sede, para a ação em que for ré pessoa jurídica;

13.4. LEGITIMIDADE ATIVA E PASSIVA DO PODER PÚBLICO EM DEMANDAS RELACIONADAS À PROTEÇÃO DE DADOS PESSOAIS

Os entes estatais poderão figurar no polo ativo de ações coletivas (destaque-se, nesse sentido, a previsão do art. 5º, III, da Lei de Ação Civil Pública: "Art. 5º Têm legitimidade para propor a ação principal e a ação cautelar: [...] III – a União, os Estados, o Distrito Federal e os Municípios"), a fim de que possam garantir a tutela dos dados pessoais, especialmente nos casos em que ocorra vazamento de informações armazenadas em bases de agentes privados, cujas estruturas não observaram o lídimo dever de segurança previsto na LGPD.

Outra hipótese plenamente verificável, na prática, é o tratamento inadvertido de dados pessoais por alguns agentes mercadológicos, de modo a ocasionar a formação de monopólios/oligopólios. Nesses casos, pode-se configurar violação à ordem econômica passível de ser impugnada por instrumentos coletivos ("Art. 1º Regem-se pelas disposições desta Lei, sem prejuízo da ação popular, as ações de responsabilidade por danos morais e patrimoniais causados: [...] V – por infração da ordem econômica").

O Poder Público também poderá se valer de demanda individual, com o escopo, por exemplo, de discutir o descumprimento de cláusula contratual relativa à proteção de dados, no âmbito das avenças administrativas. Isso pode ocorrer, quando, com base no art. 26 da LGPD, haja compartilhamento de dados entre o Estado e o agente privado, resultando, a título exemplificativo, em utilização alheia à finalidade originalmente prevista no instrumento pactuado entre as partes.

Noutra perspectiva, não será incomum vislumbrar o ente público no polo passivo de ações individuais ou coletivas, que tenham como objeto a pretensão de resguardo do direito fundamental à tutela dos dados pessoais.

Basta pensar na seguinte situação hipotética: A Secretaria de Estado da Saúde do Estado X, além de não ter indicado os casos nos quais realiza tratamento de dados pessoais, deixou de nomear a figura do encarregado, em nítida violação aos termos do art. 23 da LGPD. Ademais, descobriu-se que os prontuários dos pacientes circulavam de forma livre e indiscriminada, por meio de grupos de aplicativos de mensagens, sem que qualquer cautela fosse adotada para o resguardo dos dados pessoais.

Sem dúvida, os fatos alegóricos narrados poderiam ensejar não apenas demandas individuais de responsabilização contra o Estado, mas também ações coletivas destinadas a reparar eventuais danos e obrigar o ente público a se adequar às exigências da LGPD.

É importante destacar, porquanto oportuno, que a ANPD pode ser incluída no polo passivo de demandas relacionadas à LGPD, nos casos que envolvam possíveis falhas no seu dever de fiscalização. Cite-se, como exemplo, a Ação Civil

Pública 5018090-42.2024.4.03.6100, em trâmite na 2ª Vara Cível Federal de São Paulo, na qual o Ministério Público Federal e o Instituto Brasileiro de Defesa do Consumidor demandaram o WhatsApp LLC Inc. e a ANPD, com fundamento na suposta violação dos direitos dos titulares dos dados pessoais.[3-4]

---

[3]   Foi deferida tutela provisória, na referida demanda judicial, em 14.08.2024, nos seguintes termos: "Diante do exposto, concedo parcialmente o pedido de tutela de urgência pleiteada pela parte autora, para impor ao WhatsApp: A) a obrigação de não fazer consistente em se abster de compartilhar dados coletados dos usuários brasileiros de seu aplicativo que sirvam às 'finalidades próprias' das empresas do Grupo Facebook/Meta, nos moldes da política de privacidade de janeiro de 2021 da União Europeia (EEE – Espaço Econômico Europeu), excluindo-se do rol de tratamentos possíveis 'sugestões de amigos e grupos', 'criação de perfis de usuários' e, sobretudo, 'exibição de ofertas e anúncios'. Tudo nos termos da política de privacidade respeitante ao espaço europeu: 'O WhatsApp também trabalha e compartilha informações com outras Empresas do Facebook que atuam em nosso nome para nos ajudar a operar, fornecer, aprimorar, entender, personalizar, oferecer suporte e anunciar nossos Sserviços. Isso inclui o fornecimento de infraestrutura, tecnologia e sistemas. Por exemplo, para fornecer mensagens e ligações rápidas e confiáveis em todo o mundo; aprimorar a infraestrutura e os sistemas de entrega; entender como nossos serviços são usados; ajudar-nos a fornecer a você um meio de se conectar com empresas; e proteger sistemas. Quando recebemos serviços das Empresas do Facebook, as informações que compartilhamos com elas são usados em nome do WhatsApp e em conformidade com nossas instruções. Todas as informações que o WhatsApp compartilha nessas condições não podem ser usadas para as finalidades próprias das Empresas do Facebook' (https://www.whatsapp.com/legal/privacy-policyea/revisions/20210104?lang=pt/_br/#privacy-policy-how-wework-with-other-facebook-companies), sob pena de multa diária no valor de R$ 200.000,00 (duzentos mil reais), em hipótese de descumprimento. Destaco que esta abstenção de compartilhamento é baseada também na ausência de conclusão, até o momento, do procedimento fiscalizatório (Processo SEI Super 00261.001296/2022-29) que se presta a examinar as práticas de compartilhamento de dados entre o WhatsApp e o Grupo Meta. B) a obrigação de fazer consistente na criação e na disponibilização de funcionalidades de *opt-out*, dentro do aplicativo WhatsApp (por meio de botões predefinidos), redigidas de modo objetivo, claro e acessível, no prazo máximo de 90 (noventa) dias, garantindo aos usuários brasileiros o pleno exercício: (i) do direito à oposição ao tratamento de dados pessoais que entendam indevidos (art. 18, § 2º, LGPD) e que não sejam necessários ao funcionamento do serviço de mensageria em tela, que também deve ser garantido de maneira facilitada a qualquer momento; (ii) do direito à revogação de consentimento (art. 8º, § 5º, e art. 18, IX, LGPD), em relação à política de privacidade de 2021, no que tange ao compartilhamento de dados com outras empresas de seu Grupo econômico, devendo o WhatsApp, neste ponto, pré-selecionar a opção da revogação e mencionar explicitamente que o silêncio do usuário não será interpretado como concordância com tratamentos que não sejam estritamente necessários para a execução do serviço (*opt out by default*), não podendo ser aceito o modelo de Aviso de Privacidade hoje disponível nos canais da empresa. Na eventualidade de não disponibilização de funcionalidades de *opt-out*, dentro do aplicativo WhatsApp (por meio de botões predefinidos), no prazo suprafixado de 90 (noventa) dias, a conduta da empresa ré será tipificada como descumprimento de ordem judicial, sujeita à fixação de *astreinte*, cujo valor poderá ser fixado no montante descrito no item A. Friso que a funcionalidade de *opt-out* deve ser eficaz para afastar o consentimento forçado que esteve presente em janeiro de 2021, quando o WhatsApp apresentou aos seus usuários brasileiros a nova política de privacidade, indicando a eles que, caso não clicassem na opção 'concordar' que surgiu na tela do aplicativo, não mais poderiam usar o serviço de mensagens ofertado, após a data de vigência dos novos termos e política de privacidade".

[4]   Até a data do fechamento desta edição, a decisão judicial ainda estava produzindo efeitos.

13.5. INVERSÃO DO ÔNUS DA PROVA

A possibilidade de inversão do ônus probatório não é instrumento novo, no âmbito do direito processual, destinando-se à efetividade da tutela jurisdicional, a partir da perspectiva da produção da prova por aquele que possui melhores condições de fazê-lo. Afinal de contas, de acordo com o que preceitua o Código de Processo Civil: "Todos os sujeitos do processo devem cooperar entre si para que se obtenha, em tempo razoável, decisão de mérito justa e efetiva".

Esse panorama, inclusive, fez com que o Código de Processo Civil incorporasse, a suas linhas diretivas, a ideia de distribuição dinâmica do ônus probatório, com o intuito de atender à realidade fática subjacente alusiva às condições reais de possibilidade de produção da prova. A distribuição estática, assim, é ponto de partida, e não condição instransponível para que se possibilite verdadeira flexibilização procedimental em termos probatórios, em uníssono com o art. 373, § 1º, do CPC:[5]

> § 1º Nos casos previstos em lei ou diante de peculiaridades da causa relacionadas à impossibilidade ou à excessiva dificuldade de cumprir o encargo nos termos do *caput* ou à maior facilidade de obtenção da prova do fato contrário, poderá o juiz atribuir o ônus da prova de modo diverso, desde que o faça por decisão fundamentada, caso em que deverá dar à parte a oportunidade de se desincumbir do ônus que lhe foi atribuído.

Diplomas normativos outros, com a finalidade de resguardar a isonomia substancial, também previram a possibilidade de inversão do ônus probatório. É o caso do Código de Defesa do Consumidor que, em seu art. 6º, VIII, previu, como instrumento de facilitação da defesa, a inversão do ônus da prova:

> Art. 6º São direitos básicos do consumidor: [...] VIII – a facilitação da defesa de seus direitos, inclusive com a inversão do ônus da prova, a seu favor, no processo civil, quando, a critério do juiz, for verossímil a alegação ou quando for ele hipossuficiente, segundo as regras ordinárias de experiências.

A LGPD seguiu a mesma linha, objetivando garantir o exercício adequado dos direitos do titular em juízo, mormente diante da dificuldade de estes provarem, por exemplo, o descumprimento de medidas de cautela necessárias ao tratamento

---

[5] Sobre o tema, já decidiu o STJ: "Conforme o art. 373, § 1º, do CPC, pode o juiz atribuir o ônus da prova de modo diverso, diante de peculiaridades relacionadas à impossibilidade ou à excessiva dificuldade de cumprir o encargo ou, ainda, à maior facilidade de obtenção da prova do fato contrário. Trata-se da teoria da distribuição dinâmica do ônus da prova, segundo a qual o ônus recai sobre quem tiver melhores condições de produzi-la" (STJ, REsp 2.097.352/SP, Rel. Min. Nancy Andrighi, 3ª Turma, j. 19.03.2024, *DJe* 22.03.2024).

Cap. 13 – ASPECTOS PROCESSUAIS DA PROTEÇÃO DE DADOS | 123

de dados pelos controladores ou o desvirtuamento da finalidade para a qual os dados foram coletados. Válida, nesse sentido, a transcrição do § 2º do art. 42 da Lei 13.709/2018:

> Art. 42, § 2º O juiz, no processo civil, poderá inverter o ônus da prova a favor do titular dos dados quando, a seu juízo, for verossímil a alegação, houver hipossuficiência para fins de produção de prova ou quando a produção de prova pelo titular resultar-lhe excessivamente onerosa.

Vê-se, portanto, que a medida se afina com a necessidade de garantia legítima do tratamento paritário entre as partes, de modo a permitir que os direitos inerentes à titularidade dos dados pessoais não sejam frustrados por obstáculos probatórios decorrentes de procedimentos próprios realizados pelo controlador de dados e distantes da realidade e capacidade técnico-operacional do sujeito tutelado pela LGPD.

Por fim, cabe sublinhar que a LGPD também previu regra de distribuição estática do ônus da prova, quando a base legítima de tratamento for o consentimento do titular, consoante é verificável na redação do § 2º do art. 8º: "Art. 8º, § 2º Cabe ao controlador o ônus da prova de que o consentimento foi obtido em conformidade com o disposto nesta Lei".

13.6. TUTELA INIBITÓRIA E PROTEÇÃO DE DADOS PESSOAIS

O direito fundamental à proteção de dados pessoais está na base da adequada estruturação de uma sociedade digitalizada e, para que seja possível o seu devido resguardo, o interessado pode se valer dos mais variados tipos de tutelas de direitos.[6]

---

[6] Salutar, a título de esclarecimento, expor a diferenciação entre tutela de direito e técnica processual esquadrinhada por Luiz Guilherme Marinoni, Sérgio Cruz Arenhart e Daniel Mitidiero: "A postura dogmática preocupada com as tutelas dos direitos entende que a existência de um direito não decorre simplesmente de uma norma atributiva de direito. Um direito é uma posição jurídica protegida ou tutelada. O direito somente é uma posição juridicamente tutelada quando dispõe de 'formas de tutela' adequadas às suas necessidades de proteção. Porém, tais formas de tutela não são atribuídas pelo direito processual ou pelo direito de ação, mas sim pelo próprio direito material. Pense-se, por exemplo, nas tutelas ressarcitória e inibitória. Como é evidente, ainda que o CPC não existisse, haveria direito às tutelas inibitória e ressarcitória. O processo deve se estruturar de modo a permitir a prestação das formas de tutela prometidas pelo direito material. Portanto, entre as tutelas dos direitos e as técnicas processuais deve haver uma relação de adequação. Mas essa relação de adequação não pergunta apenas sobre as formas de tutela, mas também a respeito das técnicas processuais a elas adequadas. Por isso mesmo, não há como misturar tutela inibitória com sentença mandamental ou tutela ressarcitória pelo equivalente com sentença condenatória. Nessa mesma linha, não há como misturar tutela inibitória e multa coercitiva ou tutela ressarcitória com técnicas expropriatórias. É por essa razão, aliás, que o legislador resolveu tratar nos arts. 497, 498 e 501, CPC, do direito à

Nesse particular, a tutela inibitória, cuja base envolve a proteção contra o ilícito, delineia-se como uma via imprescindível a situações nas quais não há necessariamente a ocorrência de dano, mas existe vulneração à autodeterminação informacional.

Os delineamentos teóricos da tutela inibitória foram arquitetados de forma pioneira por Luiz Guilherme Marinoni, o qual, com base na doutrina italiana, já divisava a necessidade de compreender, em sua natural autonomia, esse tipo de tutela, até mesmo para conceber o resguardo de novos direitos, entre eles a proteção de dados pessoais:[7]

> Frise-se, por fim, que estas tutelas são imprescindíveis aos novos direitos. Não há como tutelar a marca, a patente, o direito de autor e o direito contra a concorrência desleal, por exemplo, sem uma tutela jurisdicional voltada exclusivamente contra o ilícito – que, portanto, dispense discussão sobre dano ou a respeito da probabilidade de dano. Isso para não dizer que os direitos difusos e coletivos, pela sua própria natureza, devem ter como tutela jurisdicional típica aquela que inibe a prática do ilícito ou remove os seus efeitos concretos.

O atual Código de Processo Civil, atento à inafastável necessidade de regular a tutela inibitória, tratou expressamente do tema no parágrafo único do art. 497:

> Art. 497. Na ação que tenha por objeto a prestação de fazer ou de não fazer, o juiz, se procedente o pedido, concederá a tutela específica ou determinará providências que assegurem a obtenção de tutela pelo resultado prático equivalente.
>
> Parágrafo único. **Para a concessão da tutela específica destinada a inibir a prática, a reiteração ou a continuação de um ilícito**, ou a sua remoção, é irrelevante a demonstração da ocorrência de dano ou da existência de culpa ou dolo (grifos nossos).

O referido dispositivo legal versa não apenas sobre a tutela inibitória, mas também dispõe acerca da tutela de remoção do ilícito, em sua parte final.

---

tutela dos direitos que se realizam mediante prestações de fazer, não fazer e de entregar coisa e nos arts. 139, IV, 536 537 e 538, das técnicas processuais que viabilizam o cumprimento das respectivas sentenças" (MARINONI, Luiz Guilherme; ARENHART, Sérgio Cruz; MITIDIERO, Daniel. *Código de Processo Civil comentado*. 9. ed. São Paulo: Thomson Reuters Brasil, 2023. p. 628).

[7] MARINONI, Luiz Guilherme. *Tutela inibitória (e tutela de remoção do ilícito)*. 8. ed. São Paulo: Thomson Reuters Brasil, 2022. p. 12.

Cumpre sublinhar, ainda, que a tutela inibitória pode ser negativa, caso albergue um não fazer, ou positiva, nas hipóteses em que a contenção do ilícito está conectada com a necessidade de imposição de um fazer.

Nesse cenário, cumpre apontar em que medida a tutela inibitória se traduz como adequado instrumento de contenção de ilícitos, quando está em jogo a proteção do direito fundamental ao resguardo de dados pessoais.

Como já assinalado, a atividade de tratamento de dados pessoais deverá ser realizada com base em todos os parâmetros técnicos de segurança, a fim de evitar vazamentos informacionais, que podem comprometer direitos personalíssimos dos indivíduos.[8] A despeito disso, em incontáveis situações, os dados são tratados, sem que sejam adotados os cuidados necessários, ocasionando episódios de vazamentos.

Além disso, não são incomuns os compartilhamentos de dados pessoais em desconformidade com o que estabelece a LGPD, o que se vislumbra, por exemplo, nos casos de intercâmbio de dados sensíveis entre controladores, para fins de obtenção de vantagem econômica.

Nas situações mencionadas, o titular de dados poderá acionar o Poder Judiciário, objetivando a obtenção de tutela inibitória, tanto positiva como negativa, para que o órgão jurisdicional, por exemplo: a) determine que o controlador se abstenha de realizar qualquer compartilhamento dos dados do titular, em desconformidade com a LGPD (tutela inibitória negativa); b) exija que o controlador adote medidas de reforço na segurança informacional, com o escopo de evitar vazamentos futuros (tutela inibitória positiva); e c) imponha a anonimização dos dados (tutela inibitória positiva).

Perceba-se que não necessariamente haverá dano, mas, diante do ilícito perpetrado, há necessidade de sua contenção, nos moldes do que destaca Luiz Guilherme Marinoni:[9]

> O que caracteriza a tutela inibitória não é a circunstância de ser voltada a impedir um primeiro ilícito, mas sim o fato de ser dirigida a inibir o ilícito, ainda que esse configure uma repetição ou uma continuação. A

---

[8] Perlustrando a mesma senda, manifestam-se Fabiano Menke e Guilherme Damasio Goulart: "As regras sobre segurança da informação, no caso brasileiro, especialmente o art. 46 da LGPD, impõem, por um lado, o dever de que medidas de segurança técnicas e administrativas sejam implementadas pelos agentes de tratamento de dados, visando a proteção contra acessos não autorizados, bem como contra as situações de perda, alteração ou qualquer tratamento inadequado ou ilícito. A segurança almejada volta-se aos sistemas que processam os dados (medidas técnicas) e ao ambiente geral da instituição (medidas organizacionais), de modo que se estabeleça uma efetiva conscientização que perpassa todas as hierarquias dos agentes de tratamento de dados" (MENKE, Fabiano; GOULART, Guilherme Damasio. Segurança da informação e vazamento de dados. *In*: MENDES, Laura Schertel *et al. Tratado de proteção de dados pessoais*. Rio de Janeiro: Forense, 2021. p. 356).

[9] MARINONI, Luiz Guilherme. *Tutela inibitória (e tutela de remoção do ilícito)*. 8. ed. São Paulo: Thomson Reuters Brasil, 2022. p. 59.

característica da tutela inibitória está na preocupação com a inibição do ilícito, pouco importando que essa seja de um ilícito que apenas está para se repetir ou prosseguir.

Vê-se, portanto, que, assim como a tutela inibitória é fartamente utilizada para o resguardo dos direitos autorais, com base no art. 105 da Lei 9.610/1998,[10] será indispensável a sua utilização para os incontáveis casos de prática de ilícitos que violem o fundamental direito à proteção de dados pessoais.

13.7. PROTEÇÃO DE DADOS E PROCESSOS ESTRUTURAIS: O PODER PÚBLICO NA ENCRUZILHADA

A noção de processo estrutural surge, nos Estados Unidos, em um ambiente de extrema profusão do ativismo judicial, quando, no caso *Brown vs. Board of Education of Tapeka,* discutiu-se o complexo problema da impossibilidade de manutenção de um regime educacional segregacionista.

Naquele precedente, percebeu-se que não bastava à Suprema Corte norte-americana determinar a possibilidade de alunos negros se matricularem em escolas exclusiva para alunos brancos, era necessário promover um regime de transição, para que houvesse uma adaptação real do sistema educacional ao acolhimento de alunos de qualquer etnia.

---

[10] "Recurso especial. Propriedade intelectual. Direitos autorais. Comunicação ao público de obras musicais, literomusicais, audiovisuais e de fonogramas sem autorização do Ecad. Tutela inibitória. Necessidade de concessão, diante da comprovada violação de direitos autorais. Art. 105 da Lei 9.610/1998.

1. Controvérsia em torno da possibilidade de, diante da violação a direitos autorais, ser afastada a tutela inibitória, determinando-se que os prejuízos decorrentes do ato ilícito sejam resolvidos em perdas e danos.

2. Não há violação dos arts. 489, § 1º, IV e VI, e 1.022 do CPC quando o Tribunal de origem se manifesta sobre todos os argumentos suscitados em apelação e em embargos de declaração, decidindo, porém, de forma contrária à pretensão recursal.

3. **A tutela inibitória é a proteção por excelência dos direitos de autor, devendo ser concedida quando evidenciada a ameaça de violação para que seu titular possa fazer valer seu direito de excluir terceiros da exploração não autorizada de obras protegidas. Inteligência do art. 497 do CPC e do art. 105 da Lei 9.610/1998.**

4. Apenas em casos excepcionalíssimos, nos quais outros direitos fundamentais, como o acesso à informação ou o acesso à cultura, justifiquem uma disponibilização imediata e incondicional da obra para utilização de terceiros, é que a tutela específica deve ceder lugar às perdas e danos, o que não ocorre no presente caso.

5. Tutela inibitória concedida, para que seja ordenada à demandada a suspensão da comunicação ao público de obras musicais, literomusicais, audiovisuais e de fonogramas, enquanto não obtida a devida autorização."

6. Recurso especial provido" (STJ, REsp 1.833.567/RS, Rel. Min. Paulo de Tarso Sanseverino, 3ª Turma, j. 15.09.2020, *DJe* 18.09.2020) (grifos nossos).

Evidencia-se, desse modo, que o processo estrutural é aquele que lida diretamente com um problema estrutural, o qual pressupõe a existência de um estado de desconformidade que necessita ser resolvido por meio de um conjunto interligado de medidas tendentes a um suposto estado ideal.[11] Impõe-se, assim, uma reforma estrutural no âmbito de um regime de transição para a normalidade.

A título exemplificativo, imagine-se uma ação coletiva que tenha por objeto a reestruturação de toda a sistemática de tratamento de dados pessoais de determinado Estado da Federação, diante do descompasso sistêmico com a LGPD. Esse tipo de demanda deve se desenvolver por meio de um processo estrutural, na medida em que envolve um problema complexo, policêntrico e plurifatorial de gestão administrativa, cuja solução está longe de envolver uma mera determinação judicial de adequação à legislação de regência.[12]

Assim, será imprescindível, tal como acontece nos processos de recuperação judicial, marcados pela caracterização de um estado de crise econômico-financeira, que seja adotado um plano de reestruturação, o qual conterá um descritivo das metas e objetivos necessários à reversão da crise sistêmica, dentro de determinado intervalo de tempo.

O STF, em reforço às linhas argumentativas pretéritas, traçou algumas balizas dos processos estruturais, no âmbito das discussões travadas no Tema 698 de Repercussão Geral:

> Desse modo, o órgão julgador deve privilegiar medidas estruturais de resolução do conflito. Para atingir o "estado de coisas ideal" – o resultado a ser alcançado –, o Judiciário deverá identificar o problema estrutural. Caberá à Administração Pública apresentar um plano adequado que estabeleça o programa ou projeto de reestruturação a ser seguido, com o respectivo cronograma. A avaliação e fiscalização das providências a serem adotadas podem ser realizadas diretamente pelo Judiciário ou por órgão delegado. Deve-se prestigiar a resolução consensual da demanda e o diálogo institucional com as autoridades públicas responsáveis (RE 684.612, Rel. Ricardo Lewandowski, Rel. p/ Acórdão: Roberto Barroso, Tribunal Pleno, j. 03.07.2023, processo eletrônico repercussão geral – mérito *DJe*-s/n. divulg. 04.08.2023, public. 07.08.2023).

---

[11] DIDIER JR., Fredie; BRAGA, Paula Sarno; OLIVEIRA, Rafael Alexandria. *Curso de direito processual civil*. Salvador: JusPodivm, 2020. v. 2, p. 788.

[12] Nestes exatos termos já se pronunciou o STJ: "Nos processos estruturais, a pretensão deve ser considerada como de alteração do estado de coisas ensejador da violação dos direitos, em vez de se buscar solucionar pontualmente as infringências legais, cuja judicialização reiterada pode resultar em intervenção até mais grave na discricionariedade administrativa que se pretenderia evitar ao prestigiar as ações individuais" (REsp 1.880.546/SC, Rel. Min. Assusete Magalhães, 2ª Turma, j. 09.11.2021, *DJe* 16.11.2021).

A doutrina, por sua vez, tem dedicado substancioso tempo para tratar do processo judicial estrutural, impondo-lhe características compassadas com o que decidiu o STF, a exemplo da flexibilidade e do regime bifásico (1 – Primeiro é reconhecido o problema estrutural; 2 – Estabelece-se o prospecto de reestruturação), apenas para apontar algumas.

Esse novo *design* de resolução de uma espécie específica de conflitos, que, em breve, deverá ganhar regulamentação própria,[13] serve, como já registrado, ao tratamento de questões ligadas ao descumprimento da LGPD, de tal sorte que é fundamental a caracterização, em certos casos, do caráter estrutural do problema ligado ao direito fundamental à proteção de dados pessoais.

Ocorre que também será necessário, com relação aos debates sobre a proteção de dados pessoais, o reconhecimento de processos administrativos estruturais.

Diante disso, buscar-se-á resolver os problemas estruturais, por meio de processos administrativos que, reconhecendo o estado de desconformidade, pautem-se pela adoção de regimes transitórios de implementação de medidas que colimem restaurar a normalidade.

Basta imaginar a possibilidade de a ANPD, em demandas fiscalizatórias, reconhecer a existência de um problema estrutural, dotando o respectivo processo administrativo das características próprias à resolução desse tipo de demanda, tais como a consensualidade, a flexibilidade procedimental e a adoção de um plano de reestruturação.

Em face das considerações expostas, fica evidente que alguns dos problemas relacionados à proteção de dados pessoais serão solucionados por meio de processos estruturais, sejam judiciais ou administrativos.

---

[13] O Senado instalou uma comissão de juristas para sugerir a regulação de processo estrutural (Disponível em: https://www12.senado.leg.br/noticias/materias/2024/06/13/senado-instala-comissao-de-juristas-para-sugerir-regulacao-de-processo-estrutural. Acesso em: 19 ago. 2024).

Capítulo 14

INTELIGÊNCIA ARTIFICIAL E PROTEÇÃO DE DADOS: DESAFIOS DA ADMINISTRAÇÃO PÚBLICA

A quarta revolução industrial redesenhou a sociedade moderna, principalmente em razão do aprofundamento da interconexão entre o mundo físico, digital e biológico, ensejando, por conseguinte, a percepção realística de que estamos, a todo momento, imersos no universo *on-line*.

Houve notória mudança na forma como as relações intersubjetivas são firmadas, pois, desde enlaces consumeristas até acordos entre entidades governamentais, utiliza-se uma engrenagem plataformizada, cujos contornos levam em consideração uma expressiva quantidade e variedade de dados que se submetem ao escrutínio de sistemas computacionais inteligentes.

Esse processo de digitalização da sociedade impõe novos desafios aos sistemas jurídicos, seja nas esferas públicas ou privadas. Basta pensar, por exemplo, que a liberdade de escolha é colocada em xeque, tendo em vista que o *data profiling* (perfilização) possibilita um elevado grau de direcionamento das opções dos indivíduos, de tal modo que há verdadeira manipulação das seleções concretizadas pelos cidadãos.

Quanto aos delineamentos de uma Administração Pública Digital, é possível destacar que a customização de serviços públicos, no ciberespaço, pode democratizar o acesso, atendendo às premissas de universalização e eficiência propostas constitucionalmente.

Esse panorama conduz a uma verdadeira governabilidade digital, que está associada aos seguintes aspectos: a) *digital by design*, ou seja, a construção de soluções digitais, desde o nascedouro, afastando-se, a princípio, adaptações ou rearranjos de contextos analógicos; b) governo omnicanal, que se assenta na premissa de que os cidadãos podem se conectar com o Poder Público pelos mais diversos meios, incluindo-se vias digitais e analógicas; c) governo orientado por dados, de modo a exigir que a tomada de decisões pela Administração Pública seja pautada por informações estratégicas, que possibilitem, a título exemplificativo, a racionalização de recursos; d) governo como plataforma, a fim de viabilizar a criação de infraes-truturas direcionadas, especialmente, à prestação de serviços, as quais permitem interações permanentes e aperfeiçoamento constante; e) abertura ampla, atendendo a critérios de transparência, controlabilidade, explicabilidade e interpretabilidade dos dados e sistemas governamentais; f) foco no usuário, para que sejam atendidas as necessidades dos administrados; g) proatividade, com o intuito de possibilitar o mapeamento dos riscos e a estruturação de soluções prévias, evitando-se o agir reativo; e h) respeito à vulnerabilidade digital, promovendo-se a inclusão daqueles que, eventualmente, tenham dificuldade de se valer de aparatos tecnológicos para a interação com as estruturas estatais.

Ademais, o Estado, na posição de principal agente de tratamento, curva-se aos procedimentos e diretrizes necessários ao resguardo do direito fundamental à proteção de dados pessoais.[1] Assim, não poderá agir em desarmonia com o sistema normativo, desvirtuando, por exemplo, a finalidade para a qual os dados são utilizados. Também não poderá ficar alheio aos mecanismos de segurança informacional.

As circunstâncias expostas evidenciam que a sociedade digitalizada pressupõe, como um dos seus pilares estruturantes, a inevitável utilização maquínica dos dados, de tal modo que a normatividade deve incidir para resguardar aspectos indispensáveis à integridade informacional dos indivíduos.

A proteção de dados pessoais, em contexto pretérito, não se desprendia da privacidade dos cidadãos, carecendo, portanto, de autonomização.[2] Ocorre que

---

[1] Sobre a análise da proteção de dados pessoais para além da privacidade, são válidas as considerações tecidas por Danilo Doneda: "A proteção de dados pessoais, em suma, propõe o tema da privacidade, porém, modifica seus elementos; aprofunda seus postulados e toca nos pontos centrais dos interesses em questão" (DONEDA, Danilo. *Da privacidade à proteção de dados pessoais*. 3. ed. São Paulo: Thomson Reuters Brasil, 2021. p. 178).

[2] Segundo Danilo Doneda: "A tutela da privacidade como o 'direito a ser deixado só', associada ao isolamento, à reclusão, não permite mais determinar parâmetros para avaliar o que ela representa em um mundo no qual o fluxo de informações aumenta incessantemente, ao mesmo tempo em que o desenvolvimento da tecnologia aumenta as oportunidades de realizarmos escolhas que podem influir diretamente em nossa esfera privada. As demandas que agora moldam o perfil da privacidade são de outra ordem, relacionadas à informação pessoal e condicionadas pela tecnologia. A exposição indesejada de uma pessoa aos olhos alheios se dá hoje com maior frequência através da divulgação de seus dados pessoais do que pela intrusão em sua habitação, pela divulgação de notícias a seu respeito na imprensa, pela violação de sua correspondência – enfim, pelos meios outrora 'clássicos' de violação da privacidade. [...] Neste quadro, percebemos que o direito à proteção de dados pessoais, em princípio fortemente vinculado ao direito à privacidade, hoje se sofisticou e assumiu características próprias. Na proteção de dados pessoais não é somente a privacidade que se pretende tutelar, porém busca-se a efetiva tutela da pessoa em vista de variadas formas de controle e contra a discriminação, com o fim de garantir a integridade de aspectos fundamentais de sua própria liberdade pessoal. E, ainda, não é mais somente o indivíduo a ser o único afetado – um antigo paradigma do direito à privacidade –, porém inteiras classes e grupos sociais. O problema da proteção de dados, mais do que uma questão individual, possui implicações sociais profundas, que vão desde questões

a visão tradicional do direito à privacidade, inserta na lógica da tutela ao isolamento, do direito de ser deixado só ("the right to be left alone"),[3] não é capaz de responder à dinamicidade social empreendida pelas novas tecnologias, mormente pela inteligência artificial generativa.

O restrito olhar da privacidade jungido à clássica ideia de um direito negativo, cujo núcleo açambarca apenas a impossibilidade de intervenção nos limites da esfera individual, fecha as portas para a compreensão dos novos quadrantes tecnológicos, os quais envolvem a utilização massiva de dados pessoais, em múltiplas plataformas, cujos efeitos são reverberados no ciberespaço.

Exige-se, assim, um rearranjo das linhas fundantes da privacidade, a fim de possibilitar seu desmembramento em novos direitos, entre os quais se destaca a tutela aos dados pessoais. Na prática, a dinâmica intersubjetiva digitalizada clama por posturas ativas, que afastem quaisquer riscos de vergaste à autodeterminação informativa.

Esse giro normativo de compreensão do direito à privacidade tem como um dos referenciais a decisão proferida pelo Tribunal Constitucional alemão, em 1983, na qual foi reconhecido o direito à autodeterminação informacional (Caso: *Volkszählungsurteil – BVerfGE65, 1).*[4] Esse precedente acomodou os interesses de uma sociedade em transformação, possibilitando aos indivíduos verdadeiro poder decisório sobre as possíveis destinações dos seus dados pessoais.

Nesse sentido, diante das preocupações existentes em diversos países, possibilitou-se que a Europa estruturasse uma verdadeira política de proteção de dados pessoais, que culminou com a edição da *General Data Protection Regulation* (GDPR),[5] cujos termos inspiraram a edição da Lei Geral de Proteção de Dados brasileira (Lei 13.709, de 14 de agosto de 2018).

---

atinentes ao gozo de direitos por coletividades até a viabilidade de modelos de negócio que podem ser intrinsecamente contraditórios com o efetivo controle dos próprios dados pessoais, e mesmo o balanço de poderes no sistema democrático" (DONEDA, Danilo. *Da privacidade à proteção de dados pessoais.* 3. ed. São Paulo: Thomson Reuters Brasil, 2021. p. 178).

[3] WARREN, Samuel D.; BRANDEIS, Louis D. The right to privacy. *Harvard Law Review*, v. 4, n. 5, p. 193-220, Dec. 1890.

[4] Sobre o caso, vale destacar as ponderações do Ministro Gilmar Mendes, no voto condutor da ADI 6.649/DF: "No paradigmático *Volkszählungsurteil* (BVerfGE 65, 1), de 1983, o Tribunal declarou a inconstitucionalidade da chamada Lei do Censo alemã (*Volkszählunsgesetz*), que possibilitava que o Estado realizasse o cruzamento de informações sobre os cidadãos para mensuração estatística da distribuição especial e geográfica da população. Nesse julgado, a Corte Constitucional redefiniu os contornos do direito de proteção de dados pessoais, situando-o como verdadeira projeção de um direito geral de personalidade para além da mera proteção constitucional ao sigilo".

[5] DÖHMANN, Indra Spiecker Gen. A proteção de dados pessoais sob o Regulamento Geral de Proteção de Dados da União Europeia. *In*: MENDES, Laura Schertel *et al. Tratado de proteção de dados pessoais.* Rio de Janeiro: Forense, 2021.

É preciso ressaltar, no entanto, que alguns países da América do Sul se destacam pelo seu vanguardismo na preocupação com o processo de transformação digital, especialmente no que se refere à tutela dos dados pessoais. Pode-se citar o exemplo do Uruguai que, em 2008, editou a sua Lei Geral de Proteção de Dados. O referido diploma normativo, para além de tutelar o arcabouço informacional de pessoas físicas, espraia sua proteção para pessoas jurídicas, consoante dispõe o art. 2º da Lei 18.331: "Ambitosubjetivo.- El derecho a la protección de los datos personales se aplicará por extensión a las personas jurídicas, en cuanto corresponda".

Nesse ponto, há substancial diferença entre os regimes jurídicos brasileiro e uruguaio, considerando que a LGPD apenas se debruça sobre a proteção de dados de pessoas físicas, excluindo, portanto, do seu âmbito de incidência as informações pertinentes às pessoas jurídicas.

O marco legislativo nacional de proteção de dados, como já referenciado, estruturou o arcabouço jurídico necessário para atender ao processo de reestruturação da sociedade, a qual está imersa em sobressaltos tecnológicos que catalisam o múltiplo processamento informacional.

Entre os pontos de destaque da LGPD está a catalogação dos indispensáveis direitos do titular dos dados, nos termos do que dispõe o seu art. 18. Assim, para que seja possível o pleno exercício da autodeterminação informacional, o cidadão poderá confirmar a existência de tratamento de dados; acessar os dados armazenados em quaisquer bases; postular a correção de dados incompletos, inexatos ou desatualizados; requerer a anonimização, bloqueio ou eliminação de dados desnecessários, excessivos ou tratados em desconformidade com a legislação de regência; exigir a portabilidade dos dados a outro fornecedor de serviço ou produto, mediante requisição expressa, de acordo com a regulamentação da autoridade nacional, observados os segredos comercial e industrial; postular, com as devidas exceções, a eliminação dos dados pessoais tratados com o consentimento do titular; solicitar informação das entidades públicas e privadas com as quais o controlador realizou uso compartilhado de dados; e revogar o consentimento anteriormente concedido.

Esses direitos possibilitam a efetiva densificação da previsão constitucional inserta no art. 5º, LXXIX, que dá guarida à tutela dos dados pessoais, especialmente no contexto ora traçado de uma sociedade digitalizada.

A despeito disso, não são episódicos os casos em que ocorrem violações ao direito fundamental à proteção de dados. Nessa linha de intelecção, podem-se destacar as recentes sanções administrativas aplicadas pela ANPD, a exemplo do que ocorreu no Processo Administrativo Sancionador 00261.001969/2022-41,[6] no qual o Instituto de Assistência Médica ao Servidor Público Estadual de São Paulo

---

[6] Disponível em: https://www.gov.br/anpd/pt-br/documentos-e-publicacoes/sei_4286376_relatorio_2_2023.pdf. Acesso em: 2 nov. 2023.

(Iamspe) foi penalizado por falha em seus sistemas de segurança, que resultaram em vazamento de dados.

Por essa razão, devem-se analisar quais as cautelas que o Poder Público adotará quando do tratamento de dados pessoais por meio de sistemas computacionais inteligentes.

Preliminarmente, cumpre analisar o desenvolvimento da Inteligência Artificial, desde os seus primórdios até o estágio atual de amadurecimento desse tipo de tecnologia.

O conceito de Inteligência Artificial foi cunhado por John McCarthy,[7] quando da realização, em 1955, de uma conferência para averiguar a possibilidade de máquinas realizarem atividades tipicamente atribuídas a humanos.[8] Assim, alguns autores, atualmente, ainda concebem a Inteligência Artificial como a capacidade de sistemas computacionais executarem ações que exigem esforço cognitivo,[9] mediante o processamento de dados. Nessa linha de intelecção, pronuncia-se Jordi Nieva Fenoll:[10]

> No existe un total consenso sobre lo que significa la expresión "inteligencia artificial", pero sí que podría decirse que describe la posibilidad de que las máquinas, en alguna medida, "piensen", o más bien imiten el pensamiento humano a base de aprender y utilizar las generalizaciones que las personas usamos para tomar nuestras decisiones habituales.[11]

Nesse sentido, para evitar tentativas desarrazoadas de antropomorfização da Inteligência Artificial, conceitua-se tal tecnologia da seguinte forma: sistema computacional, com graus diferentes de autonomia, desenhado para inferir como atingir um dado conjunto de objetivos, utilizando abordagens baseadas em aprendizagem de máquina e/ou lógica e representação do conhecimento, por meio de dados

---

[7] MACCARTHY, John *et al. A proposal for the Darmouth summer research Project on artificial intelignce.* August 31, 1955, p. 2. Disponível em: http://jmc.stanford.edu/articles/dartmouth/dartmouth.pdf. Acesso em: 2 nov. 2023.

[8] CAYÓN, José Ignacio Solar. *La inteligencia artificial jurídica*: el impacto de la innovación tecnológica en la práctica del derecho y el mercado de servicios jurídicos. Madrid: Thomson Reuters, 2019. p. 21.

[9] BELLMAN, Richard. *An introduction to Artificial Intelligence: Can Computer Think?* Boyd & Frase, 1978, *apud* RUSSEL, Stuart J.; NORVIG, Peter. *Artificial Intelligence.* A modern approach. 3. ed. India: Person Indian Education Services, 2010.

[10] NIEVA FENOLL, Jordi. *Inteligencia artificial y proceso judicial.* Madrid: Marcial Pons, 2018. p. 20.

[11] Tradução livre: "Não existe um consenso total sobre o que significa a expressão 'inteligência artificial', mas pode-se dizer que descreve a possibilidade de que as máquinas, em certa medida, 'pensem', ou melhor, imitem o pensamento humano com base em aprender e utilizar as generalizações que as pessoas usam para tomar nossas decisões habituais".

de entrada provenientes de máquinas ou humanos, a fim de produzir previsões, recomendações ou decisões que possam influenciar o ambiente virtual ou real.[12]

É salutar, no presente contexto, diferenciar o que se tem denominado de Inteligência Artificial forte ou geral da Inteligência Artificial fraca ou específica.

Com o avanço dos estudos da Inteligência Artificial, sempre se pensou na construção de uma eventual ferramenta que tivesse a capacidade de compreensão ampla sobre todos os assuntos, tal qual um ser humano. É o que Nick Bostrom,[13] por exemplo, denomina de superinteligência e que, a princípio, teria o potencial não apenas de se igualar aos indivíduos, mas também de superá-los.

Ocorre que esse tipo de tecnologia, se possível de ser alcançada, ainda levará um largo espaço de tempo para se concretizar e, sem dúvida, estará no centro dos mais variados debates, principalmente em torno das questões de natureza ética.

Não obstante, a Inteligência Artificial fraca ou específica vem ganhando fôlego e sua expansão não encontra precedentes na história. São inúmeros os demonstrativos de ferramentas direcionadas a determinados setores que desenvolvem, com grau de superioridade inquestionável, atividades antes exclusivas dos humanos. Basta pensar que hoje já existem sistemas computacionais que conseguem realizar diagnósticos médicos com precisão superior à dos profissionais da área de saúde, a exemplo do IBM Watson.

No direito, não é diferente, pois aplicações de Inteligência Artificial são desenvolvidas, diuturnamente, para viabilizar o suporte à tomada de decisões por máquinas, a análise documental e a promoção de análises preditivas de pronunciamentos judiciais.

Tudo isso é possível, pois a capacidade computacional foi elevada a patamares nunca presenciados e o volume de dados disponíveis nos permite, por meio de ferramentas automatizadas, promover a leitura profícua de qualquer cenário.

Tem-se hoje o que se convencionou chamar de *big data*, ou seja, um conjunto de dados de dimensão estratosférica envolto em uma série de complexidades e que somente pode ser adequadamente analisado por via de sistema com elevada capacidade computacional.[14] Segundo aduz José Ignacio Solar Cayón:[15] "Hoy se estima que en los dos últimos años se ha creado más información que em toda

---

[12] O conceito adotado é refletido na Lei do Estado de Alagoas 9.095, de 11 de dezembro de 2023.

[13] BOSTROM, Nick. *Superinteligência*: caminhos, perigos e estratégias para um novo mundo. Rio de Janeiro: Darkside Books, 2018.

[14] TAURION, Cezar. *Big data*. Rio de Janeiro: Brasport, 2015. p. 35.

[15] CAYÓN, José Ignacio Solar. *La inteligencia artificial jurídica*: el impacto de la innovación tecnológica en la práctica del derecho y el mercado de servicios jurídicos. Madrid: Thomson Reuters, 2019. p. 29-30.

la historia de la humanidade: según IBM cada día se generan 4,7 quintillones bytes de dados".[16]

Nesse sentido, por meio da mineração de dados (*data mining*), tem-se permitido uma análise automatizada desse enorme volume informacional, a fim de transformar dados não estruturados (em estado bruto) em dados estruturados, os quais fornecem padrões relevantes, por exemplo, para a tomada de decisões.

No âmbito judicial, por exemplo, é forçoso destacar que a ampliação do uso do processo eletrônico tem possibilitado um verdadeiro acúmulo de dados, os quais, quando adequadamente tratados, servem como recursos para uma série de aplicações envolvendo Inteligência Artificial.[17]

Isso tudo demonstra o quão acertados são os argumentos tecidos por Yuval Noah Harari,[18] ao tratar dos dados como o principal ativo da nossa era:

> Contudo, no século XXI, os dados vão suplantar tanto a terra quanto a maquinaria como o ativo mais importante, e a política será o esforço por controlar o fluxo de dados. Se os dados se concentrarem em poucas mãos – o gênero humano se dividirá em espécies diferentes.

Feito esse apanhado sobre os conceitos de Inteligência Artificial, *big data* e *data mining*, é fundamental delinear como funcionam, em termos claros, as aplicações de Inteligência Artificial e, para tanto, é indispensável conhecer o conceito-chave de algoritmo.

O algoritmo nada mais é do que o conjunto de instruções vertidas a um sistema computacional para que se chegue a determinado resultado. Assim são fornecidas as informações iniciais (*input*), as quais são processadas de acordo com os critérios estabelecidos pelo programador, para que se tenha o produto desejado (*output*). Consoante propugna Fenoll:[19] "La palabra clave en inteligencia artificial es 'algoritmo', que sería el esquema ejecutivo de la máquina almacenando todas las opciones de decisión en función de los datos que se vayan conociendo".[20]

---

[16] Tradução livre: "Hoje estima-se que, nos últimos dois anos, foi criada mais informação do que em toda a história da humanidade: segundo a IBM, são gerados 4,7 quintilhões de bytes de dados todos os dias".

[17] VALE, Luís Manoel Borges do. A tomada de decisão por máquinas: a proibição, no direito, de utilização de algoritmos não supervisionados. *In*: NUNES, Dierle; LUCON, Paulo Henrique dos Santos; WOLKART, Erik Navarro. *Inteligência Artificial e direito processual*: os impactos da virada tecnológica no direito processual. Salvador: JusPodivm, 2020. p. 630.

[18] HARARI, Yuval Noah. *21 lições para o século 21*. Tradução Paulo Geiger. São Paulo: Companhia das Letras, 2018. p. 107.

[19] NIEVA FENOLL, Jordi. *Inteligencia artificial y proceso judicial*. Madrid: Marcial Pons, 2018. p. 21.

[20] Tradução livre: "A palavra-chave em inteligência artificial é 'algoritmo', que seria o esquema executivo da máquina armazenando todas as opções de decisão em função dos dados que forem sendo conhecidos".

A evolução tecnológica atual permite não apenas a utilização de modelos simplórios de automação, mas também o uso do *machine learning* (aprendizado de máquina), de tal sorte que o sistema computacional tem condições de se aperfeiçoar, a partir da experiência amealhada com a execução contínua da tarefa. Existem, ademais, técnicas avançadas de *machine learning*, habitualmente conhecidas por *deep learning* (usam-se, nesse caso, redes neurais computacionais), nas quais os algoritmos não necessariamente dependem de dados selecionados, em caráter prévio, pelo programador, ou seja, os sistemas reconhecem padrões e aprendem com informações difusas advindas, por exemplo, da internet.[21]

O uso de técnicas de *machine learning*, no direito, tem sido possível em razão do desenvolvimento de outra área da Inteligência Artificial nominada de processamento de linguagem natural, cujos termos possibilitam a captação e compreensão pelas máquinas dos textos elaborados pelos humanos. Dessa forma, facilita-se, a título exemplificativo, que por meio da análise de um acervo documental seja possível classificar, automaticamente, peças processuais produzidas.

Para complexificar ainda mais esse cenário, está em plena maturação a cognominada Inteligência Artificial Generativa,[22] a qual tem o potencial de criar textos, imagens, vídeos, áudios e dados sintéticos com a nota da originalidade e com um grau de apuro técnico passível de, em algumas situações, superar as produções humanas.

É o caso do *ChatGPT, Claude* e *Gemini* que, mediante o processamento de linguagem natural, possibilitam a construção de textos inéditos, por meio da interlocução com usuários, que dirigem solicitações ou perguntas (os nominados *promps*) ao sistema computacional. O lançamento desses modelos de *Large Language Model* (LLM) aumenta, sobremaneira, as já preocupantes especulações acerca da possível substituição de diversos profissionais da área jurídica pelas evoluídas ferramentas de Inteligência Artificial.

Inclusive, há versões mais avançadas da referida tecnologia que, para além de outras medidas evolutivas, permite que imagens, vídeos e sons, por exemplo, possam ser utilizados como *inputs*, no processo de interação com o sistema computacional, em um verdadeiro arranjo multimodal.[23]

Todavia, o entusiasmo precisa ser revestido de cautela, principalmente em razão das limitações que a ferramenta apresenta, tais como: a) vieses discriminatórios

---

[21] WOLKART, Erik. *Análise econômica do processo civil*: como a economia, o direito e a psicologia podem vencer a tragédia da justiça. São Paulo: RT, 2019. p. 706.

[22] FOSTER, David. *Generative Deep Learning*: Teaching Machines to Paint, Write, Composeand Play. Sebastopol, CA: O'Reilly Media, 2019.

[23] Disponível em: https://openai.com/research/gpt-4. Acesso em: 14 abr. 2023.

(relato apresentado pela própria OpenAI[24]); b) limitação da base de dados que, em sua maioria, contempla informações até setembro de 2021; c) alucinações (ocorre quando o sistema computacional apresenta uma resposta confiante sobre dado questionamento, mas que se encontra completamente equivocada); e d) erros de raciocínio.

A complexidade dos modelos de Inteligência Artificial, os quais, como se mencionou, necessitam de um grande volume de dados para treinamento, exige a adoção de medidas acautelatórias para evitar a violação do direito fundamental à proteção de dados pessoais. Cumpre, por necessário, rememorar que a ANPD, em sede de medida cautelar, suspendeu a utilização de dados dos usuários da Meta, os quais estavam sendo usados para o aperfeiçoamento da Inteligência Artificial Generativa dessa sociedade empresária, por conta de questões ligadas à inadequação da base legal de tratamento, à falta de transparência quanto à sistemática de processamento informacional, para além de outros aspectos relativos à utilização de dados sensíveis de crianças e adolescentes.[25]

Por esse motivo, a Administração Pública, quando utiliza sistemas computacionais inteligentes, próprios ou de terceiros, tem que atentar para as balizas impostas pela Constituição Federal e pela LGPD, sob pena de incorrer em violações ensejadoras da responsabilização do Estado.[26]

Atento a essas questões, o Estado de Alagoas, de forma vanguardista, editou a primeira lei do país a regular o uso da Inteligência Artificial na Administração Pública (Lei 9.095, de 11 de dezembro de 2023), estabelecendo como um dos princípios reinantes a proteção de dados pessoais.[27]

---

[24] Veja a advertência da própria OpenAI: "O GPT-4 ainda tem muitas limitações conhecidas que estamos trabalhando para resolver, como **preconceitos sociais, alucinações e alertas adversários**. Incentivamos e facilitamos a transparência, a educação do usuário e uma alfabetização mais ampla em IA à medida que a sociedade adota esses modelos. Também pretendemos expandir as possibilidades de contribuição das pessoas para moldar nossos modelos (Disponível em: https://openai.com/product/gpt-4. Acesso em 14 abr. 2023).

[25] Disponível em: https://www.gov.br/anpd/pt-br/assuntos/noticias/anpd-determina-suspensao-cautelar-do-tratamento-de-dados-pessoais-para-treinamento-da-ia-da-meta/SEI_0130047_Voto_11.pdf. Acesso em 14 abr. 2023.

[26] Nesse sentido, vale destacar a advertência da ANPD: "Os avanços tecnológicos trazem diversos riscos e desafios, principalmente quanto à privacidade, à proteção de dados e à segurança da informação. As tecnologias biométricas evoluíram significativamente nos últimos anos e sua utilização tem se tornado cada vez mais presente e abrangente, envolvendo, inclusive, o uso de inteligência artificial e tratamento de dados em larga escala" (Disponível em: https://www.gov.br/anpd/pt-br/documentos-e-publicacoes/radar-tecnologico-biometria-anpd-1.pdf. Acesso em: 17 jul. 2024).

[27] "Art. 3º O desenvolvimento, a implementação e o uso de sistemas de inteligência artificial observarão parâmetros éticos adequados e os seguintes princípios: [...] XIII – proteção de dados, nos termos da Lei Federal nº 13.709, de 14 de agosto de 2018 – Lei Geral de Proteção de Dados – LGPD."

Dois cenários, portanto, devem ser considerados quando se está a lidar com o processamento de dados pessoais por Inteligência Artificial, no âmbito da Administração Pública: a) a Administração Pública utiliza sistemas computacionais de Inteligência Artificial de agentes privados; e b) a Administração Pública desenvolveu seu próprio sistema computacional inteligente.

O primeiro cenário exige a adoção das seguintes medidas de governança e integridade, com o escopo de tutelar o direito fundamental à proteção de dados pessoais:

1. Para que o Poder Público contrate sistema de Inteligência Artificial de agente privado, é necessário verificar se os eventuais dados pessoais utilizados para o treinamento da ferramenta foram tratados em conformidade com a Constituição Federal e com a LGPD.

2. Recomenda-se a elaboração de Relatório de Impacto à Proteção de Dados Pessoais, considerando o volume e a variedade das informações que serão tratadas.

3. É imprescindível checar se os resultados apresentados pelo sistema de Inteligência Artificial, de acordo com os dados tratados, apresentam eventuais vieses discriminatórios ou quaisquer outras situações de exclusão de grupos vulnerabilizados.

4. O compartilhamento de dados entre o Poder Público e o agente privado contratado tem que observar as exigências do art. 26 da LGPD, mormente no tocante à perfectibilização de ajuste administrativo regular e à comunicação dirigida à ANPD.

5. Devem ser observados critérios adequados de transparência quanto aos dados tratados, para que o titular esteja ciente das circunstâncias que ensejam o processamento automatizado informacional, especialmente no que se refere à finalidade, à hipótese legal de tratamento e aos procedimentos e práticas empregados.

6. O *dataset* (base de dados informacional) do sistema computacional inteligente contratado deve ser submetido à curadoria permanente para que se analise a compatibilidade do tratamento com a legislação protetiva dos dados pessoais, durante todo o ciclo de vida da Inteligência Artificial.

7. O sistema computacional inteligente contratado tem que observar os *standards* de transparência e explicabilidade, permitindo-se que o titular dos dados pessoais possa exercer os direitos que lhe são pertinentes, com destaque para a possibilidade de solicitar eventuais retificações ou alterações.

8. É imprescindível que sejam adotados mecanismos robustos de segurança informacional, a fim de evitar/minorar incidentes que resultem, a título exemplificativo, em possíveis vazamentos de dados.

Na hipótese de a Administração Pública optar por desenvolver o próprio sistema de Inteligência Artificial, é preciso que se adotem alguns *standards* com o intuito de evitar a ocorrência de violações à tutela dos dados pessoais:

1. A equipe responsável pelo desenvolvimento da ferramenta deve ser plural e multidisciplinar, possibilitando uma ampla análise sobre os dados que serão utilizados para treinamento do sistema computacional inteligente, a fim de que se evitem possíveis vieses discriminatórios. Nesse sentido, vale destacar a previsão contida no art. 5º, § 1º, da Lei do Estado de Alagoas 9.095/2023: Art. 5º A composição de equipes para pesquisa, desenvolvimento e implantação das soluções computacionais que se utilizem de Inteligência Artificial será orientada pela busca da diversidade em seu mais amplo espectro, incluindo gênero, raça, etnia, cor, orientação sexual, pessoas com deficiência, geração e demais características individuais. § 1º A participação representativa deverá existir em todas as etapas do processo, tais como planejamento, coleta e processamento de dados, construção, verificação, validação e implementação dos modelos, tanto nas áreas técnicas como negociais.

2. Todos os agentes públicos responsáveis pelo desenvolvimento da ferramenta precisam ser corretamente identificados e os dados da equipe devem ser publicizados nos canais próprios da Administração estatal.

3. Recomenda-se a elaboração de Relatório de Impacto à Proteção de Dados Pessoais, considerando o volume e a variedade das informações que serão tratadas.

4. É imprescindível checar se os resultados apresentados pelo sistema de inteligência artificial, de acordo com os dados tratados, apresentam eventuais vieses discriminatórios ou quaisquer outras situações de exclusão de grupos vulnerabilizados.

5. Devem ser observados critérios adequados de transparência quanto aos dados tratados, para que o titular esteja ciente das circunstâncias que ensejam o processamento automatizado informacional, especialmente no que se refere à finalidade, à hipótese legal de tratamento e aos procedimentos e práticas empregados.

6. O *dataset* (base de dados informacional) do sistema computacional inteligente desenvolvido deve ser submetido à curadoria permanente, para que se analise a compatibilidade do tratamento com a legislação protetiva dos dados pessoais, durante todo o ciclo de vida da Inteligência Artificial.

7. O sistema computacional inteligente desenvolvido tem que observar os *standards* de transparência e explicabilidade, permitindo-se que o titular dos dados pessoais possa exercer os direitos que lhe são pertinentes, com destaque para a possibilidade de solicitar eventuais retificações ou alterações.

8. É imprescindível que sejam adotados mecanismos robustos de segurança informacional, a fim de evitar/minorar incidentes que resultem, a título exemplificativo, em possíveis vazamentos de dados.

9. Realização de audiência pública para validação e análise do modelo pela sociedade civil.

Todo o procedimento anteriormente relatado está em compasso com as diretrizes mundiais relacionadas ao uso da Inteligência Artificial, inclusive nas esferas governamentais. Como exemplo pode-se mencionar o *AI Act* da União Europeia, o qual dispõe detalhadamente sobre os cuidados à proteção de dados pessoais, nas circunstâncias que envolvem o uso de sistemas computacionais inteligentes:[28-29]

---

[28] Disponível em: https://eur-lex.europa.eu/legal-content/PT/TXT/?uri=OJ%3AL_202401689. Acesso em: 17 jul. 2024.

[29] A legislação europeia contempla dispositivo específico para tratar da governança de dados, quando esteja em jogo a utilização de sistemas de inteligência artificial de alto risco: 1. Os sistemas de IA de risco elevado que utilizem técnicas que envolvam o treino de modelos com dados devem ser desenvolvidos com base em conjuntos de dados de treino, validação e teste que cumpram os critérios de qualidade a que se referem os n.os 2 a 5, sempre que esses conjuntos de dados sejam utilizados.

2. Os conjuntos de dados de treino, validação e teste devem estar sujeitos a práticas de governação e gestão de dados adequadas à finalidade prevista do sistema de IA. Essas práticas dizem nomeadamente respeito:

a) Às escolhas de conceção pertinentes;

b) A processos de recolha de dados e à origem dos dados e, no caso dos dados pessoais, à finalidade original da recolha desses dados;

c) Às operações de tratamento necessárias para a preparação dos dados, tais como anotação, rotulagem, limpeza, atualização, enriquecimento e agregação;

d) À formulação dos pressupostos, nomeadamente no que diz respeito às informações que os dados devem medir e representar;

e) À avaliação da disponibilidade, quantidade e adequação dos conjuntos de dados que são necessários;

f) Ao exame para detectar eventuais enviesamentos suscetíveis de afetar a saúde e a segurança das pessoas, de ter repercussões negativas nos direitos fundamentais ou de resultar em discriminações proibidas pelo direito da União, especialmente quando os resultados obtidos a partir dos dados influenciam os dados de entrada para operações futuras;

g) Às medidas adequadas para detectar, prevenir e atenuar eventuais enviesamentos identificados nos termos da alínea f);

h) À identificação de lacunas ou deficiências pertinentes dos dados que impeçam o cumprimento do presente regulamento e de possíveis soluções para as mesmas.

3. Os conjuntos de dados de treino, validação e teste devem ser pertinentes, suficientemente representativos e, tanto quanto possível, isentos de erros e completos, tendo em conta a finalidade prevista. Devem ter as propriedades estatísticas adequadas, nomeadamente, quando aplicável, no tocante às pessoas ou grupos de pessoas em relação às quais se destina a utilização do sistema de IA de risco elevado. Essas características dos conjuntos de dados podem ser satisfeitas a nível de conjuntos de dados individuais ou de uma combinação dos mesmos.

4. Os conjuntos de dados devem ter em conta, na medida do necessário para a finalidade prevista, as características ou os elementos que são idiossincráticos do enquadramento geográfico, contextual, comportamental ou funcional específico no qual o sistema de IA de risco elevado se destina a ser utilizado.

5. Na medida do estritamente necessário para assegurar a deteção e a correção de enviesamentos em relação aos sistemas de IA de risco elevado em conformidade com o n.o 2, alíneas f) e g), do presente artigo, os prestadores desses sistemas podem, excecionalmente, tratar categorias especiais de dados pessoais, sob reserva de garantias adequadas dos direitos e liberdades fundamentais das pessoas singulares. Para além das disposições estabelecidas nos Regulamentos (UE) 2016/679 e (UE) 2018/1725 e na Diretiva (UE) 2016/680, todas as seguintes condições para que esse tratamento ocorra devem ser cumpridas:

a) A deteção e a correção de enviesamentos não podem ser eficazmente efetuadas através do tratamento de outros dados, nomeadamente dados sintéticos ou anonimizados;

(69) O direito à privacidade e à proteção de dados pessoais tem de ser garantido ao longo de todo o ciclo de vida do sistema de IA. A este respeito, os princípios da minimização dos dados e da proteção de dados desde a conceção e por norma, tal como estabelecidos na legislação da União em matéria de proteção de dados, são aplicáveis quando se realiza o tratamento de dados. As medidas tomadas pelos prestadores para assegurar o cumprimento desses princípios podem incluir não só a anonimização e a cifragem, mas também a utilização de tecnologias que permitam a introdução de algoritmos nos dados e o treino dos sistemas de IA sem a transmissão entre as partes ou a cópia dos próprios dados em bruto ou estruturados, sem prejuízo dos requisitos em matéria de governação de dados previstos no presente regulamento.

A proposta de regulamentação da Inteligência Artificial no Brasil segue a mesma perspectiva, nos termos do que estabelece o art. 2º, IX, do substitutivo apresentado ao Projeto de Lei 2.338/2023: "Art. 2º O desenvolvimento, a implementação e o uso de sistema de inteligência artificial no Brasil têm como fundamentos: [...] IX – privacidade, *proteção de dados pessoais* e autodeterminação informativa".

Diante do exposto, percebe-se que, caso o Poder Público não adote as cautelas referenciadas alusivas à eventual utilização de sistemas de inteligência Artificial, pode-se cogitar da possível responsabilidade civil do estado, nas hipóteses que ocasionem danos aos titulares de dados pessoais, em uníssono com o que preceitua o art. 37, § 6º, da Constituição Federal, ou seja, tratar-se-ia de responsabilização objetiva, com as devidas ressalvas das hipóteses excludentes de responsabilidade, tal como a culpa exclusiva de terceiro.

---

b) As categorias especiais de dados pessoais estão sujeitas a limitações técnicas em matéria de reutilização dos dados pessoais e às mais avançadas medidas de segurança e preservação da privacidade, incluindo a pseudonimização;

c) As categorias especiais de dados pessoais estão sujeitas a medidas destinadas a assegurar que os dados pessoais tratados estejam seguros, protegidos e sujeitos a garantias adequadas, incluindo controlos rigorosos e uma documentação criteriosa do acesso a esses dados, a fim de evitar uma utilização abusiva e assegurar que apenas tenham acesso a esses dados as pessoas autorizadas e com as devidas obrigações de confidencialidade;

d) As categorias especiais de dados pessoais não são transmitidos nem transferidos para terceiros, nem de outra forma consultados por esses terceiros;

e) As categorias especiais de dados pessoais são eliminadas assim que o enviesamento tenha sido corrigido ou que os dados pessoais atinjam o fim do respetivo período de conservação, consoante o que ocorrer primeiro;

f) Os registos das atividades de tratamento nos termos do Regulamento (UE) 2016/679, do Regulamento (UE) 2018/1725 e da Diretiva (UE) 2016/680 incluem os motivos pelos quais o tratamento de categorias especiais de dados pessoais foi estritamente necessário para detectar e corrigir enviesamentos e os motivos pelos quais não foi possível alcançar esse objetivo através do tratamento de outros dados. 6. Para o desenvolvimento de sistemas de IA de risco elevado que não utilizam técnicas que envolvem o treino de modelos de IA, os nos 2 a 5 aplicam-se apenas aos conjuntos de dados de teste.

14.1. A UTILIZAÇÃO DE SOLUÇÕES DE INTELIGÊNCIA ARTIFICIAL GENERATIVA DESENVOLVIDA POR AGENTES PRIVADOS (CHATGPT, GEMINI, CLAUDE E OUTROS) PELOS SERVIDORES PÚBLICOS: A PROTEÇÃO DE DADOS PESSOAIS EM JOGO

A profusão e a popularização de Inteligências Artificiais Generativas têm reequacionado a forma de produção de conteúdo, inclusive nos mais diversos órgãos e entidades da Administração Pública. Modelos como o ChatGPT, Claude, Gemini e outros são utilizados, com frequência, por agentes públicos, no exercício do seu múnus constitucional, com o objetivo de maximizar sua capacidade produtiva, mediante, por exemplo, a confecção de documentos referenciais, customizados por argumentos perfilhados na base de dados do sistema computacional inteligente.

Ocorre que o corpo funcional do Poder Público, na maioria dos casos, não é devidamente instruído sobre os riscos associados ao uso de IA Generativa, especialmente no que se refere à observância de certos *standards*, para que não ocorram violações inadvertidas à proteção de dados pessoais.

Válido, assim, destacar a pioneira iniciativa do Estado de Alagoas que, por meio da Lei 9.095/2023, regulou o uso da Inteligência Artificial na Administração Pública, dispondo sobre o conceito de Inteligência Artificial Generativa, bem como sobre a necessidade de tutela dos dados pessoais, nos casos que envolvam o desenvolvimento/implementação/uso de sistemas computacionais inteligentes:

> Art. 2º Para os fins dispostos nesta Lei, consideram-se as seguintes definições:
>
> [...]
>
> II – **Inteligência Artificial Generativa: sistema computacional inteligente com a capacidade de gerar conteúdos novos, tais como textos, imagens, vídeos, áudios, códigos ou dados sintéticos;**
>
> [...]
>
> Art. 3º O desenvolvimento, a implementação e o uso de sistemas de inteligência artificial observarão parâmetros éticos adequados e os seguintes princípios:
>
> [...]
>
> XIII – **proteção de dados, nos termos da Lei Federal nº 13.709, de 14 de agosto de 2018 – Lei Geral de Proteção de Dados – LGPD** (grifos nossos).

Cinco advertências devem ser levadas em conta por qualquer usuário de Inteligências Artificiais Generativas, considerando o presente panorama: a) os sistemas computacionais inteligentes podem "alucinar" (termo usado para se referir às situações nas quais a ferramenta de Inteligência Artificial Generativa gera um resultado errôneo. Isso pode acontecer tendo em vista que os sistemas computacionais trabalham com juízo probabilístico e são treinados para apresentar uma resposta, diante do questionamento efetivado pelo usuário, mesmo que não seja correta), apresentando respostas equivocadas e que não espelham a realidade sobre determinado tema; b) as respostas oriundas das Inteligências Artificiais Generativas podem conter vieses discriminatórios, relacionados, por exemplo, à raça, à orientação sexual etc. (essa situação, em regra, deriva dos próprios dados utilizados para treinamento da ferramenta, os quais acabam por refletir preconceitos estruturalmente presentes na sociedade); c) algumas das Inteligências Artificiais Generativas possuem limitação temporal da sua base de dados, de tal sorte que podem não contemplar informações atuais acerca de determinada matéria; d) há a necessidade de supervisão humana do conteúdo gerado pela Inteligência Artificial, a fim de que sejam validadas as informações, de acordo com a *expertise* técnica de quem a utiliza; e e) recomenda-se que não sejam empregados dados pessoais ou informações protegidas por sigilo, no processo de interação com a Inteligência Artificial Generativa, a fim de evitar, principalmente, violações à LGPD (o ChatGPT, a título exemplificativo, em suas configurações, permite que o usuário bloqueie o uso de dados inseridos na ferramenta, para fins de treinamento do sistema computacional inteligente).[30]

Os agentes públicos, portanto, ao utilizarem ferramentas de Inteligência Artificial Generativa, para além dos cinco parâmetros supralistados, precisam observar outras cautelas adicionais, objetivando, efetivamente, promover a tutela de dados pessoais e outros direitos e garantias fundamentais: a) não usar dados funcionais para cadastro em ferramentas de Inteligência Artificial Generativa disponíveis ao público em geral; b) jamais se valer de documentos constantes de processos administrativos/judiciais, que contenham dados pessoais ou informações sigilosas, para construir *prompts* direcionados às Inteligências Artificiais Generativas, salvo quando a ferramenta tecnológica for de uso exclusivo da instituição e forem adotadas as devidas salvaguardas para a segurança informacional; c) comunicar, atendendo aos critérios de transparência, as situações nas quais o sistema computacional inteligente foi empregado como apoio à tomada de decisão; e d) observar as diretrizes do órgão/entidade quanto à utilização de Inteligências Artificiais Generativas.

A inobservância de tais orientações poderá ensejar a responsabilização administrativa/disciplinar do agente público, nos moldes do que preceituam os incisos III, IV, e VIII do art. 116 da Lei 8.112/1990.

Sugere-se, assim, que as entidades estatais construam guias de boas práticas acerca do uso de Inteligências Artificiais Generativas por agentes públicos, tal como o fez o Tribunal de Contas da União.[31]

---

[30] VALE, Luís Manoel Borges do; PEREIRA, João Sergio dos Santos Soares. *Teoria geral do processo tecnológico*. 2. tir. São Paulo: RT, 2023.

[31] Disponível em: https://portal.tcu.gov.br/guia-de-uso-de-inteligencia-artificial-generativa-no-tribunal-de-contas-da-uniao-tcu.htm. Acesso em: 23 ago. 2024.

REFERÊNCIAS

ALESSI, Renato. *Sistema istituzionale del diritto amministrativo italiano*. 2. ed. Milano: Giuffrè, 1960.

ANPD – AUTORIDADE NACIONAL DE PROTEÇÃO DE DADOS. *Guia orientativo para definições dos agentes de tratamento de dados pessoais e do encarregado*, versão 2.0. abr. 2022, p. 6-9. Disponível em: https://www.gov.br/anpd/pt-br/documentos-e-publicacoes/guia_agentes_de_tratamento_e_encarregado___defeso_eleitoral.pdf. Acesso em: 22 jan. 2024.

ANPD – AUTORIDADE NACIONAL DE PROTEÇÃO DE DADOS. *Guia orientativo*: tratamento de dados pessoais pelo Poder Público, versão 2.0. jun. 2023, p. 23. Disponível em: https://www.gov.br/anpd/pt-br/documentos-e-publicacoes/documentos-de-publicacoes/guia-poder-publico-anpd-versao-final.pdf. Acesso em: 22 jan. 2024.

ANPD – AUTORIDADE NACIONAL DE PROTEÇÃO DE DADOS. Nota Técnica 3/2023/ CGF/ANPD. Disponível: https://www.gov.br/anpd/pt-br/assuntos/noticias/nota-tecnica-da-anpd-orienta-sobre-tratamento-de-dados-de-pessoas-falecidas. Acesso em: 22 jan. 2024.

BANDEIRA DE MELLO, Celso Antônio. *Curso de direito administrativo*. 32. ed. São Paulo: Malheiros, 2015.

BINENBOJM, Gustavo. O direito administrativo sancionador e o estatuto constitucional do poder punitivo estatal: possibilidades, limites e aspectos controvertidos da regulação no setor de revenda de combustíveis. *Revista de Direito da Procuradoria-Geral*, Rio de Janeiro, edição especial: Administração Pública, risco e segurança jurídica, 2014.

BIONI, Bruno. *Proteção de dados pessoais*: a função e os limites do consentimento. Rio de Janeiro: Forense, 2019.

BLUM, Renato Opice; MALDONADO, Viviane Nóbrega (coord.). *LGPD*: Lei Geral de Proteção de Dados comentada. São Paulo: RT, 2019.

BOSTROM, Nick. *Superinteligência*: caminhos, perigos e estratégias para um novo mundo. Rio de Janeiro: Darkside Books, 2018.

BRANCO, Sérgio. As hipóteses de aplicação da LGPD e as definições legais. *In*: MULHOLLAND, Caitlin. *A LGPD e o novo marco normativo no Brasil*. Porto Alegre: Arquipélago, 2020.

BUCAR, Daniel; OLIVEIRA, Rafael Carvalho Rezende. A Lei Geral de Proteção de Dados e a Administração Pública: por uma convergência da privacidade com o interesse público. *In*: DAL POZZO, Augusto Neves; MARTINS, Ricardo Marcondes (coord.). *LGPD e administração pública*: uma análise ampla dos impactos. São Paulo: Thomson Reuters Brasil, 2020.

CAYÓN, José Ignacio Solar. *La inteligencia artificial jurídica*: el impacto de la innovación tecnológica en la práctica del derecho y el mercado de servicios jurídicos. Madrid: Thomson Reuters, 2019.

CCGD – COMITÊ CENTRAL DE GOVERNANÇA DE DADOS. Regras para compartilhamento de dados, versão 1. 4 maio 2020. Disponível em: https://www.gov.br/governodigital/pt-br/governanca-de-dados/regras-de-compartilhamento_v1-0.pdf. Acesso em: 22 jan. 2024.

CRAVO, Daniela Copetti. O direito à portabilidade na Lei Geral de Proteção de Dados. *In*: FRAZÃO, Ana; TEPEDINO, Gustavo; OLIVA, Milena Donato (coord.). *Lei Geral de Proteção de Dados Pessoais e suas repercussões no direito brasileiro*. 3. ed. São Paulo: Thomson Reuters Brasil, 2023.

CUEVA, Ricardo Villas Bôas. A proteção de dados pessoais na jurisprudência do Superior Tribunal de Justiça. *In*: FRAZÃO, Ana; TEPEDINO, Gustavo; OLIVA, Milena Donato (coord.). *Lei Geral de Proteção de Dados Pessoais e suas repercussões no direito brasileiro*. 3. ed. São Paulo: Thomson Reuters Brasil, 2023..

DIDIER JR., Fredie; BRAGA, Paula Sarno; OLIVEIRA, Rafael Alexandria. *Curso de direito processual civil*. Salvador: JusPodivm, 2020. v. 2.

DÖHMANN, Indra Spiecker Gen. A proteção de dados pessoais sob o Regulamento Geral de Proteção de Dados da União Europeia. *In*: MENDES, Laura Schertel *et al*. *Tratado de proteção de dados pessoais*. Rio de Janeiro: Forense, 2021.

DONEDA, Danilo. *Da privacidade à proteção de dados pessoais*. 3. ed. São Paulo: Thomson Reuters Brasil, 2021.

ESTORNINHO, Maria João. *A fuga para o direito privado*: contributo para o estudo da actividade de direito privado da Administração Pública. Coimbra: Almedina, 1999.

FEIGELSON, Bruno; BECKER, Daniel; CAMARINHA, Sylvia M. F. *Comentários à Lei Geral de Proteção de Dados*. São Paulo: Thomson Reuters, 2020.

FOSTER, David. *Generative Deep Learning*: Teaching Machines to Paint, Write, Composeand Play. Sebastopol, CA: O'Reilly Media, 2019.

FRAZÃO, Ana. Fundamentos da proteção dos dados pessoais: noções introdutórias para a compreensão da importância da Lei Geral de Proteção de Dados. *In*: TEPEDINO, Gustavo; FRAZÃO, Ana; OLIVA, Milena Donato (coord.). *Lei Geral de Proteção de Dados Pessoais e suas repercussões no direito brasileiro*. São Paulo: RT, 2019.

FRAZÃO, Ana. Fundamentos da proteção dos dados pessoais: noções introdutórias para a compreensão da importância da Lei Geral de Proteção de Dados. *In*: FRAZÃO, Ana; TEPEDINO, Gustavo; OLIVA, Milena Donato (coord.). *Lei Geral de Proteção de Dados Pessoais e suas repercussões no direito brasileiro*. 3. ed. São Paulo: Thomson Reuters Brasil, 2023.

FRAZÃO, Ana; CARVALHO, Angelo Prata de; MILANEZ, Giovanna. *Curso de proteção de dados pessoais*: fundamentos da LGPD. Rio de Janeiro: Forense, 2022.

FRAZÃO, Ana; MEDEIROS, Ana Rafaela Martinez. Desafios para a efetividade dos programas de *compliance*. *In*: CUEVA, Ricardo Villas Bôas; FRAZÃO, Ana. *Compliance*: perspectivas e desafios dos programas de conformidade. Belo Horizonte: Fórum, 2018.

GARCÍA DE ENTERRÍA, Eduardo. *Curso de derecho administrativo*. 9. ed. Madrid: Civitas, 2004. v. II.

GUEDES, Gisela Sampaio da Cruz; MEIRELES, Rose Melo Vencelau. Término do tratamento de dados. *In*: FRAZÃO, Ana; TEPEDINO, Gustavo; OLIVA, Milena Donato (coord.). *Lei Geral de Proteção de Dados Pessoais e suas repercussões no direito brasileiro*. 3. ed. São Paulo: Thomson Reuters Brasil, 2023.

HARARI, Yuval Noah. *21 lições para o século 21*. Tradução Paulo Geiger. São Paulo: Companhia das Letras, 2018.

ITO, Daniel. Governo sofreu quase cinco mil incidentes cibernéticos em 2021. *radioagência*, 28 jan. 2022. Disponível em: https://agenciabrasil.ebc.com.br/radioagencia-nacional/seguranca/audio/2022-01/governo-sofreu-quase-cinco-mil-incidentes-ciberneticos-em-2021. Acesso em: 22 jan. 2024.

JIMENE, Camilla do Vale. Capítulo VII – Da Segurança e das Boas Práticas. *In*: MALDONADO, Vivian Nóbrega; BLUM, Renato Opice (coord.). *LGPD*: Lei Geral de Proteção de Dados comentada. 2. ed. São Paulo: Thomson Reuters Brasil, 2019.

KONDERI, Carlos Nelson. O tratamento de dados sensíveis à luz da Lei 13.709/2018. *In*: FRAZÃO, Ana; TEPEDINO, Gustavo; OLIVA, Milena Donato (coord.). *Lei Geral de Proteção de Dados Pessoais e suas repercussões no direito brasileiro*. 3. ed. São Paulo: Thomson Reuters Brasil, 2023.

MACCARTHY, John *et al*. *A proposal for the Darmouth summer research Project on artificial inteligence*. August 31, 1955, p. 2. Disponível em: http://jmc.stanford.edu/articles/dartmouth/dartmouth.pdf. Acesso em: 2 nov. 2023.

MARINONI, Luiz Guilherme. *Tutela inibitória (e tutela de remoção do ilícito)*. 8. ed. São Paulo: Thomson Reuters Brasil, 2022.

MARINONI, Luiz Guilherme; ARENHART, Sérgio Cruz; MITIDIERO, Daniel. *Código de Processo Civil comentado*. 9. ed. São Paulo: Thomson Reuters Brasil, 2023.

MELLO, Rafael Munhoz de. *Princípios constitucionais de direito administrativo sancionador*: as sanções administrativas à luz da Constituição Federal de 1988. São Paulo: Malheiros, 2007.

MENDES, Laura Schertel; DONEDA, Danilo. Reflexões iniciais sobre a nova Lei Geral de Proteção de Dados. *Revista de Direito do Consumidor*, v. 27, n. 120, p. 469-483, nov./dez. 2018.

MENEZES, Joyceane Bezerra de; COLAÇO, Hian Silva. Quando a Lei Geral de Proteção de Dados não se aplica? *In*: FRAZÃO, Ana; TEPEDINO, Gustavo; OLIVA, Milena

Donato (coord.). *Lei Geral de Proteção de Dados Pessoais e suas repercussões no direito brasileiro*. 3. ed. São Paulo: Thomson Reuters Brasil, 2023.

MENKE, Fabiano; GOULART, Guilherme Damasio. Segurança da informação e vazamento de dados. *In*: MENDES, Laura Schertel *et al*. *Tratado de proteção de dados pessoais*. Rio de Janeiro: Forense, 2021.

NIEVA FENOLL, Jordi. *Inteligencia artificial y proceso judicial*. Madrid: Marcial Pons, 2018.

OCDE – ORGANIZAÇÃO PARA A COOPERAÇÃO E DESENVOLVIMENTO ECONÔMICO. Recomendação do Conselho da OCDE sobre integridade pública. Disponível em: https://www.oecd.org/gov/ethics/integrity-recommendation-brazilian-portuguese.pdf. Acesso em: 27 fev. 2024.

OECD – ORGANISATION FOR ECONOMIC CO-OPERATION AND DEVELOPMENT. Introductory Handbook for Undertaking Regulatory Impact Analysis (RIA). 2008, p. 3. Disponível em: http://www.oecd.org/dataoecd/48/14/44789472.pdf. Acesso em: 22 jan. 2024.

OLIVEIRA, Marco Aurélio Bellizze; LOPES, Isabela Maria Pereira. Os princípios norteadores da proteção de dados pessoais no Brasil e sua otimização pela Lei 13.709/2018. *In*: FRAZÃO, Ana; TEPEDINO, Gustavo; OLIVA, Milena Donato (coord.). *Lei Geral de Proteção de Dados Pessoais e suas repercussões no direito brasileiro*. 3. ed. São Paulo: Thomson Reuters Brasil, 2023.

OLIVEIRA, Rafael Carvalho Rezende. A consensualidade no direito público sancionador e os acordos nas ações de improbidade administrativa. *Revista Forense*, v. 427, p. 197-218, 2018.

OLIVEIRA, Rafael Carvalho Rezende. *A constitucionalização do direito administrativo*: o princípio da juridicidade, a releitura da legalidade administrativa e a legitimidade das agências reguladoras. Rio de Janeiro: Lumen Juris, 2009.

OLIVEIRA, Rafael Carvalho Rezende. Análise de impacto regulatório e pragmatismo jurídico: levando as consequências regulatórias a sério. *Revista Quaestio Juris*, v. 14, p. 463-480, 2021.

OLIVEIRA, Rafael Carvalho Rezende. As tendências das licitações públicas na Administração Pública de Resultados. *Consulex*, v. 17, n. 393, p. 32-33, jun. 2013.

OLIVEIRA, Rafael Carvalho Rezende. *Curso de direito administrativo*. 3. ed. São Paulo: Método, 2015.

OLIVEIRA, Rafael Carvalho Rezende. *Curso de direito administrativo*. 12. ed. Rio de Janeiro: Método, 2024.

OLIVEIRA, Rafael Carvalho Rezende. Governança e análise de impacto regulatório. *Revista de Direito Público da Economia*, v. 36, p. 173-203, 2011.

OLIVEIRA, Rafael Carvalho Rezende. Integridade na Administração Pública: um projeto em andamento. *Solução em Direito Administrativo e Municipal*, v. 58, p. 57-62, 2024.

OLIVEIRA, Rafael Carvalho Rezende. *Novo perfil da regulação estatal*: Administração Pública de resultados e análise de impacto regulatório. Rio de Janeiro: Forense, 2015.

OLIVEIRA, Rafael Carvalho Rezende. *Princípios do direito administrativo*. 2. ed. Rio de Janeiro: Forense, 2013.

OLIVEIRA, Rafael Carvalho Rezende; ACOCELLA, Jéssica. A exigência de programas de *compliance* e integridade nas contratações públicas: os Estados-Membros na vanguarda. *In*: OLIVEIRA, Rafael Carvalho Rezende; ACOCELLA, Jéssica (org.). *Governança corporativa e* compliance. 2. ed. Salvador: JusPodivm, 2021.

OLIVEIRA, Rafael Carvalho Rezende; ACOCELLA, Jéssica. A exigência de programas de *compliance* e integridade nas contratações públicas: os Estados-Membros na vanguarda. *In*: OLIVEIRA, Rafael Carvalho Rezende; ACOCELLA, Jéssica (org.). *Governança corporativa e* compliance. 3. ed. São Paulo: JusPodivm, 2022.

OLIVEIRA, Rafael Carvalho Rezende; ACOCELLA, Jéssica. A proteção de dados nas empresas estatais e o regime de responsabilização à luz do direito administrativo sancionador. *Revista de Direito Público da Economia*, v. 81, p. 165-190, 2023.

OLIVEIRA, Rafael Carvalho Rezende; CARMO, Thiago Gomes do. Programas de integridade nas relações público-privadas: a relação custo-benefício na sua implementação. *Solução em Direito Administrativo e Municipal*, v. 4, p. 31, 2022.

OLIVEIRA, Regis Fernandes. *Infrações e sanções administrativas*. 2. ed. São Paulo: RT, 2005.

OSÓRIO, Fábio Medina. *Direito administrativo sancionador*. 5. ed. São Paulo: RT, 2015.

RUSSEL, Stuart J.; NORVIG, Peter. *Artificial Intelligence*. A modern approach. 3. ed. India: Person Indian Education Services, 2010.

SAMPAIO, Rodrigo; ACOCELLA, Jéssica. E se a Administração Pública descumprir a LGPD? *Jota*, 22 jan. 2021. Disponível em: https://www.jota.info/opiniao-e-analise/artigos/e-se-a-administracao-publica-descumprir-a-lgpd-22012021. Acesso em: 22 jan. 2024.

SCHREIBER, Anderson. Dados pessoais na Lei 13.709/2018: distinções e potenciais convergências. TEPEDINO, Gustavo; TEFFÉ, Chiara Spadaccini de. Consentimento e proteção de dados pessoais na LGPD. *In*: FRAZÃO, Ana; TEPEDINO, Gustavo; OLIVA, Milena Donato (coord.). *Lei Geral de Proteção de Dados Pessoais e suas repercussões no direito brasileiro*. 3. ed. São Paulo: Thomson Reuters Brasil, 2023.

SCHREIBER, Anderson. Responsabilidade civil na Lei Geral de Proteção de Dados Pessoais. *In*: MENDES, Laura Schertel; DONEDA, Danilo; SARLET, Ingo Wolfgang; RODRIGUES JR., Otavio Luiz (coord.). *Tratado de proteção de dados pessoais*. 2. ed. Rio de Janeiro: Forense, 2023.

SCHWAB, Klaus. *A quarta revolução industrial*. São Paulo: Edipro, 2017.

SCHWIND, Rafael Wallbach. LGPD, empresas estatais e sanções aplicáveis. *Jota*, 24 nov. 2021. Disponível em: https://www.jota.info/opiniao-e-analise/artigos/lgpd-empresas-estatais-sancoes-aplicaveis-24112021. Acesso em: 22 jan. 2024.

SILVA, Vasco Manuel Pascoal Dias Pereira da. *Em busca do acto administrativo perdido*. Coimbra: Almedina, 2003.

SOUZA, Carlos Affonso; PERONE, Christian; MAGRANI, Eduardo. O direito à explicação: entre a experiência europeia e a sua positivação na LGPD. *In*: DONEDA, Danilo; SARLET, Ingo Wolfgang; MENDES, Laura Schertel; RODRIGUES JUNIOR, Otavio Luiz; BIONI, Bruno Ricardo (coord.). *Tratado de proteção de dados pessoais*. Rio de Janeiro: Forense, 2021.

TAURION, Cezar. *Big data*. Rio de Janeiro: Brasport, 2015.

TEPEDINO, Gustavo; TEFFÉ, Chiara Spadaccini de. Consentimento e proteção de dados pessoais na LGPD. *In*: FRAZÃO, Ana; TEPEDINO, Gustavo; OLIVA, Milena Donato (coord.). *Lei Geral de Proteção de Dados Pessoais e suas repercussões no direito brasileiro*. 3. ed. São Paulo: Thomson Reuters Brasil, 2023.

THE ECONOMIST. The world's most valuable resources no longer oil, but data. 6 maio 2017. Disponível: https://www.economist.com/leaders/2017/05/06/the-worlds-most-valuable-resource-is-no-longer-oil-but-data. Acesso em: 22 jan. 2024.

VALE, Luís Manoel Borges do. A tomada de decisão por máquinas: a proibição, no direito, de utilização de algoritmos não supervisionados. *In*: NUNES, Dierle; LUCON, Paulo Henrique dos Santos; WOLKART, Erik Navarro. *Inteligência Artificial e direito processual*: os impactos da virada tecnológica no direito processual. Salvador: JusPodivm, 2020.

VALE, Luís Manoel Borges do; PEREIRA, João Sergio dos Santos Soares. *Teoria geral do processo tecnológico*. 2. tir. São Paulo: RT, 2023.

VESTING, Thomas. *Gentleman, gesto, homo digitalis*: a transformação da subjetividade jurídica na modernidade. São Paulo: Contracorrente, 2022.

VIOLA, Mario; TEFFÉ, Chiara Spadaccini de. Tratamento de dados pessoais na LGPD: estudo sobre as bases leais dos artigos 7º e 11. *In*: DONEDA, Danilo; SARLET, Ingo Wolfgang; MENDES, Laura Schertel; RODRIGUES JUNIOR, Otavio Luiz; BIONI, Bruno Ricardo (coord.). *Tratado de proteção de dados pessoais*. Rio de Janeiro: Forense, 2021.

VORONOFF, Alice. *Direito administrativo sancionador no Brasil*: justificação, interpretação e aplicação. Belo Horizonte: Fórum, 2018.

WARREN, Samuel D.; BRANDEIS, Louis D. The right to privacy. *Harvard Law Review*, v. 4, n. 5, p. 193-220, Dec. 1890.

WIMMER, Miriam. O regime jurídico do tratamento de dados pessoais pelo poder público. *In*: MENDES, Laura Schertel; DONEDA, Danilo; SARLET, Ingo Wolfgang; RODRIGUES JR., Otavio Luiz (coord.). *Tratado de proteção de dados pessoais*. 2. ed. Rio de Janeiro: Forense, 2023.

WIMMER, Miriam. Os desafios do *enforcement* na LGPD: fiscalização, aplicação de sanções administrativas e coordenação intergovernamental. *In*: MENDES, Laura Schertel; DONEDA, Danilo; SARLET, Ingo Wolfgang; RODRIGUES JR., Otavio Luiz (coord.). *Tratado de proteção de dados pessoais*. 2. ed. Rio de Janeiro: Forense, 2023.

WOLKART, Erik. *Análise econômica do processo civil*: como a economia, o direito e a psicologia podem vencer a tragédia da justiça. São Paulo: RT, 2019.

ZARDO, Francisco. As sanções administrativas de multa simples e multa diária na LGPD. *In*: DAL POZZO, Augusto Neves; MARTINS, Ricardo Marcondes (coord.). *LGPD e administração pública*: uma análise ampla dos impactos. São Paulo: Thomson Reuters Brasil, 2020.

ZUBOFF, Shoshana. *The age of surveillance capitalism*: the fight for a human future at the new frontier of power. New York: Public Affairs, 2019.

APÊNDICE

Para ilustrar alguns dos debates judiciais que estão sendo travados nos Tribunais brasileiros sobre a LGPD, fez-se uma compilação de pronunciamentos oriundos das Cortes Supremas e dos Tribunais de Justiça/Tribunais Regionais Federais, os quais seguem colacionados neste apêndice.

TRIBUNAL DE ORIGEM	PROCESSO	EMENTA
TJRS	Apelação Cível 50075808520218210038	Apelação cível. Direito público não especificado. Ação cautelar de exibição de documentos. Federação dos Sindicatos de Servidores Municipais do Estado do Rio Grande do Sul. A organização sindical de 2º grau somente detém legitimidade ativa subsidiária para atuar em prol dos interesses de certa categoria profissional. Precedentes do STJ e orientação firmada no IRDR 35 do TJRS. Legitimidade reconhecida, em razão da não contestação pelo ente público. Pedido de apresentação das fichas financeiras, relativas aos 5 (cinco) anos anteriores, de todos os servidores públicos municipais, para fins de verificação da incidência de contribuição. Impossibilidade. Dados pessoais protegidos pela Lei Geral de Proteção de Dados (Lei 13.709/2018) e pela Lei de Acesso à Informação (Lei 12.527/2011). Honorários advocatícios minorados. 1. Conforme a orientação adotada pela jurisprudência, as federações de sindicatos, por serem organizações sindicais de 2º grau, somente estão autorizados a atuar em prol dos interesses dos indivíduos pertencentes a certa categoria profissional na hipótese em que, em determinada base territorial, inexistir sindicato de primeiro grau já incumbido da promoção e da defesa de determinado grupo de trabalhadores. No caso concreto, em razão de o município não ter contestado, com base na existência de sindicato em funcionamento em seu território, a alegação, da federação, de sua legitimidade para representar os interesses dos servidores municipais, nos termos do art. 341 do CPC, presume-se como comprovada a legitimidade da parte autora para atuar, subsidiariamente, em benefícios dessa categoria profissional. 2. As disposições da Lei Geral de Proteção de Dados (LGPD – Lei 13.709/2018) e da Lei de Acesso à Informação (LAI – Lei 12.527/2011) impedem que, sem o prévio consentimento dos

TRIBUNAL DE ORIGEM	PROCESSO	EMENTA
TJRS	Apelação Cível 50075808520218210038	titulares dos dados, o município forneça à federação de sindicatos, para fins de verificação da incidência de contribuição, as fichas financeiras de todos os servidores públicos municipais, uma vez que tais documentos, para além dos nomes e das remunerações recebidas pelos agentes públicos, registram outras informações pessoais protegidas pelo sigilo. 3. Honorários advocatícios minorados. Recurso parcialmente provido (TJRS, Apelação Cível 50075808520218210038, 21ª Câmara Cível, Rel. Cláudio Luís Martinewski, j. 26.06.2024).
TJRS	Agravo de Instrumento 52057231820238217000	Agravo de instrumento. Mandado de segurança. Município de Cachoeira do Sul. Compartilhamento de dados. Violação à Lei Geral de Proteção de Dados e ao contrato firmado entre as partes. Liminar. Deferimento. Uma vez comprovada a tentativa de acesso aos dados da impetrante por empresa privada em desconformidade com a Lei Geral de Proteção de Dados e com o contrato firmado entre as partes, o deferimento da liminar para fins de suspensão dos Processos Administrativos 7584/2023 e 7588/2023 é medida que se impõe. liminar deferida. Recurso provido (TJRS, Agravo de Instrumento 52057231820238217000, 1ª Câmara Cível, Rel. Eliane Garcia Nogueira, j. 11.12.2023).
TJRS	Ação Direta de Inconstitucionalidade 70085703775	Ação direta de inconstitucionalidade. Município de Araricá/RS. Lei 1.658/2022. Obrigatoriedade do Poder Executivo Municipal de divulgar, em murais das instituições e em seus respectivos *sites*, relação nominal dos alunos ocupantes das vagas de Ensino Fundamental. Vício formal de iniciativa. Criação de obrigação à Administração Pública. Matéria de proposição privativa do chefe do Executivo local. Art. 60, inciso II, alínea "d", e art. 80, incisos II, III e VII, todos da Constituição Estadual. Violação aos princípios da separação e da harmonia entre os

TRIBUNAL DE ORIGEM	PROCESSO	EMENTA
TJRS	Ação Direta de Inconstitucionalidade 70085703775	poderes. Arts. 8º e 10º da Constituição Estadual. Mácula material. Ofensa concreta aos direitos fundamentais à intimidade, à vida privada e ao resguardo de dados pessoais. dever estatal de proteção integral e especial a infantes, desencadeando ainda maior cautela quanto aos dados pessoais de crianças. Comando legislativo que ignorou a necessidade de consentimento de um dos pais ou do responsável legal, tampouco primou pelas técnicas de anonimização. Arts. 5º, I e XI, e 14, § 1º, da Lei Geral de Proteção de Dados. Ponderação de valores a justificar a prevalência, *in concreto*, dos direitos fundamentais dos infantes sobre genéricas diretrizes estatais de publicidade e transparência no processo de ocupação de vagas no ensino público local. Excesso fiscalizatório quanto à disposição obrigando o Poder Público Municipal a divulgar informações alusivas a entidades filantrópicas, associações de bairro e instituições privadas. Ação direta de inconstitucionalidade julgada procedente. Tribunal Pleno, Rel. Ícaro Carvalho de Bem Osório, j. 17.03.2023). Assunto: Direito público. Ação direta de inconstitucionalidade. Poder Público. Vagas de ensino fundamental. Alunos ocupantes. Relação nominal. Entidades filantrópicas, associações de bairro e instituições privadas. Informações. Divulgação. Obrigatoriedade. Poder Legislativo. Chefe do Poder Executivo Municipal. Competência privativa. Não observância. Direitos fundamentais à intimidade, à vida privada e ao resguardo de dados pessoais. Ofensa. Caso concreto. Diretrizes genéricas estatais de publicidade e transparência. Direitos fundamentais dos infantes. Prevalência. Excesso fiscalizatório. Caracterização. CE de 1989, arts. 60, II, "d", e 82, II, III e VII. Violação. LM 1.658 de 2022 do Município de Araricá. Inconstitucionalidade formal e material. Declaração. Pedido. Procedência.

TRIBUNAL DE ORIGEM	PROCESSO	EMENTA
TJSP	Agravo de Instrumento 2000464-53.2024.8.26.0000	Agravo de instrumento. Mandado de segurança. Lei de Proteção de Dados. Representação sindical. Alegação de decadência, visto que a ciência por parte do impetrante acerca da decisão constante do Processo Administrativo 5.389/2022, se deu em 13.06.2022, e ocorrendo a impetração somente em data de 07.12.2023. Sindicato supostamente teria agido com má-fé, já que efetuou novo requerimento idêntico ao anteriormente denegado, sendo, inclusive, anexado no mesmo processo administrativo, com o fito de reabrir a via do mandado de segurança. Descabimento. Preliminar de não conhecimento do recurso, tendo em vista efeito devolutivo e limitado às questões apreciadas em decisão interlocutória guerreada. Descabimento. Taxatividade mitigada do art. 1.015 do Código de Processo Civil, portanto, recurso conhecido. Segundo requerimento divergente do primeiro, já que versa sobre pedido de informações somente dos funcionários que são associados ao Sindicato. Sindicato é representante dessas pessoas e atuam visando o seu benefício. Não existe qualquer prejuízo a Lei Geral de Proteção de Dados. Recurso conhecido e desprovido (TJSP, Agravo de Instrumento 2000464-53.2024.8.26.0000, Rel. Paulo Cícero Augusto Pereira, 3ª Câmara de Direito Público, Foro de Valinhos – 2ª Vara, j. 18.06.2024, data de registro 18.06.2024).
TJSP	Apelação Cível 1038318-70.2023.8.26.0053	Apelação cível. Responsabilidade civil do Estado. Indenização por danos materiais e morais. Vazamento de dados dos usuários do "bilhete único". Banco de dados sob responsabilidade da SPTrans. Alegado dano moral que não restou comprovado. Vazamento de dados pessoais que não se caracterizam como sensíveis. Dano moral que não se presume. Precedente do C. Superior Tribunal de Justiça. Sentença mantida. Recurso desprovido (TJSP, Apelação Cível 1038318-70.2023.8.26.0053,

TRIBUNAL DE ORIGEM	PROCESSO	EMENTA
TJSP	Apelação Cível 1038318-70.2023.8.26.0053	Rel. Maria Laura Tavares, 5ª Câmara de Direito Público, Foro Central Cível – 10ª Vara Cível, j. 26.07.2024, data de registro 26.07.2024).
TJSP	Agravo de Instrumento 2079077-58.2022.8.26.0000	Sistema de vigilância eletrônica. Reconhecimento facial. Metrô de São Paulo. Ação civil pública ajuizada pela Defensoria Pública do Estado de São Paulo, Defensoria Pública da União. IDEC – Instituto Brasileiro de Defesa do Consumidor. Intervozes – Coletivo Brasil de Comunicação Social, e art. 19, Brasil. Concessão de liminar em primeira instância visando impedir a execução do sistema de captação e tratamento de dados biométricos dos usuários de Metrô para sua utilização em sistemas de reconhecimento facial. Agravo de instrumento interposto pela Companhia do Metropolitano com o intuito de liberar a execução integral do contrato de instalação e operação do novo sistema de vídeo-vigilância nas suas estações. Análise dos pressupostos para concessão de liminar suspensiva no atual regramento do recurso de agravo de instrumento. Aferição da urgência e dos supostos riscos de lesão grave e difícil reparação, temidos pelos autores da ação civil pública. Temor prematuro e inconclusivo sobre os riscos individuais e sociais alegados na petição inicial. Preservação do contrato administrativo, inclusive para não onerar o erário. Agravo de instrumento provido (TJSP, Agravo de Instrumento 2079077-58.2022.8.26.0000, Rel. Fermino Magnani Filho, 5ª Câmara de Direito Público, Foro Central – Fazenda Pública/ Acidentes – 6ª Vara de Fazenda Pública, j. 10.10.2022, data de registro 18.10.2022).
TJSP	Apelação Cível 1042705-02.2021.8.26.0053	Apelação cível. Mandado de segurança. Despachante documentalista. Acesso ao sistema de gerenciamento do cadastro de registro de veículos (e-CRV/SP). Possibilidade. A Lei Estadual 8.107/1992, que previa requisitos para habilitação e exercício da atividade de despachante documentalista

TRIBUNAL DE ORIGEM	PROCESSO	EMENTA
TJSP	Apelação Cível 1042705-02.2021.8.26.0053	perante os órgãos da Administração Pública do Estado de São Paulo, foi julgada inconstitucional pelo Supremo Tribunal Federal. A Lei Federal 10.602/2002 regulamentou a questão, tendo sido, entretanto, vetado o art. 4º que previa a necessidade de permanência nos Conselhos como condição ao exercício da profissão. Superveniência da Lei Federal 14.282/2021, publicada em 28.12.2021, regulamentando o exercício da profissão de despachante documentalista, com exigência de registro no conselho profissional da categoria e graduação em nível tecnológico. Inaplicabilidade ao caso concreto, vez que a presente ação mandamental foi impetrada em momento anterior à vigência da nova legislação. Precedentes. Ausência de impedimentos para exercer a atividade de despachante documentalista. Alegação do Detran/SP de impossibilidade de atuação diante da ausência de norma, situação que não impede o acesso do Despachante Documentalista ao sistema necessário para o exercício de sua atividade profissional. Violação do livre exercício da profissão. Sentença reformada. Recurso provido (TJSP, Apelação Cível 1042705-02.2021.8.26.0053, Rel. Heloísa Mimessi, 5ª Câmara de Direito Público, Foro Central – Fazenda Pública/ Acidentes – 11ª Vara de Fazenda Pública, j. 12.09.2022, data de registro 12.09.2022).
TJDFT	Recurso Inominado 07609501120238070016	Juizado Especial da Fazenda Pública. Detran/DF. Vazamento de dados pessoais. Transtornos sofridos pela usuária. Responsabilidade objetiva. Dano moral mantido (R$ 5.000,00). 1. Há responsabilidade objetiva do Estado pelo fornecimento de dados dos seus sistemas e danos ocasionados às vítimas do evento, seja sob a previsão constitucional trazida pelo art. 37, § 6º, da Constituição Federal ou sob as regras trazidas pelos arts. 42 e 43 da Lei 13.709/2018 – Lei Geral de Proteção de Dados Pessoais – LGPD, que se aplicam a pessoa jurídica de

TRIBUNAL DE ORIGEM	PROCESSO	EMENTA
TJDFT	Recurso Inominado 07609501120238070016	direito público. 2. O vazamento de dados de sistemas impõe ao Estado o dever de reparar os danos que causar, diante da violação ao dever de segurança. No caso concreto, restou comprovado que servidora do Detran/DF disponibilizou dados pessoais da autora a terceira pessoa, que se utilizou das informações para praticar o crime de ameaça. 3. Os transtornos ultrapassam o mero aborrecimento, sendo adequada a compensação arbitrada por danos morais no valor de R$5.000,00 (cinco mil reais) em primeiro grau, valor que deve ser mantido pois proporcional com o dano sofrido, conforme o critério bifásico para fixação do valor da condenação, analisados os precedentes jurisprudenciais sobre situação assemelhada (primeira fase), a gravidade do fato e as circunstâncias do caso (segunda fase). Precedente desta Turma: Acórdão 1755839. 4. Recurso conhecido e não provido. Sentença mantida pelos seus próprios fundamentos. Sem custas processuais, ante a isenção legal. Recorrente vencido condenado ao pagamento de honorários advocatícios fixados em 15% (quinze por cento) sobre o valor da condenação, nos termos do art. 55 da Lei 9.099/1995 c/c art. 27 da Lei 12.153/2009. 5. Na forma do art. 46 da Lei 9.099/1995, c/c art. 27 da Lei 12.153/2009, a súmula de julgamento servirá de acórdão (Acórdão 1908644, 0703303-40.2022.8.07.0001, Rel. Luis Eduardo Yatsuda Arima, 1ª Turma Recursal, j. 16.08.2024, *DJe* 30.08.2024).
TJDFT	Recurso Inominado 07192115820238070016	Juizado Especial da Fazenda Pública. Direito administrativo. Prontuário médico. Acesso restrito ao paciente ou representante legal. Lei Geral de Proteção de Dados. Recurso conhecido e não provido. 1. Trata-se de recurso inominado interposto pelo autor em face da sentença que julgou improcedentes os pedidos deduzidos na inicial consistentes na obrigação de fazer de entregar cópia do prontuário médico de seu filho e imagens

TRIBUNAL DE ORIGEM	PROCESSO	EMENTA
TJDFT	Recurso Inominado 0719211582023807016	das câmeras da UPA do Recanto das Emas da data de 15.02.2023. Narra que no dia 15.02.2023 o seu filho de 46 anos apresentou uma crise convulsiva e foi encaminhado para a UPA do Recanto das Emas. Na UPA seu filho foi levado à sala vermelha sem direito a acompanhante, motivo pelo qual retornou para casa. Acrescenta que recebeu uma ligação da namorada do filho informando que ele estava muito nervoso e com intenção de danificar o patrimônio público caso não fosse liberado. Informa que poucas horas após a internação ele foi liberado pelos profissionais de saúde da UPA e que desde então está desaparecido, razão pela qual pretende ter acesso às imagens das câmeras e ao prontuário médico. Em seu recurso, alega que não há termo de confidencialidade assinado por seu filho, dependente alcoólico, sendo que a lei de acesso à informação respalda seu pedido. Requer a reforma da sentença e a procedência dos pedidos iniciais. 2. Recurso próprio, tempestivo (ID 54857054) e isento de preparo ante a gratuidade judiciária que ora defiro, uma vez que a parte encontra-se patrocinada pela Defensoria Pública. Contrarrazões apresentadas (ID 54857057). 3. A tutela antecipada consistente na liberação das imagens das câmeras do dia 15.02.2023 não foi confirmada na sentença ante a notícia da impossibilidade do seu cumprimento. Toda documentação dos autos aponta para inexistência das imagens solicitadas, uma vez que as câmeras da UPA não funcionam. Além disso, a Polícia Civil do Distrito Federal já diligenciou nas proximidades da UPA a fim de encontrar outras câmeras, não obtendo resultado favorável (ID 54857012, p. 7), de modo que a sentença segue inalterada nesse ponto. 4. No que toca ao prontuário médico, o art. 1º da Resolução CFM 1.638, de 10 de julho de 2002, conceitua o prontuário médico como o principal documento de orientação de médicos e outros profissionais voltados à prestação de cuidados de saúde,

TRIBUNAL DE ORIGEM	PROCESSO	EMENTA
TJDFT	Recurso Inominado 07192115820238070016	visto que nele devem estar reunidas informações detalhadas, completas e compreensíveis sobre o paciente e sobre todos os serviços de saúde a ele prestados. 5. A Lei Geral de Proteção de Dados garante ao titular de dados pessoais o acesso aos dados (art. 18, II, Lei 13.709/2018). Ainda, o § 3º do referido artigo esclarece: "Os direitos previstos neste artigo serão exercidos mediante requerimento expresso do titular ou de representante legalmente constituído, a agente de tratamento". 6. O art. 88 da Resolução do Conselho Federal de Medicina 2.217/2018 aduz ser vedado ao médico "Negar ao paciente ou, na sua impossibilidade, a seu representante legal, acesso a seu prontuário, deixar de lhe fornecer cópia quando solicitada, bem como deixar de lhe dar explicações necessárias à sua compreensão, salvo quando ocasionarem riscos ao próprio paciente ou a terceiros". 7. No caso dos autos, pretende o recorrente acesso ao prontuário médico do seu filho maior e capaz, o que não encontra amparo na legislação sobre o tema. O acesso aos dados é franqueado ao paciente ou a seu representante legal. Sem razão, portanto, o recorrente. 8. Recurso conhecido e não provido. Sentença mantida. Condenado o recorrente vencido a custas e honorários fixados em 10% do valor corrigido da causa, ficando, porém, sua exigibilidade suspensa em razão da gratuidade judiciária deferida. 9. A súmula de julgamento servirá de acórdão, consoante disposto no art. 46 da Lei 9.099/95 (Acórdão 1811649, 0719211-58.2023.8.07.0016, Rel. Giselle Rocha Raposo, 2ª Turma Recursal, j. 05.02.2024, *DJe* 16.02.2024).
TJDFT	Recurso Inominado 07092321520228070014	Juizado Especial Cível. Bloqueio de conta na plataforma YouTube. Preliminar de não realização de audiência de instrução e julgamento rejeitada. Inobservância da Lei 13.709/18 (LGPD). Descumprimento da política de privacidade e termos de uso. Exercício regular do direito. Não cometimento de ato ilícito. Dano moral

TRIBUNAL DE ORIGEM	PROCESSO	EMENTA
TJDFT	Recurso Inominado 07092321520228070014	não configurado. Recurso conhecido e provido. 1. Trata-se de recurso inominado interposto em face da sentença exarada pelo Juízo do Juizado Especial Cível do Guará que julgou parcialmente procedentes os pedidos iniciais para condenar a empresa requerida em obrigação de fazer consistente na reativação do canal do autor na plataforma YouTube, bem como condenou ao pagamento de R$ 4.000,00 (quatro mil reais) a título de indenização por danos morais. 2. Na origem, o autor, ora recorrido, ajuizou ação de indenização por danos morais cumulada com obrigação de fazer. Narrou que é titular de canal privado na plataforma YouTube há cerca de dez anos. Pontuou que em janeiro de 2022 a empresa ré desativou o canal sem aviso prévio e sem especificar o motivo da punição. Ressaltou que, após a exclusão, passou a ser visto, pela comunidade de seguidores, como transgressor dos termos de uso da plataforma, o que gerou dano em sua reputação. Afirmou que realizou os procedimentos para reativação do seu canal, contudo a requerida se limitou a informar, de forma genérica, que analisaria a contestação apresentada. 3. Recurso tempestivo e adequado à espécie. Preparo regular (ID 48682771). Contrarrazões apresentadas (ID 48682775). 4. As questões devolvidas ao conhecimento desta Turma Recursal consistem na análise das provas anexadas aos autos, no cabimentou ou não da designação de audiência de instrução e julgamento, e na análise dos elementos que ensejam a responsabilidade civil. 5. Em suas razões recursais, a recorrente alegou, em sede preliminar, o cerceamento do direito de defesa, pois não foi designada audiência de instrução e julgamento, na qual pretendia apresentar prova cinematográfica, nos termos do parágrafo único do art. 434 do CPC. Afirmou que não foi analisada a alegação da perda superveniente

TRIBUNAL DE ORIGEM	PROCESSO	EMENTA
TJDFT	Recurso Inominado 07092321520228070014	do objeto, já que o canal foi previamente restabelecido. Em relação ao mérito, ressaltou que a suspensão temporária do canal do autor se deu por infringência à política contra assédio e *bullying* virtual, por ter divulgado dados pessoais de terceiros, como nomes, *e-mails* e números de telefone. Afirmou que é irrelevante que a postagem tenha sido feita no âmbito de uma reunião privada, já que a proibição visa, unicamente, proteger os demais usuários. Asseverou que a penalidade está expressamente prevista nos seus termos de uso e políticas da plataforma e que o autor tinha manifesta ciência quando da criação da conta, tendo agido no exercício regular do seu direito. Aduziu que não praticou qualquer ato ilícito, pois sua atuação foi pautada nas previsões constantes do termo de uso, não havendo o que se falar no dever de indenizar relativo aos danos morais solicitados. Ao final, requereu a nulidade da sentença ante a não realização da audiência de instrução e julgamento ou, na eventualidade de não ser esse o entendimento, que seja provido o recurso para reformar a r. sentença, julgando improcedentes os pedidos iniciais. 6. Preliminar de ausência de realização de audiência de instrução e julgamento. Nos termos do art. 370 e parágrafo único do CPC, cabe ao juiz, destinatário da prova dos autos, determinar as provas necessárias ao deslinde do mérito, podendo indeferir aquelas inúteis ou protelatórias. Basta a constatação de que a análise das provas documentais acostadas aos autos é suficiente para solução da demanda. No caso dos autos, o vídeo foi anexado na peça contestatória, sendo desnecessária a sua nova apresentação em audiência. Preliminar rejeitada. 7. Na espécie, a controvérsia se baseia no bloqueio do canal do autor no YouTube, em virtude de vídeo que descumpriu a política de

TRIBUNAL DE ORIGEM	PROCESSO	EMENTA
TJDFT	Recurso Inominado 07092321520228070014	privacidade da plataforma. Na análise do referido vídeo anexado na contestação (ID 48681753, p. 7, nota de rodapé 12), verifica-se que, a partir do 4min8s, o autor disponibiliza, para a participante da reunião, planilha com uma série de dados de terceiros, como *e-mail*, nome completo e número de telefone. Há também, no 22min29s, nova disponibilização de dados, inclusive com indicação de CPF. 8. Ao se inscrever na plataforma, o autor manifestou ciência da Política de Privacidade e dos Termos de uso da empresa provedora (ID 48681753, p. 7, nota de rodapé 11), na qual há expressa menção de que ocorre violação da política de uso a divulgação de informações de identificação de uma pessoa, como endereço, *e-mail*, números de telefone e demais registros. Há também esclarecimento de que tal proibição se aplica a qualquer tipo de transmissão ao vivo ou qualquer outro produto ou recurso do YouTube, seja de natureza pública ou privada. 9. Conforme Lei 13.709/2018 (Lei Geral de Proteção de Dados), qualquer atividade que utilize dados pessoais é chamada de tratamento. Segundo o art. 6º, inciso I, da referida norma, as atividades de tratamento devem ser realizadas com propósito legítimo, específico, explícito e informado ao titular. Não há nos autos demonstração de que o autor informou aos titulares dos dados que disponibilizaria suas informações privadas, em reunião com terceiros, na plataforma de vídeos, ainda que a título ilustrativo, como forma de exemplo ou qualquer conteúdo educativo. 10. Com base na Política de Privacidade da empresa e nos termos da Lei 13.709/2018, ficou demonstrado que o recorrido descumpriu tais determinações, tendo a recorrente agido no exercício regular de seu direito ao bloquear e suspender, de sua plataforma, o canal de vídeos do autor, não havendo o que se falar em conduta

TRIBUNAL DE ORIGEM	PROCESSO	EMENTA
TJDFT	Recurso Inominado 07092321520228070014	ilícita, conforme preceitua o inciso I do art. 188 do Código Civil. 11. Dano moral. Para caracterização do dano moral indenizável é indispensável a demonstração de violação à liberdade, honra, saúde mental ou física, imagem ou quando imprimem sofrimento ou abalo psíquico relevante o que não ocorreu na hipótese. A recorrente agiu no exercício regular de um direito, não havendo cometimento de ato ilícito ensejador do dever de indenizar em danos morais. 12. Recurso conhecido e provido. Preliminar rejeitada. Sentença reformada para julgar improcedentes os pedidos iniciais, uma vez que constatado que o recorrente agiu no exercício regular de um direito ao bloquear e suspender a conta do autor, por infringência à sua Política de Privacidade e Termos de Uso, bem como à Lei 13.709/2018. 13. Sem condenação em honorários, ante a ausência de recorrente vencido, nos termos do art. 55 da Lei 9.099/95. 14. A súmula de julgamento servirá de acórdão, nos termos do art. 46 da Lei 9.099/95 (Acórdão 1757885, 0709232-15.2022.8.07.0014, Rel. Silvana da Silva Chaves, 2ª Turma Recursal, j. 21.09.2023, *DJe* 23.09.2023).
TJDFT	Agravo de Instrumento 07048063620218070000	Administrativo. Agravo de instrumento. Ação de conhecimento. Sindicato. Pedido de acesso aos autos de processo administrativo. Gestão do sistema prisional. Competência da turma cível. Art. 5º, XXXIIII, CF. Princípio da publicidade. Art. 23 da Lei 12.527/2012. Não absoluto. Lei Geral de Proteção de Dados. Lei 13.709/2018. Princípio da razoabilidade. Recurso improvido. 1. Agravo de instrumento contra decisão, proferida nos autos da ação de conhecimento, que indeferiu o pedido de tutela de urgência para a liberação imediata do acesso do Agravante ao processo SEI 00050-00008094/2020-31, e quaisquer outros que discutam a gestão compartilhada no âmbito do Sistema Prisional do Distrito

TRIBUNAL DE ORIGEM	PROCESSO	EMENTA
TJDFT	Agravo de Instrumento 07048063620218070000	Federal. 1.1. O agravante defende, em suma, seu direito fundamental de acesso à informação em face da Lei Federal 12.527/2012 – Lei de Acesso à Informação e do art. 3º da Lei Distrital 4.669/2012. 2. Inicialmente, verifica-se que houve no caso conflito negativo de competência em que o Conselho Especial deste TJDFT reconheceu que a causa de pedir na ação originária refere-se à assunto de natureza eminentemente cível, tendo em vista que o sindicato Agravante objetiva acessar informações relacionadas à gestão prisional do Distrito Federal, o que se relaciona diretamente à matéria administrativa. 2.1. Portanto, embora a ação tramite perante a Vara de Execuções Penais do DF, tal fato não altera a natureza administrativa da matéria tratada nos autos, conforme decidido no conflito de competência. 3. A negativa de acesso da parte agravante aos autos do processo administrativo SEI 00050-00008094/2020-31 é necessária e razoável em face do sigilo necessário à informação pleiteada. 3.1. O art. 5º, XXXIIII, da Constituição Federal assegura a qualquer pessoa, física ou jurídica, o direito de receber dos órgãos públicos informações de seu interesse, particular ou coletivo, que deverão ser prestadas no prazo estabelecido por lei. Contudo, tal dispositivo constitucional excepciona a garantia no caso de informações que sejam dotadas de sigilo imprescindível à segurança da sociedade e do Estado. 3.2. O Princípio da Publicidade, que deve reger a atuação do Estado perante seus administrados, não é absoluto. Nesse sentido, o art. 23 da Lei Federal 12.527/2012 (Lei de Acesso à Informação) estabelece a restrição das informações à sociedade no caso de dados relacionados às atividades de prevenção ou repressão de infrações. 4. O direito de acesso às informações estatais (apesar de ser uma garantia constitucional que

TRIBUNAL DE ORIGEM	PROCESSO	EMENTA
TJDFT	Agravo de Instrumento 07048063620218070000	possibilita o controle social das atividades realizadas pela Administração Pública) possui exceções que permitem o necessário sigilo de informações específicas cuja divulgação ou acesso podem comprometer as atividades públicas relacionadas com a prevenção ou repressão de infrações. 4.1. A Lei Geral de Proteção de Dados (Lei 13.709/2018), embora voltada à proteção de dados pessoais, também regulamente a transferência de dados pessoais de pessoa jurídica, possibilitando a negativa de acesso. 5. No caso dos autos, o elemento essencial relacionado à controvérsia é a relação entre publicidade e segurança dos atos estatais ligados ao sistema carcerário distrital. 5.1. Na ponderação dos bens jurídicos em tela, deve-se considerar o interesse público que não compactua com a devassa dos registros administrativos quando pode comprometer a própria gestão administrativa ou a segurança do Estado e da coletividade, donde emergiram as ressalvas inseridas na própria Lei de Acesso à Informação e na LGPD. 5.2. Nesse sentido, julgados desse Tribunal de Justiça: "[...] 2. Conquanto a publicidade dos administrativos e o acesso à informação traduzam instrumentos inerentes ao estado democrático de direito, sua materialização deve ser ponderada com o interesse público, que não compactua com a devassa dos registros administrativos quando pode comprometer a própria gestão administrativa ou a segurança do estado, donde emergiram as ressalvas inseridas na Lei 12.527/11, que legitimam restrições à publicidade volvidas a velar pelo não comprometimento dos objetivos estatais mediante publicização de atos desprovidos de interesse público ou sobre os quais devam sobejar restrição de acesso. [...]" (20130110070808APC, Relator: Teófilo Caetano, Revisor: Simone Lucindo, 1ª Turma Cível, *DJe* 24.06.2014). 6. Agravo de

TRIBUNAL DE ORIGEM	PROCESSO	EMENTA
TJDFT	Agravo de Instrumento 07048063620218070000	instrumento improvido (Acórdão 1397230, 0704806-36.2021.8.07.0000, Rel. João Egmont, 2ª Turma Cível, j. 11.02.2022, *DJe* 16.02.2022).
TRF 5	Apelação Cível 08037112520214058000	Administrativo. Lei Geral de Proteção de Dados Pessoais. Apelação em ação de exibição de documentos. Pedido de fornecimento de nome completo, nº do CPF, nº do Cartão Nacional de Saúde (CNS), e de dados dos planos de saúde contratados pelos consumidores do Estado de Alagoas. Tratamento de dados pessoais para a realização de estudos por órgão de pesquisa. Descabimento. Apelo improvido. 1. Apelação interposta pelo Estado de Alagoas em face da sentença que, nos autos da presente ação de exibição de documentos, julgou improcedente o pedido para que a Agência Nacional de Saúde – ANS fosse condenada a apresentar os dados a seguir: nome completo, nº do CPF e nº do Cartão Nacional de Saúde (CNS), e ainda, a fornecer os dados do plano de saúde contratado pelos consumidores do Estado de Alagoas. Ante a sucumbência, a vergastada sentença condenou a parte autora ao pagamento de honorários advocatícios sucumbenciais arbitrados em R$ 1.000,00 (mil reais), com fulcro no art. 85, §§ 2º e 8º, do CPC. 2. O cerne da presente contenda versa sobre a possibilidade de se condenar a Agência Nacional de Saúde – ANS a fornecer ao Estado de Alagoas os seguintes dados: nome completo, nº do CPF e nº do Cartão Nacional de Saúde (CNS), bem assim os dados dos planos de saúde contratados pelos consumidores daquele ente federativo. 3. O ente federativo afirma que pretende obter dados a serem fornecidos pela ANS para poder verificar a existência ou não de valores a serem restituídos. E fundamenta sua pretensão na tese de que a judicialização da saúde gera um amontoado de despesas não esperadas posto que as ordens

TRIBUNAL DE ORIGEM	PROCESSO	EMENTA
TRF 5	Apelação Cível 08037112520214058000	judiciais elastecem, em seu prejuízo e da população, o conceito de solidariedade passiva. Requer ainda que sejam fornecidos os dados referidos ao entendimento de que o Estado de Alagoas pode ter acesso a bases de dados pessoais para a finalidade de realização de estudos em saúde pública, com fundamento no art. 13 da Lei Geral de Proteção de Dados Pessoais. 4. Cumpre destacar, de início, que a inexistência de conflito federativo a deflagrar a competência originária do STF, à míngua de densidade suficiente para abalar o pacto federativo. Nesse sentido, os seguintes julgados: STF, Plenário, ACO 1.295-AgR-segundo, Rel. Min. Dias Toffoli, j. 14.10.2010; STF, 2ª Turma, Rcl 4.210/SP, Rel. Min. Ricardo Lewandowski, j. 26.03.2019. 5. A Lei 13.709/2018 – Lei Geral de Proteção de Dados Pessoais (LGPD), seguindo a mesma diretriz traçada pela legislação europeia, considera que a pesquisa científica é uma hipótese legítima para o tratamento secundário de dados pessoais – assim entendido como aquele que utiliza dados que não foram primariamente coletados para fins de pesquisa. 6. Especificamente sobre estudos em saúde pública, a LGPD considera que a pesquisa se insere em um contexto específico de processamento de dados pessoais que requer um equilíbrio entre os direitos individuais e o interesse coletivo. Por isso, o tratamento é autorizado no art. 13. 7. A atenta leitura do aludido dispositivo percebe que a autorização para disponibilização de acesso a dados pessoais para fins de realização de estudos e pesquisas estipula, em acréscimo, medidas específicas de prevenção e segurança. Assim, os dados pessoais devem ser armazenados em ambiente controlado e seguro, com a sua anonimização ou pseudonimização sempre que possível. Além disso, devem

TRIBUNAL DE ORIGEM	PROCESSO	EMENTA
TRF 5	Apelação Cível 08037112520214058000	ser tratados exclusivamente dentro do órgão e para o atendimento à estrita finalidade da pesquisa, vedada a sua transferência para terceiros. Por fim, devem ser observados os padrões éticos aplicáveis à hipótese, não se admitindo a revelação de informações pessoais por ocasião da publicação do resultado do estudo. 8. Cumpre também observar que o referido artigo, ao autorizar a utilização dos dados pessoais para pesquisa em saúde pública, limita a natureza do agente de tratamento. Dessa forma, somente é permitida a utilização da base legal em questão por órgãos de pesquisa, que encontram sua definição no art. 5º, XVIII, da própria LGPD. 9. A Autoridade Nacional de Proteção de Dados divulgou o estudo técnico "A LGPD e o tratamento de dados pessoais para fins acadêmicos e para a realização de estudos por órgão de pesquisa", que assim esclarece sobre esse agente de tratamento: Considerando essa definição, podem ser mencionados como exemplos de órgãos de pesquisa: instituições de ensino superior públicas ou privadas sem fins lucrativos, centros de pesquisa nacionais e entidades públicas que realizam pesquisas, tais como o Instituto Brasileiro de Geografia e Estatística (IBGE) e o Instituto de Pesquisa Econômica Aplicada (IPEA). 10. O Estado de Alagoas não se inclui no rol de agentes de tratamento para os quais é legítima a utilização desta base legal, de modo que, acertadamente, a sentença atacada decidiu por indeferir a obtenção dos dados pleiteados. 11. O juiz sentenciante também corretamente registrou que não seria caso de deferir o pedido em questão porquanto a ANS disponibiliza diversos meios para que o Estado obtenha informações que

TRIBUNAL DE ORIGEM	PROCESSO	EMENTA
TRF 5	Apelação Cível 08037112520214058000	são públicas e que podem servir de base para a verificação e controle da cobrança prevista em lei. 12. Honorários advocatícios majorados em 10% (dez por cento) sobre o valor arbitrado pela sentença (R$ 1.000,00 – mil reais), nos termos do art. 85, § 11, do CPC. 13. Apelação improvida (TRF5, Processo 08037112520214058000, apelação cível, Desembargador federal Andre Luis Maia Tobias Granja (convocado), 4ª Turma, j. 20.02.2024).
TRF3	Apelação Cível/SP 5003696-39.2020.4.03.6110	Apelação cível. Remessa oficial. Direito constitucional e administrativo. *Habeas data*. Sentença *extra petita* e violação ao art. 489, § 1º, do CPC e ao art. 93, inciso IX, da Constituição Federal. Não ocorrência. Arguição de nulidade da sentença afastada. Acesso a informações sobre a identidade das pessoas que acessaram e consultaram os dados fiscais do impetrante. Não cabimento em relação aos servidores da RFB. Informação protegida por sigilo funcional e relativa a terceiros. Sigilo imprescindível à segurança da sociedade e do estado. Art. 5º, XXXIII, da CF. Cabimento em relação a terceiros não servidores da RFB. Art. 5º, X e XII, da CF. Art. 9º da LGPD. Sentença reformada. Remessa oficial desprovida. Apelação parcialmente provida. 1. Conforme consignado pelo d. Representante do Ministério Público Federal, a determinação de apresentação de resposta formal do indeferimento do requerimento 13032.068598/2019-27 foi corretamente concedida pelo juízo *a quo*, não havendo que se falar em sentença *extra petita*. Ademais, a ordem já foi atendida pela autoridade impetrada. 2. O magistrado não está obrigado a responder a todas as questões suscitadas pelas partes, quando já tenha encontrado motivo suficiente para proferir a decisão.

TRIBUNAL DE ORIGEM	PROCESSO	EMENTA
TRF3	Apelação Cível/SP 5003696-39.2020.4.03.6110	O julgador possui o dever de enfrentar apenas as questões capazes de infirmar a conclusão adotada na decisão recorrida. 3. A sentença encontra-se devidamente fundamentada com base no art. 93, inciso IX da Constituição Federal, porquanto feita com base nas provas dos autos, razão pela qual não se verifica o vício apontado. Inexistência de nulidade da sentença recorrida. 4. O objeto do *habeas data*, no caso concreto, limita-se à obtenção, pelo impetrante, de informações dos históricos de acessos e consultas em seus dados fiscais nos últimos cinco anos, bem como a identidade daqueles que houverem visualizado suas declarações de imposto de renda para qualquer fim. 5. Depreende-se do pedido formulado pelo apelante que as informações que se pretende acessar redundariam na divulgação dos servidores da receita federal que acessaram tais dados por obrigação funcional, não tendo qualquer relação com os dados fiscais em si. 6. O direito do apelante ao acesso a seus dados constantes em bancos de dados de caráter público não implica em livre acesso à identidade dos servidores que acessaram os dados fiscais do apelante, já que tal informação está protegida por sigilo funcional e, em última instância, não diz respeito exclusivamente ao apelante, mas sim a terceiros. 7. Os dispositivos da Lei Geral de Proteção de Dados Pessoais (LGPD) – Lei 13.709/2018 invocados na apelação não servem para fundamentar o pedido porque os dados pleiteados dizem respeito a identidade e rotina de trabalho dos servidores da Receita Federal, informação cujo sigilo é imprescindível à segurança da sociedade e do Estado, de modo que a negativa de acesso a tais dados tem respaldo no art. 5º, inciso XXXIII, *in fine*, da Constituição Federal. 8. Tal raciocínio não se aplica

TRIBUNAL DE ORIGEM	PROCESSO	EMENTA
TRF3	Apelação Cível/SP 5003696-39.2020.4.03.6110	a terceiros não servidores da Receita Federal do Brasil que eventualmente tenham acessado e consultado os dados fiscais e as declarações de imposto de renda do apelante. 9. O apelante não pode verificar se o seu direito ao sigilo fiscal insculpido no art. 5º, incisos X e XII, da Constituição Federal está sendo preservado sem que lhe seja franqueado o acesso à identidade de eventuais terceiros não servidores da Receita Federal que tenham acessado e consultado seus dados. Art. 9º da LGPD. 10. O Supremo Tribunal Federal – STF fixou tese, em sede de repercussão geral no sentido de que "o *habeas data* é a garantia constitucional adequada para a obtenção, pelo próprio contribuinte, dos dados concernentes ao pagamento de tributos constantes de sistemas informatizados de apoio à arrecadação dos órgãos da administração fazendária dos entes estatais" (Tema 582/STF). Entretanto, tal precedente não autoriza a concessão da pretensão do apelante. 11. O apelante tem direito a informações dos históricos de acessos e consultas em seus dados fiscais nos últimos cinco anos, bem como a identidade daqueles que houverem visualizado suas declarações de imposto de renda, relativamente apenas a terceiros não servidores da Receita Federal do Brasil, inclusive na hipótese de inexistência de acesso aos referidos dados por terceiros estranhos ao quadro funcional da RFB. 12. Remessa oficial desprovida. Apelação parcialmente provida para conceder parcialmente o *habeas data* para determinar à autoridade competente que forneça as informações dos históricos de acessos e consultas aos dados fiscais do apelante nos últimos cinco anos, bem como a identidade daqueles que houverem visualizado suas declarações de imposto de renda, relativamente apenas a terceiros não servidores da

TRIBUNAL DE ORIGEM	PROCESSO	EMENTA
TRF3	Apelação Cível/SP 5003696-39.2020.4.03.6110	Receita Federal do Brasil, inclusive na hipótese de inexistência de acesso aos referidos dados por terceiros estranhos ao quadro funcional da RFB (Apelação Cível 5003696-39.2020.4.03.6110, Rel. Wilson Zauhy, 4ª Turma, j. 23.02.2024, *DJe* 27.02.2024).
TRF2	Apelação Cível 5017926-02.2021.4.02.5101	Apelação cível. Administrativo. Tutela cautelar antecedente. Ilegitimidade ativa. Extinção do processo sem resolução de mérito. Apelação improvida. 1. Apelação interposta por C.F.F. contra a sentença que, no pedido de tutela provisória antecipada em caráter antecedente apresentada pelo apelante em face da Unirio, objetivando a obtenção dos *e-mails* de servidores que possuem direito de voto no processo de eleição para decano do Centro de Ciências Humanas e Sociais – CCH da universidade apelada, com a consequente elaboração de novo calendário eleitoral, com início do período de campanha e debates após a entrega da lista de *e-mails* aos candidatos, indeferiu a inicial, julgando extinta a demanda, sem resolução do mérito, nos termos do art. 485, VI, do CPC, por ilegitimidade da parte. 2. Objetiva o apelante a obtenção da tutela provisória antecipada a fim de que seja fornecida a lista de *e-mails* dos votantes da universidade para o cargo de decano do Centro de Ciências Humanas, pois, como candidato à vaga, pretende fazer sua campanha e, por se tratar de processo eletivo virtual em decorrência da pandemia, a liberação da lista seria de suma importância. 3. Entretanto, consoante verificado na sentença recorrida, o feito foi extinto preliminarmente, ante a inadequação da via eleita, na forma do art. 485, VI, do CPC, por verificação de ausência de legitimidade ou de interesse processual, pois foi constatado que a homologação do apelante como candidato ao cargo em questão não foi realizada, impedindo, desta forma, o acolhimento da pretensão

TRIBUNAL DE ORIGEM	PROCESSO	EMENTA
TRF2	Apelação Cível 5017926-02.2021.4.02.5101	autoral. 4. Em relação à inaplicabilidade da Lei 13.709/2018, Lei Geral de Proteção de Dados às hipóteses acadêmicas, verifica-se que o art. 4º, utilizado pelo apelante, remete à observância aos arts. 7º e 11 da Lei, os quais estabelecem as hipóteses específicas em que a LGPD será afastada. Depreende-se que as hipóteses acima elencadas não abrangem o processo eleitoral das universidades, e, desta forma, não merece prosperar a alegação de que a Lei Geral de Proteção de Dados não teria aplicabilidade à hipótese. 5. Por outro lado, deve ser ressaltado que o simples fato do decano *pro tempore* ter acesso ao *e-mail* dos eleitores por fazer parte da administração não significa que o utilizará em seu favor, e, caso venha a fazê-lo, poderá o apelante, como candidato habilitado, mediante comprovação da violação ao princípio da isonomia, requerer a anulação do pleito em via adequada, que não a presente medida antecipatória. 6. Apelação improvida. Decisão: Vistos e relatados estes autos em que são partes as acima indicadas, a Egrégia 5ª Turma Especializada do Tribunal Regional Federal da 2ª Região decidiu, por unanimidade, negar provimento à apelação, na forma da fundamentação supra, nos termos do relatório, votos e notas de julgamento que ficam fazendo parte integrante do presente julgado (TRF2, Apelação Cível 5017926-02.2021.4.02.5101, Rel. Marcelo da Fonseca Guerreiro, 5ª Turma especializada, j. 26.01.2022, *DJe* 08.02.2022).
TRF2	Agravo de Instrumento 5007298-23.2024.4.02.0000	Trata-se de agravo de instrumento com requerimento de tutela antecipada recursal, interposto por Fornecedora Chatuba de Nilopolis S.A., contra decisão que indeferiu o requerimento de tutela antecipada antecedente objetivando que a União se abstenha de exigir da autora "o envio de dados pessoais e restritos ao Governo Federal, através do Portal Emprega Brasil, a reprodução do

TRIBUNAL DE ORIGEM	PROCESSO	EMENTA
TRF2	Agravo de Instrumento 5007298-23.2024.4.02.0000	relatório da transparência elaborado pelo Ministério do Trabalho e Emprego através de seus *sites* e redes sociais, a participação dos sindicatos profissionais na elaboração de eventual plano de ação para mitigação da desigualdade, bem como o depósito de cópia do plano de ação na entidade sindical representativa da categoria profissional, pelo não cumprimento dos termos das obrigações estabelecidas no Decreto 11.795/2023 e na Portaria MTE 3.714/2023". Aduz que a Lei 14.611/2023 dispõe sobre a igualdade salarial e de critérios remuneratórios entre homens e mulheres, determinando a publicação semestral de relatório de transparência salarial e de critérios remuneratórios, além de informações que permitam a comparação objetiva entre salários, remunerações e a proporção de ocupação de cargos de direção, gerência, e chefia preenchidos por mulheres e homens, e que os dados deverão ser anonimizados. Menciona que o Decreto 11.975/2023 determinou a apresentação de dados pessoais a serem incluídos no relatório de transparência salarial que não constam da Lei 14.611/2023 e que o mesmo deverá ser publicado nos sítios eletrônicos das próprias empresas. Aponta que a Portaria 3.714/2023, que regulamenta o mencionado Decreto, também cria obrigações não estabelecidas em lei, na medida em que determina a participação de entidade sindical no plano de ação para mitigação de desigualdade salarial e critérios remuneratórios entre homens e mulheres além do depósito do documento, verificando-se ou não a desigualdade salarial e de critérios remuneratórios. Relata que o fornecimento de dados sensíveis não possui previsão na Lei 14.611/2023 e vai de encontro à Lei Geral de Proteção de Dados.

TRIBUNAL DE ORIGEM	PROCESSO	EMENTA
TRF2	Agravo de Instrumento 5007298-23.2024.4.02.0000	É o breve relatório. Decido. Inicialmente, conheço do presente agravo porquanto presentes seus pressupostos de admissibilidade. A concessão da tutela de urgência reclama a probabilidade do direito (*fumus boni iuris*) e o perigo de dano ou risco ao resultado útil do processo (*periculum in mora*), na forma do art. 300, *caput*, do Código de Processo Civil/2015. O Juízo *a quo* assim decidiu a respeito do tema, *in verbis*: Fornecedora Chatuba de Nilopolis S.A. propôs pedido de tutela antecipada antecedente em face da União – Advocacia-Geral da União, objetivando que esta se abstenha de exigir da autora "o envio de dados pessoais e restritos ao Governo Federal, através do Portal Emprega Brasil, a reprodução do relatório da transparência elaborado pelo Ministério do Trabalho e Emprego através de seus sites e redes sociais, a participação dos sindicatos profissionais na elaboração de eventual plano de ação para mitigação da desigualdade, bem como o depósito de cópia do plano de ação na entidade sindical representativa da categoria profissional, pelo não cumprimento dos termos das obrigações estabelecidas no Decreto 11.795/2023 e na Portaria MTE 3.714/2023". Em sua causa de pedir, expôs que em 03.07.2023 foi editada a Lei 14.611, dispondo sobre a igualdade salarial e critérios remuneratórios entre mulheres e homens, sendo tal lei regulamentada pelo Decreto 11.795/2023 e pela Portaria MTE 3.714/2023, os quais, no entanto, seriam ilegais e inconstitucionais. O seguinte trecho da inicial resume os pontos articulados na tese autoral:. 5. A obrigação trazida pela Lei 14.611/2023, regulamentada pelo Decreto 11.795/2023 e inserida na Portaria 3.714/2023, determina que empresas pessoas jurídicas de

TRIBUNAL DE ORIGEM	PROCESSO	EMENTA
TRF2	Agravo de Instrumento 5007298-23.2024.4.02.0000	direito privado com 100 (cem) ou mais empregados, apresentem relatório semestral (em março e setembro) de transparência salarial e critérios remuneratórios. 6. Relatório este que deverá conter dados individuais dos empregados de cada uma das empresas privadas, tais como valor de comissões, salário contratual, bônus recebido, horas extras prestadas, cargos, gratificações recebidas, verbas determinadas em instrumento coletivo etc. Notadamente, as exigências acima apontadas expõem a privacidade dos empregados, prejudicando o plano de negócios do empregador que terá o CNPJ divulgado publicamente. 7. Outro ponto que deve ser discutido, trazido pela nova legislação, é a obrigatoriedade do Sindicato representante da categoria profissional de participar da implementação do Plano de Ação para mitigação da desigualdade. Esta determinação por não ter sido criada por lei, mas sim por Decreto, fere sobremaneira o princípio da legalidade, além de colocar o Sindicato na mesma posição do sócio ou acionista da empresa, sem nunca ter participado do risco do negócio. Isto não é, no mínimo, razoável! 8. Neste passo, a exigência criada que expõe o modelo de negócio de empresa privada, sua política salarial e de promoções, o pagamento de bônus e participação nos lucros e resultados, a retenção de talentos, por exemplo, com a devida vênia, fere o princípio da livre concorrência previsto no inciso IV do art. 170 da Constituição Federal, considerando a publicidade que deverá ser disponibilizada no mercado de trabalho. 9. Os princípios constitucionais da proteção à privacidade e da intimidade, consagrados no inciso X do art. 5º da Constituição Federal, serão desrespeitados na medida em que o anonimato das

TRIBUNAL DE ORIGEM	PROCESSO	EMENTA
TRF2	Agravo de Instrumento 5007298-23.2024.4.02.0000	informações não está garantido, muito pelo contrário, considerando o elenco detalhado de obrigações que constam do Decreto 11.795/2023 e da Portaria 3.714/2023 do Ministério do Trabalho e Emprego. 10. Também, nesta linha, fere o princípio do contraditório e da ampla defesa, inciso LV do art. 5º da Constituição Federal, a legislação que cria, de forma unilateral, um formulá-rio-padrão, disponibilizado pelo Ministério do Trabalho e Emprego, que não permite às empresas justificarem as práticas de preenchimento de cargos e pagamento de salários que os empregados, mulheres ou homens, estão afetos. 11. Por fim, antes de enfrentarmos cada ponto separadamente, existe clara violação aos princípios da legalidade, razoabilidade e proporcionalidade, todos previstos no art. 5º da Constituição Federal, considerando que o Decreto 11.795/2023 e a Portaria 3.714/2023 criam obrigações que deveriam ser impostas via lei ordinária, ou seja, a Ré busca a adoção de práticas trabalhistas nas quais a lei ordinária não exige! Decido. A Lei n. 14.611/2023 dispõe sobre a igualdade salarial e de critérios remuneratórios entre homens e mulheres, prevendo uma série de medidas para atingir esse fim, como, por exemplo, o estabelecimento de mecanismos de transparência salarial e de critérios remuneratórios; incremento de fiscalização contra a discriminação salarial; disponibilização de canais específicos para denúncias; promoção e implementação de programas de diversidade e inclusão no ambiente de trabalho; e fomento à capacitação e à formação de mulheres para o ingresso, permanência e ascensão no mercado de trabalho em igualdade de condições com os homens. Especificamente quanto à publicação de

TRIBUNAL DE ORIGEM	PROCESSO	EMENTA
TRF2	Agravo de Instrumento 5007298-23.2024.4.02.0000	relatórios de transparência salarial, a lei assim disciplinou o tema: "Art. 5º Fica determinada a publicação semestral de relatórios de transparência salarial e de critérios remuneratórios pelas pessoas jurídicas de direito privado com 100 (cem) ou mais empregados, observada a proteção de dados pessoais de que trata a Lei 13.709, de 14 de agosto de 2018 (Lei Geral de Proteção de Dados Pessoais). § 1º Os relatórios de transparência salarial e de critérios remuneratórios conterão dados anonimizados e informações que permitam a comparação objetiva entre salários, remunerações e a proporção de ocupação de cargos de direção, gerência e chefia preenchidos por mulheres e homens, acompanhados de informações que possam fornecer dados estatísticos sobre outras possíveis desigualdades decorrentes de raça, etnia, nacionalidade e idade, observada a legislação de proteção de dados pessoais e regulamento específico. § 2º Nas hipóteses em que for identificada desigualdade salarial ou de critérios remuneratórios, independentemente do descumprimento do disposto no art. 461 da Consolidação das Leis do Trabalho, aprovada pelo Decreto-lei 5.452, de 1º de maio de 1943, a pessoa jurídica de direito privado apresentará e implementará plano de ação para mitigar a desigualdade, com metas e prazos, garantida a participação de representantes das entidades sindicais e de representantes dos empregados nos locais de trabalho. § 3º Na hipótese de descumprimento do disposto no *caput* deste artigo, será aplicada multa administrativa cujo valor corresponderá a até 3% (três por cento) da folha de salários do empregador, limitado a 100 (cem) salários mínimos, sem prejuízo das sanções aplicáveis aos

TRIBUNAL DE ORIGEM	PROCESSO	EMENTA
TRF2	Agravo de Instrumento 5007298-23.2024.4.02.0000	casos de discriminação salarial e de critérios remuneratórios entre mulheres e homens. § 4º O Poder Executivo federal disponibilizará de forma unificada, em plataforma digital de acesso público, observada a proteção de dados pessoais de que trata a Lei 13.709, de 14 de agosto de 2018 (Lei Geral de Proteção de Dados Pessoais), além das informações previstas no § 1º deste artigo, indicadores atualizados periodicamente sobre mercado de trabalho e renda desagregados por sexo, inclusive indicadores de violência contra a mulher, de vagas em creches públicas, de acesso à formação técnica e superior e de serviços de saúde, bem como demais dados públicos que impactem o acesso ao emprego e à renda pelas mulheres e que possam orientar a elaboração de políticas públicas". Por sua vez, o Decreto 11.795/2023, que regulamenta a lei, enumera as informações a serem prestadas nos aludidos Relatórios de Transparência, nos seguintes termos: "Art. 2º O Relatório de Transparência Salarial e de Critérios Remuneratórios de que trata o inciso I do *caput* do art. 1º tem por finalidade a comparação objetiva entre salários, remunerações e a proporção de ocupação de cargos e deve contemplar, no mínimo, as seguintes informações: I – o cargo ou a ocupação contida na Classificação Brasileira de Ocupações – CBO, com as respectivas atribuições; e II – o valor: a) do salário contratual; b) do décimo terceiro salário; c) das gratificações; d) das comissões; e) das horas extras; f) dos adicionais noturno, de insalubridade, de penosidade, de periculosidade, dentre outros; g) do terço de férias; h) do aviso prévio trabalhado; i) relativo ao descanso semanal remunerado; j) das gorjetas; e k) relativo às demais

TRIBUNAL DE ORIGEM	PROCESSO	EMENTA
TRF2	Agravo de Instrumento 5007298-23.2024.4.02.0000	parcelas que, por força de lei ou norma coletiva de trabalho, componham a remuneração do trabalhador. § 1º Ato do Ministério do Trabalho e Emprego estabelecerá as informações que deverão constar do Relatório de que trata o *caput* e disporá sobre o formato e o procedimento para o seu envio. § 2º Os dados e as informações constantes dos Relatórios deverão ser: I – anonimizados, observada a proteção de dados pessoais de que trata a Lei 13.709, de 14 de agosto de 2018; e II – enviados por meio de ferramenta informatizada disponibilizada pelo Ministério do Trabalho e Emprego. § 3º O Relatório de que trata o *caput* deverá ser publicado nos sítios eletrônicos das próprias empresas, nas redes sociais ou em instrumentos similares, garantida a ampla divulgação para seus empregados, colaboradores e público em geral. § 4º A publicação dos Relatórios deverá ocorrer nos meses de março e setembro, conforme detalhado em ato do Ministério do Trabalho e Emprego. § 5º Para fins de fiscalização ou averiguação cadastral, o Ministério do Trabalho e Emprego poderá solicitar às empresas informações complementares às contidas no Relatório". Sendo assim, na forma prevista pelo art. 2º, § 1º, acima transcrito, foi editada a Portaria MTE 3.714/2023, quem assim enuncia: "Art. 2º O Relatório de Transparência Salarial e de Critérios Remuneratórios será elaborado pelo Ministério do Trabalho e Emprego com base nas informações prestadas pelos empregadores ao Sistema de Escrituração Fiscal Digital das Obrigações Fiscais, Previdenciárias e Trabalhistas – eSocial e as informações complementares coletadas na aba Igualdade Salarial e de Critérios Remuneratórios a ser implementada na área do empregador do

TRIBUNAL DE ORIGEM	PROCESSO	EMENTA
TRF2	Agravo de Instrumento 5007298-23.2024.4.02.0000	Portal Emprega Brasil. Art. 3º O Relatório de Transparência Salarial e de Critérios Remuneratórios será composto por duas seções, contendo cada uma, as seguintes informações: I – Seção I – dados extraídos do eSocial: a) dados cadastrais do empregador; b) número total de trabalhadores empregados da empresa e por estabelecimento; c) número total de trabalhadores empregados separados por sexo, raça e etnia, com os respectivos valores do salário contratual e do valor da remuneração mensal; e d) cargos ou ocupações do empregador, contidos na Classificação Brasileira de Ocupações (CBO); e II – Seção II – dados extraídos do Portal Emprega Brasil: a) existência ou inexistência de quadro de carreira e plano de cargos e salários; b) critérios remuneratórios para acesso e progressão ou ascensão dos empregados; c) existência de incentivo à contratação de mulheres; d) identificação de critérios adotados pelo empregador para promoção a cargos de chefia, de gerência e de direção; e e) existência de iniciativas ou de programas, do empregador, que apoiem o compartilhamento de obrigações familiares. Parágrafo único. O valor da remuneração de que trata a alínea 'c'", do inciso I do *caput*, deverá conter: I – salário contratual; II – décimo terceiro salário; III – gratificações; IV – comissões; V – horas extras; VI – adicionais noturno, de insalubridade, de penosidade, de periculosidade, dentre outros; VII – terço de férias; VIII – aviso prévio trabalhado; IX – descanso semanal remunerado; X – gorjetas; e XI – demais parcelas que, por força de lei ou de norma coletiva de trabalho, componham a remuneração do trabalhador. Art. 4º A publicação do Relatório de Transparência Salarial e de Critérios

TRIBUNAL DE ORIGEM	PROCESSO	EMENTA
TRF2	Agravo de Instrumento 5007298-23.2024.4.02.0000	Remuneratórios deverá ser feita pelos empregadores em seus sítios eletrônicos, em suas redes sociais ou em instrumentos similares, sempre em local visível, garantida a ampla divulgação para seus empregados, trabalhadores e público em geral. Art. 5º O Ministério do Trabalho e Emprego coletará os dados inseridos no eSocial pelos empregadores, bem como as informações complementares por eles prestadas e publicará o Relatório de Transparência Salarial e de Critérios Remuneratórios, nos meses de março e setembro de cada ano, na plataforma do Programa de Disseminação das Estatísticas do Trabalho. Parágrafo único. As informações complementares a que se refere o *caput* serão prestadas pelos empregadores, em ferramenta informatizada disponibilizada pelo Ministério do Trabalho e Emprego, nos meses de fevereiro e agosto de cada ano, relativas ao primeiro e ao segundo semestres, respectivamente. Art. 6º A publicação do Relatório de Transparência Salarial e de Critérios Remuneratórios, pelo Ministério do Trabalho e Emprego, será obrigatória após a disponibilização da aba Igualdade Salarial e de Critérios Remuneratórios a ser implementada na área do empregador do Portal Emprega Brasil". Verifica-se, portanto, que os mecanismos estabelecidos pela legislação pretendem, em verdade, garantir o direito fundamental de isonomia material, entre homens e mulheres no mercado de trabalho, consoante os mandamentos constitucionais explicitados nos arts. 3º, IV, 5º, I, e 7º, XX e XXX da Constituição da República: "Art. 3º Constituem objetivos fundamentais da República Federativa do Brasil: IV – promover o bem de todos, sem preconceitos de origem, raça, sexo, cor, idade e quaisquer outras formas de

TRIBUNAL DE ORIGEM	PROCESSO	EMENTA
TRF2	Agravo de Instrumento 5007298-23.2024.4.02.0000	discriminação. Art. 5º Todos são iguais perante a lei, sem distinção de qualquer natureza, garantindo-se aos brasileiros e aos estrangeiros residentes no País a inviolabilidade do direito à vida, à liberdade, à igualdade, à segurança e à propriedade, nos termos seguintes: I – homens e mulheres são iguais em direitos e obrigações, nos termos desta Constituição; Art. 7º São direitos dos trabalhadores urbanos e rurais, além de outros que visem à melhoria de sua condição social: XX – proteção do mercado de trabalho da mulher, mediante incentivos específicos, nos termos da lei; XXX – proibição de diferença de salários, de exercício de funções e de critério de admissão por motivo de sexo, idade, cor ou estado civil". Ademais, atualmente, a doutrina e jurisprudência pátrias reconhecem a eficácia horizontal dos direitos fundamentais, de modo que esses direitos, inerentes à dignidade da pessoa humana, irradiam efeitos também nas relações privadas, inclusive sob a perspectiva de gênero. Quanto à elaboração do Relatório de Transparência Salarial e de Critérios Remuneratórios questionam-se as informações que deveriam constar do mencionado relatório, a cujo respeito teriam inovado o Decreto 11.795/2023 e a Portaria MTE 3.714/2023, exigindo informações não previstas na Lei 14.611/2023, as quais, inclusive, poderiam ocasionar a indevida exposição da privacidade dos seus empregados. Os direitos à privacidade e à intimidade são conferidos às pessoas humanas, possuindo as empresas apenas o direito ao sigilo de certas informações, nos termos da lei. Assim, tratando-se de direitos autônomos, deve-se, de início, ressaltar que a empresa requerente carece de legitimidade *ad causam* para demandar eventual violação da

TRIBUNAL DE ORIGEM	PROCESSO	EMENTA
TRF2	Agravo de Instrumento 5007298-23.2024.4.02.0000	privacidade de seus empregados. De toda sorte, forçoso observar que os regulamentos, perfilhando a orientação da Lei 14.611/2023, estabelecem que os relatórios serão "anonimizados, observada a proteção de dados pessoais de que trata a Lei 13.709, de 14 de agosto de 2018". No tocante à metodologia de elaboração do mencionado relatório, colhe-se dos dispositivos regulamentares (art. 2º do Decreto 11.795/2023 e art. 3º, da Portaria MTE 3.714/2023) que as informações serão extraídas do eSocial e do Portal Emprega Brasil, cadastros mantidos pelo poder público. Quanto a este ponto, não vislumbro a presença de violação ao princípio da legalidade, pois a própria Lei 14.611/2023 expressamente dispôs que a matéria seria objeto de regulamentação e esta, por meio do art. 2º do Decreto 11.795/2023, e do art. 3º da Portaria MTE 3.714/2023, estabeleceu, de forma objetiva, que as informações seriam extraídas do eSocial e do Portal Emprega Brasil, cadastros mantidos pelo poder público. O simples fato de prever quais parcelas remuneratórias deveriam ser consideradas na elaboração do relatório mais denota o cumprimento de um papel de minudenciar a lei, próprio de todo regulamento, do que necessariamente uma violação ao princípio da legalidade, especialmente porque, ao que se vê, foi estabelecido um critério objetivo, fundado em informações constantes de cadastros mantidos pelo poder público. Já a verificação da suficiência desta metodologia para a aferição da igualdade salarial entre homens e mulheres é tarefa que não se comporta neste exame inicial, dada a necessidade de detida análise de inúmeros fatores e esclarecimentos que certamente surgirão no curso da lide. Não sendo possível afirmar a

TRIBUNAL DE ORIGEM	PROCESSO	EMENTA
TRF2	Agravo de Instrumento 5007298-23.2024.4.02.0000	probabilidade do direito autoral sob este aspecto, devem prevalecer os critérios adotados pelo legislador e pelos atos normativos em questão para a avaliação da igualdade salarial nas empresas. Quanto à divulgação do Relatório de Transparência Salarial e de Critérios Remuneratórios, a requerente aduziu que "a divulgação de dados referentes a salário e critérios praticados em relação às políticas salariais internas das empresas privadas ferem os princípios constitucionais da privacidade, intimidade e livre concorrência, este último bastante sensível na medida em que a publicação de práticas salariais será comparada pelos empregados internos, pelas empresas concorrentes e pelos fornecedores diretos, podendo ocasionar graves prejuízos à atividade econômica explorada". Todavia, não vislumbro as alegadas ofensas aos princípios constitucionais da livre-iniciativa e da livre concorrência, na medida em que o conhecimento, pela sociedade e pelo Estado, das práticas salariais adotadas pelas empresas não implica, por si só, exposição de modelo de negócios e estratégias empresariais, tampouco estímulo ao exercício de práticas desleais pelos concorrentes. Além disto, a requerente sequer apontou quais dados sensíveis cuja revelação acarretaria prejuízos à sua atividade empresarial. Também não foi esclarecida de que forma isto afetaria a estratégia empresarial, sobretudo do ponto de vista da fixação dos salários dos empregados. A requerente alegou, ainda, que "fere o princípio do contraditório e da ampla defesa, inciso LV do art. 5º da Constituição Federal, a legislação que cria, de forma unilateral, um formulário-padrão, disponibilizado pelo Ministério do Trabalho e Emprego, que não permite às

TRIBUNAL DE ORIGEM	PROCESSO	EMENTA
TRF2	Agravo de Instrumento 5007298-23.2024.4.02.0000	empresas justificarem as práticas de preenchimento de cargos e pagamento de salários que os empregados, mulheres ou homens, estão afetos". Com efeito, a padronização de relatórios é crucial para a colheita de dados pelo poder público e não é novidade para a sociedade em geral; basta evocar o exemplo da declaração anual para ajuste do imposto de renda. Já as justificativas quanto às práticas de preenchimento de cargos e pagamento de salários podem ser feitas exatamente nos mesmos *sites* e redes sociais da empresa, os mesmos nos quais os regulamentos determinam que seja feita a publicação de tais relatórios. Quanto à participação das entidades sindicais e dos representantes dos empregados na implementação de plano de mitigação de desigualdade salarial, o art. 5º, § 2º, da Lei 14.611/2023 estabelece que, caso identificada desigualdade salarial ou de critérios remuneratórios, a pessoa jurídica de direito privado apresentará e implementará plano de ação para mitigar a desigualdade, com metas e prazos, "garantida a participação de representantes das entidades sindicais e de representantes dos empregados nos locais de trabalho". Os regulamentos em causa (Decreto 11.795/2023 e Portaria MTE 3.714/2023), portanto, ao disporem no mesmo sentido, em nada inovam quanto àquilo que foi expressamente estabelecido pela Lei 14.611/2023. Já em relação a esta determinação, que consta da Lei 14.611/2023, deve prevalecer a presunção de constitucionalidade, mormente por não haver qualquer pronunciamento do STF quanto ao tema (ainda que em controle difuso) e por não se cogitar de qualquer urgência no afastamento desta determinação, pois não há, no caso concreto, qualquer

TRIBUNAL DE ORIGEM	PROCESSO	EMENTA
TRF2	Agravo de Instrumento 5007298-23.2024.4.02.0000	constatação de desigualdade salarial no âmbito da empresa requerente. O questionamento, assim, ao menos por ora, é puramente hipotético, uma vez que a criação do plano de ação, com consequente participação dos sindicatos, apenas se dará caso seja identificada uma desigualdade salarial, o que, repita-se, não ocorre no caso concreto. Sendo assim, em cognição sumária, própria da presente fase processual, não identifico ilegalidade ou inconstitucionalidade na obrigatoriedade de publicação dos relatórios previstos pela legislação em debate, que visam a efetivação de política pública de equidade salarial e de gênero. Diante do exposto, indefiro a tutela de urgência requerida, por ausência dos pressupostos necessários à sua concessão. Consequentemente, determino a intimação da requerente para, no prazo de 5 (cinco) dias, emendar a petição inicial, nos moldes do § 6º do art. 303 do CPC. Após, voltem-me para deliberação. Pretende a parte agravante a modificação da decisão que indeferiu o requerimento de tutela antecipada antecedente objetivando que a União "se abstenha de exigir da autora o envio de dados pessoais e restritos ao Governo Federal, através do Portal Emprega Brasil, a reprodução do relatório da transparência elaborado pelo Ministério do Trabalho e Emprego através de seus *sites* e redes sociais, a participação dos sindicatos profissionais na elaboração de eventual plano de ação para mitigação da desigualdade, bem como o depósito de cópia do plano de ação na entidade sindical representativa da categoria profissional, pelo não cumprimento dos termos das obrigações estabelecidas no Decreto 11.795/2023 e na Portaria MTE 3.714/2023". Estabelece o art. 1.019, inciso I, do Código de

TRIBUNAL DE ORIGEM	PROCESSO	EMENTA
TRF2	Agravo de Instrumento 5007298-23.2024.4.02.0000	Processo Civil/2015 as hipóteses em que poderá ser deferido o efeito suspensivo ao agravo de instrumento ou a antecipação de tutela, *in verbis*: "Art. 1.019. Recebido o agravo de instrumento no tribunal e distribuído imediatamente, se não for o caso de aplicação do art. 932, incisos III e IV, o relator, no prazo de 5 (cinco) dias: I – poderá atribuir efeito suspensivo ao recurso ou deferir, em antecipação de tutela, total ou parcialmente, a pretensão recursal, comunicando ao juiz sua decisão". Na hipótese, pretende a agravante se eximir do cumprimento das obrigações insertas na Lei 14.611/2023, Decreto 11.795/2023 e Portaria do MTE 3.714/2023, que, no essencial, abaixo transcrevo: Lei 14.611/2023, art. 5º "Fica determinada a publicação semestral de relatórios de transparência salarial e de critérios remuneratórios pelas pessoas jurídicas de direito privado com 100 (cem) ou mais empregados, observada a proteção de dados pessoais de que trata a Lei 13.709, de 14 de agosto de 2018 (Lei Geral de Proteção de Dados Pessoais). § 1º Os relatórios de transparência salarial e de critérios remuneratórios conterão dados anonimizados e informações que permitam a comparação objetiva entre salários, remunerações e a proporção de ocupação de cargos de direção, gerência e chefia preenchidos por mulheres e homens, acompanhados de informações que possam fornecer dados estatísticos sobre outras possíveis desigualdades decorrentes de raça, etnia, nacionalidade e idade, observada a legislação de proteção de dados pessoais e regulamento específico. § 2º Nas hipóteses em que for identificada desigualdade salarial ou de critérios remuneratórios, independentemente do descumprimento do disposto no art. 461

TRIBUNAL DE ORIGEM	PROCESSO	EMENTA
TRF2	Agravo de Instrumento 5007298-23.2024.4.02.0000	da Consolidação das Leis do Trabalho, aprovada pelo Decreto-lei 5.452, de 1º de maio de 1943, a pessoa jurídica de direito privado apresentará e implementará plano de ação para mitigar a desigualdade, com metas e prazos, garantida a participação de representantes das entidades sindicais e de representantes dos empregados nos locais de trabalho. [...] § 4º O Poder Executivo federal disponibilizará de forma unificada, em plataforma digital de acesso público, observada a proteção de dados pessoais de que trata a Lei 13.709, de 14 de agosto de 2018 (Lei Geral de Proteção de Dados Pessoais), além das informações previstas no § 1º deste artigo, indicadores atualizados periodicamente sobre mercado de trabalho e renda desagregados por sexo, inclusive indicadores de violência contra a mulher, de vagas em creches públicas, de acesso à formação técnica e superior e de serviços de saúde, bem como demais dados públicos que impactem o acesso ao emprego e à renda pelas mulheres e que possam orientar a elaboração de políticas públicas. [...] Decreto 11.795/2023. Art. 2º O Relatório de Transparência Salarial e de Critérios Remuneratórios de que trata o inciso I do *caput* do art. 1º tem por finalidade a comparação objetiva entre salários, remunerações e a proporção de ocupação de cargos e deve contemplar, no mínimo, as seguintes informações: [...] § 2º Os dados e as informações constantes dos Relatórios deverão ser: I – anonimizados, observada a proteção de dados pessoais de que trata a Lei 13.709, de 14 de agosto de 2018; e [...] Art. 3º Verificada a desigualdade salarial e de critérios remuneratórios entre mulheres e homens pelo Ministério do Trabalho e Emprego, as empresas com cem ou mais empregados deverão elaborar e implementar Plano de Ação para

TRIBUNAL DE ORIGEM	PROCESSO	EMENTA
TRF2	Agravo de Instrumento 5007298-23.2024.4.02.0000	Mitigação da Desigualdade Salarial e de Critérios Remuneratórios entre Mulheres e Homens, que deverá estabelecer: [...] Portaria do MTE 3.714/2023, art. 5º O Ministério do Trabalho e Emprego coletará os dados inseridos no eSocial pelos empregadores, bem como as informações complementares por eles prestadas e publicará o Relatório de Transparência Salarial e de Critérios Remuneratórios, nos meses de março e setembro de cada ano, na plataforma do Programa de Disseminação das Estatísticas do Trabalho. Parágrafo único. As informações complementares a que se refere o caput serão prestadas pelos empregadores, em ferramenta informatizada disponibilizada pelo Ministério do Trabalho e Emprego, nos meses de fevereiro e agosto de cada ano, relativas ao primeiro e ao segundo semestres, respectivamente. [...] Art. 7º Após a publicação do Relatório de Transparência Salarial e de Critérios Remuneratórios, nos termos do Decreto 11.795, de 2023, verificada a desigualdade salarial e de critérios de remuneração, os empregadores serão notificados, pela Auditoria-Fiscal do Trabalho, para que elaborem, no prazo de noventa dias, o Plano de Ação para Mitigação da Desigualdade Salarial e de Critérios Remuneratórios entre Mulheres e Homens. [...] § 4º Uma cópia do Plano de Ação para Mitigação da Desigualdade Salarial e de Critérios Remuneratórios entre Mulheres e Homens deverá ser depositada na entidade sindical representativa da categoria profissional". Com efeito, a Lei 14.611/2023, dispondo sobre a igualdade salarial e de critérios remuneratórios entre homens e mulheres, estabelece medidas a serem adotadas pelas pessoas jurídicas de direito privado com mais de 100 (cem) empregados, que deverão publicar relatórios de transparência salarial de critérios remuneratórios,

TRIBUNAL DE ORIGEM	PROCESSO	EMENTA
TRF2	Agravo de Instrumento 5007298-23.2024.4.02.0000	contendo expressa previsão que os dados serão anonimizados e que deverá ser observada a legislação que trata da proteção de dados pessoais e regulamento específico. Nesse sentido, não se verifica, em análise perfunctória, ilegalidade contida no Decreto 11.795/2023 e na Portaria do MTE 3.714/2023, que regulamentam a Lei 14.611/2023, na medida em que somente trazem dispositivos visando o seu cumprimento e remetem à impessoalidade das informações a serem prestadas. Quanto à necessidade de depósito em entidade sindical de plano de ação para mitigação de desigualdade salarial e de critérios remuneratórios, deve ser observado que a sua implementação somente se dará caso seja detectada eventual desigualdade. Desta forma, não se verifica a presença dos requisitos autorizadores para o deferimento da antecipação de tutela recursal requerida. Outrossim, a concessão da tutela de urgência se insere no poder geral de cautela do juiz, cabendo sua reforma, por meio de agravo de instrumento, somente quando o juiz dá à lei interpretação teratológica, fora da razoabilidade jurídica, ou quando o ato se apresenta flagrantemente ilegal, ilegítimo e abusivo, o que não é o caso. Pelo exposto, indefiro o requerimento de antecipação de tutela recursal, para manter a decisão agravada pelos seus próprios fundamentos. Intime-se a agravada para contrarrazões. Após, ao MPF. Cumprido, voltem os autos conclusos para julgamento (Agravo de Instrumento 5007298-23.2024.4.02.0000/RJ, Rel. Alcides Martins, decisão monocrática proferida em 14.06.2024).
TRF2	Apelação Cível 5002556-80.2021.4.02.5101	Apelação cível. Administrativo. Susep. Corretora de seguros. Acesso indiscriminado ao banco de dados de corretores. Dados sensíveis. Impossibilidade. Sentença mantida.

TRIBUNAL DE ORIGEM	PROCESSO	EMENTA
TRF2	Apelação Cível 5002556-80.2021.4.02.5101	1. Apelação em face de sentença que julga improcedente o pedido autoral. Cinge-se a controvérsia em definir se a recorrente faz jus ao acesso ao banco de dados de Corretores de Seguros, pessoas naturais e jurídicas, suas filiais e prepostos, localizados no Estado do Espírito Santo. 2. O art. 5º, XXXIII, da Constituição Federal de 1988 preconiza que "todos têm direito a receber dos órgãos públicos informações de seu interesse particular, ou de interesse coletivo ou geral, que serão prestadas no prazo da lei, sob pena de responsabilidade, ressalvadas aquelas cujo sigilo seja imprescindível à segurança da sociedade e do Estado". Por seu turno, o art. 37, *caput*, da CF/88 traz de forma expressa que a atuação da Administração Pública deve se pautar pelo princípio da publicidade, estabelecendo em seu § 3º, inciso II, que o acesso a tais informações pelos usuários na administração deverá observar o disposto art. 5º, X e XXXIII, da CF/88. 3. O ordenamento jurídico pátrio estabelece que a Administração Pública deve privilegiar o princípio constitucional da publicidade na prática de seus atos à luz do que dispõem as normas constitucionais. Nesse contexto, o acesso às informações sob a guarda dos entes públicos é direito fundamental do cidadão e dever da Administração Pública, sendo a transparência a regra e o sigilo, exceção. Precedente: STF, Tribunal Pleno, MS 28178, Min. Roberto Barroso, *DJe* 08.05.2015; STJ, 1ª Seção, MS 16179, Rel. Min. Ari Pargendler, *DJe* 25.04.2014; TRF2, 5ª Turma Especializada, AC 0500153-24.2016.4.02.5108, Rel. Des. Fed. Ricardo Perlingeiro, *DJF2R* 27.04.2021; TRF2, 5ª Turma Especializada, AC 0151544-84.2015.4.02.5119, Rel. Des. Fed. Aluisio Gonçalves de Castro Mendes, *DJF2R* 24.10.2019. 4. No âmbito infraconstitucional, foi editada a Lei 12.527/2011 com o objetivo de regular os procedimentos a serem

TRIBUNAL DE ORIGEM	PROCESSO	EMENTA
TRF2	Apelação Cível 5002556-80.2021.4.02.5101	adotados pela Administração Pública para garantir o acesso às informações na forma como determinam as normas constitucionais. 5. O art. 3º da referida lei disciplina que o direito fundamental de acesso à informação deve ser assegurado conforme as seguintes diretrizes: observância da publicidade como preceito geral e do sigilo como exceção; divulgação de informações de interesse público, independentemente de solicitações; utilização de meios de comunicação viabilizados pela tecnologia da informação; fomento ao desenvolvimento da cultura de transparência na administração pública; e o desenvolvimento do controle social da administração pública. Por outro lado, em seu art. 22, a Lei 12.527/2011 ressalva o acesso às informações classificadas como sigilosas previstas em lei, possibilitando também a restrição de acesso por razões de interesse público. 6. A publicação da Lei Geral de Proteção de Dados (LGPD) visou proteger os direitos fundamentais de liberdade e de privacidade e o tratamento de dados pessoais, cujo acesso é público e deve considerar a finalidade, a boa-fé e o interesse público que justifiquem a sua disponibilização. No art. 7º, § 3º da Lei 13.709/2020 foi positivado que o tratamento de dados pessoais pela Administração Pública poderá ser realizado na hipótese de uso compartilhado de dados necessários à execução de políticas públicas previstas em leis e regulamentos ou respaldadas em contratos, convênios ou instrumentos congêneres. 7. O art. 26 da LGPD assevera que o uso compartilhado de dados pessoais pela Administração Pública deve atender a finalidades específicas de execução de políticas públicas e atribuição legal pelos órgãos e pelas entidades públicas, respeitados os princípios de proteção de dados pessoais, sendo vedado ao Poder Público transferir a entidades privadas dados pessoais constantes de bases de dados a que tenha acesso, exceto nas hipóteses previstas no § 1º do referido

TRIBUNAL DE ORIGEM	PROCESSO	EMENTA
TRF2	Apelação Cível 5002556-80.2021.4.02.5101	dispositivo. 8. A recorrente visa obter base de dados do arquivo de Corretores de Seguros localizados no Estado do Espírito Santo, na forma contida no Ofício/010/2020, de 24 de agosto de 2020, enviado à Susep através de mensagem eletrônica. Dessa maneira, a impetrante sustenta que necessita de tais dados atualizados e registros de todos os corretores de seguros e prepostos para cumprir a obrigação constante do art. 10 da Lei 4.594/1964. 9. Da análise da peça exordial, a pretensão autoral se revela incabível, uma vez que a recorrente pretende o acesso indiscriminado ao cadastro de corretores, sindicalizados ou não, no Estado do Espírito Santo, com a inclusão de dados sensíveis e específicos de cada corretor de seguro quanto a endereço domiciliar e eletrônico e telefone. 10. A disponibilização dos dados pessoais de todos os corretores de seguros cadastrados não atende as disposições da Lei 13.709/2020, uma vez que o pedido da requerente não se enquadra nos casos previstos no art. 26 da referida lei a possibilitar o acesso irrestrito a tais informações pessoais. 11. Não houve ato ilegal por parte da recorrida, tendo em vista que houve a disponibilização das informações pela Susep quanto à relação de todos os corretores de seguros cadastrados, inclusive com a inscrição no Cadastro de Pessoa Física – CPF, atende ao que determina o art. 10 da Lei 4.594/1964. 12. Os pedidos da recorrente não se encontram em harmonia com a sua causa de pedir, porquanto não se vislumbra interesse a motivar a solicitação dados pessoais de corretor que não sindicalizado, tais como endereço e telefone, ao passo que, se o associado já integra o sindicato, é possível inferir que a recorrente já é detentora dessas informações do seu próprio filiado. 13. Tratando-se de mandado de segurança, sem honorários advocatícios, *ex vi* do art. 25 da Lei 12.016/2009 e da Súmula 105 do STJ. 14. Apelação não provida. Decisão: Vistos

TRIBUNAL DE ORIGEM	PROCESSO	EMENTA
TRF2	Apelação Cível 5002556-80.2021.4.02.5101	e relatados estes autos em que são partes as acima indicadas, a Egrégia 5ª Turma Especializada do Tribunal Regional Federal da 2ª Região decidiu, por unanimidade, negar provimento à apelação, nos termos do relatório, votos e notas de julgamento que ficam fazendo parte integrante do presente julgado (TRF2, Apelação Cível 5002556-80.2021.4.02.5101, Rel. Ricardo Perlingeiro, 5ª Turma especializada, j. 17.08.2021, *DJe* 31.08.2021).
TRF4	Agravo de Instrumento 5009578-10.2024.4.04.0000	Direito administrativo. Processual civil. Agravo de instrumento. Relatório de transparência salarial e de critérios remuneratórios. Anonimização dos dados. 1. A Lei 14.611/2023, ao dispor sobre a igualdade salarial e de critérios remuneratórios entre mulheres e homens, determinou, em seu art. 5º, *caput* e § 1º, a publicação semestral de relatórios de transparência salarial e de critérios remuneratórios pelas pessoas jurídicas de direito privado com 100 (cem) ou mais empregados, observado regulamento específico. A fim de regulamentar a referida lei, foi publicado o Decreto 11.795/2023, que previu a edição de ato do Ministério do Trabalho e Emprego estabelecendo as informações que deveriam constar no Relatório de Transparência Salarial e de Critérios Remuneratórios. Em cumprimento à previsão, foi publicada a Portaria 3.714/2023 pelo Ministério do Trabalho e Emprego com os procedimentos para elaboração do Relatório. 2. Conferida anonimização aos dados divulgados no Relatório de Transparência Salarial e de Critérios Remuneratórios, e consequentemente, ausente a publicização de dados concorrencialmente sensíveis, não se identifica a violação aos princípios de ordem econômica. 3. A constitucionalidade da Lei 14.611/2023 encontra-se sob análise do Supremo Tribunal Federal na Ação Direta de Inconstitucionalidade (ADI) 7612. 4.

TRIBUNAL DE ORIGEM	PROCESSO	EMENTA
TRF4	Agravo de Instrumento 5009578-10.2024.4.04.0000	Agravo de instrumento desprovido (TRF4, AG 5009578-10.2024.4.04.0000, 12ª Turma, Rel. João Pedro Gebran Neto, juntado aos autos em 03.07.2024).
TRF4	Agravo de Instrumento 5037712-81.2023.4.04.0000	Direito administrativo. Lei Geral de Proteção de Dados Pessoais (LGPD). Cumprimento de sentença. Ação coletiva. Fornecimento de informações de servidores para o sindicato. 1. Conforme entendimento do STF no Tema 823 da repercussão geral, o Sindicato tem legitimação extraordinária para exigir o cumprimento de sentença em favor de todos e de todas as integrantes da categoria, sejam eles sindicalizados ou não, independentemente de autorização expressa, já que não se cuida de representação processual, mas de substituição. 2. A proteção de dados pessoais é regida pela Lei 13.709/2018 (LGPD), que estabelece a possibilidade de tratamento de dados para o cumprimento de obrigação legal, independentemente do consentimento do titular (art. 7º, II, e art. 11, II, da LGPD). 3. A fim de assegurar a viabilidade da execução de sentença coletiva, o Sindicato pode solicitar que a Administração Pública lhe forneça as informações sobre os servidores que sejam pertinentes à identificação dos credores beneficiados pelo título executivo. No caso, os dados solicitados são pertinentes e necessários para dar cumprimento ao título executivo judicial, atendendo à finalidade pretendida, de forma adequada e sem excessos (TRF4, AG 5037712-81.2023.4.04.0000, 3ª Turma, Rel. Roger Raupp Rios, juntado aos autos em 28.06.2024).
JFSP	2ª Vara Cível Ação Civil Pública 5018090-42.2024.4.03.6100	Diante do exposto, concedo parcialmente o pedido de tutela de urgência pleiteada pela parte autora, para impor ao WhatsApp: A) a obrigação de não fazer consistente em se abster de compartilhar dados coletados dos usuários brasileiros de seu aplicativo que sirvam às "finalidades próprias" das empresas do Grupo Facebook/Meta, nos

TRIBUNAL DE ORIGEM	PROCESSO	EMENTA
JFSP	2ª Vara Cível Ação Civil Pública 5018090-42.2024.4.03.6100	moldes da (EEE – Espaço Econômico Europeu), excluindo-se do de "ofertas e anúncios" política de privacidade de janeiro de 2021 da União Europeia rol de tratamentos possíveis "sugestões de amigos e grupos", "criação de perfis de usuários" e, sobretudo, "exibição". Tudo nos termos da política de privacidade respeitante ao espaço europeu: "O WhatsApp também trabalha e compartilha informações com outras Empresas do Facebook que atuam em nosso nome para nos ajudar a operar, fornecer, aprimorar, entender, personalizar, oferecer suporte e anunciar nossos serviços. Isso inclui o fornecimento de infraestrutura, tecnologia e sistemas. Por exemplo, para fornecer mensagens e ligações rápidas e confiáveis em todo o mundo; aprimorar a infraestrutura e os sistemas de entrega; entender como nossos serviços são usados; ajudar-nos a fornecer a você um meio de se conectar com empresas; e proteger sistemas. Quando recebemos serviços das Empresas do Facebook, as informações que compartilhamos com elas são usados em nome do WhatsApp e em conformidade com nossas instruções. Todas as informações que o WhatsApp compartilha nessas condições não podem ser usadas para as finalidades próprias das Empresas do Facebook" https://www.whatsapp.com/legal/privacy-policy-eea/revisions/20210104?lang=pt/_br/#privacy-policy-how-wework-with-other-facebook-companies), sob pena de multa diária no valor de R$ 200.000,00 (duzentos mil reais), em hipótese de descumprimento. Destaco que esta abstenção de compartilhamento é baseada também na ausência de conclusão, até o momento, do procedimento fiscalizatório (Processo SEI Super 00261.001296/2022-29) que se presta a examinar as práticas de compartilhamento de dados entre o WhatsApp e o Grupo Meta. B) a obrigação de fazer consistente na criação e na disponibilização

TRIBUNAL DE ORIGEM	PROCESSO	EMENTA
JFSP	2ª Vara Cível Ação Civil Pública 5018090-42.2024.4.03.6100	de funcionalidades de *opt-out* dentro do aplicativo WhatsApp (por meio de botões predefinidos), redigidas de modo objetivo, claro e acessível, no prazo máximo de 90 (noventa) dias, garantindo aos usuários brasileiros o pleno exercício: (i) do direito à oposição ao tratamento de dados pessoais que entendam indevidos (art. 18, § 2º, LGPD) e que não sejam necessários ao funcionamento do serviço de mensageria em tela, que também deve ser garantido de maneira facilitada a qualquer momento; (ii) do direito à revogação de consentimento (art. 8º, § 5º, e art. 18, IX, LGPD), em relação à política de privacidade de 2021, no que tange ao compartilhamento de dados com outras empresas de seu Grupo econômico, devendo o WhatsApp, neste ponto, pré-selecionar a opção da revo-gação e mencionar explicitamente que o silêncio do usuário não será interpretado como concordância com tratamentos que não sejam estritamente necessários para a execução do serviço (*opt out by default* canais da empresa), não podendo ser aceito o modelo de aviso de privacidade hoje disponível nos canais da empresa. Na eventualidade de não disponibilização de funcionalidades de *opt-out*, dentro do aplicativo WhatsApp (por meio de botões predefinidos), no prazo suprafixado de 90 (noventa) dias, a conduta da empresa ré será tipificada como descumprimento de ordem judicial, sujeita à fixação de *astreinte*, cujo valor poderá ser fixado no montante descrito no item A. Friso que a funcionalidade de *opt-out* deve ser eficaz para afastar o consentimento forçado que esteve presente em janeiro de 2021, quando o WhatsApp apresentou aos seus usuários brasileiros a nova política de privacidade, indicando a eles que, caso não clicassem na opção "concordar" que surgiu na tela do aplicativo, não mais poderiam usar o serviço de mensagens ofertado, após a data

TRIBUNAL DE ORIGEM	PROCESSO	EMENTA
JFSP	2ª Vara Cível Ação Civil Pública 5018090-42.2024.4.03.6100	de vigência dos novos termos e política de privacidade. Consigno que as alegações trazidas pelo WhatsApp consistentes na defesa da ANPD, não serão consideradas, visto que "Ninguém poderá pleitear direito alheio em nome próprio, salvo quando autorizado pelo ordenamento jurídico" (art. 18 do CPC). Desentranhamento do documento de Id 331860333, formulado pela ré. Deixo de apreciar o pedido de desentranhamento do documento de Id 331860333, formulado pela ré, por serem documentos redigidos em idioma estrangeiro, sem a indispensável tradução juramentada, porque desnecessária tal providência, haja vista que tais documentos não se prestaram à apreciação deste Juízo. Tendo em vista que a ré WhatsApp LLC Inc. é pessoa jurídica sediada nos Estados Unidos, sem CNPJ no Brasil, proceda a sua inclusão no polo passivo da ação mesmo sem a indicação de número do referido documento. Para tanto, retifiquem-se os dados de autuação deste processo eletrônico. Para cumprimento da tutela de urgência ora deferida, considerando que a ré WhatsApp LLC Inc. é representada no Brasil por sua acionista majoritária com escritório em solo nacional, a Facebook Serviços *Online* do Brasil Ltda. ("Facebook Brasil"), inscrita no CNPJ sob n. 13.347.016/0001-17, situada na Rua Leopoldo Couto de Magalhães Júnior, 700, 5º andar, São Paulo/SP, CEP 04542-000, assim como pelo escritório Mattos Filho, Veiga Filho, Marrey Jr. e Quiroga Advogados (OAB/SP 1979), situado na Al. Joaquim Eugênio de Lima n. 447, São Paulo/SP, CEP 01403-001, expeçam-se mandados de intimação, a serem cumpridos por Oficial de Justiça em plantão, observado os termos do art. 212, do CPC ("Os atos processuais serão realizados em dias úteis, das 6 (seis) às 20 (vinte) horas") (Decisão proferida pelo juiz Luis Gustavo Bregalda Neves, da 2ª Vara Cível Federal de São Paulo, em 14.08.2024).

TRIBUNAL DE ORIGEM	PROCESSO	EMENTA
STJ	REsp 2.135.783/DF	Recurso especial. Ação de obrigação de fazer c/c ação indenizatória. Negativa de prestação jurisdicional. Omissão. Não demonstrada. Descredenciamento perfil. Motorista aplicativo. Decisão automatizada. Notificação prévia. Desnecessária. Dever de informação. Segurança dos usuários. Contraditório. Ampla defesa. 1. Ação de obrigação de fazer cumulada com indenizatória por danos morais e materiais ajuizada em 12.04.2022, da qual foi extraído o presente recurso especial, interposto em 25.07.2023 e concluso ao gabinete em 12.04.2024. 2. O propósito recursal é decidir se é possível o descredenciamento definitivo de motorista de aplicativo, sem direito ao contraditório, à ampla defesa e à notificação prévia. 3. Tendo em vista que, até o presente momento, não foi reconhecida a existência de vínculo empregatício entre os profissionais prestadores de serviços e a plataforma, é entendimento desta Terceira Turma que esta relação possui caráter eminentemente civil e comercial. Precedentes. 4. É entendimento do STF, a necessidade de garantir a eficácia dos direitos fundamentais, como o contraditória e a ampla defesa, também nas relações privadas (RE 201.819, 2ª Turma, *DJe* 11.10.2005). 5. Nos termos do art. 5º, I, combinado com o art. 12, § 2º, da LGPD, entende-se que o conjunto de informações que leva ao descredenciamento do perfil profissional do motorista de aplicativo se configura como dado pessoal, atraindo a aplicação da Lei Geral de Proteção de Dados. 6. A transparência é o princípio da Lei Geral de Proteção de Dados que garante aos titulares informações claras, precisas e facilmente acessíveis sobre a realização do tratamento de dados. 7. O titular dos dados pessoais, que pode ser o motorista de aplicativo, possui o direito de exigir a revisão de decisões

TRIBUNAL DE ORIGEM	PROCESSO	EMENTA
STJ	REsp 2.135.783/DF	automatizadas que definam seu perfil profissional (art. 20 da LGPD). 8. Conjugando a determinação do art. 20 da LGPD com a eficácia dos direitos fundamentais nas relações privadas, entende-se que o titular de dados pessoais deve ser informado sobre a razão da suspensão de seu perfil, bem como pode requerer a revisão dessa decisão, garantido o seu direito de defesa. 9. Considerando que, a depender da situação fática, a plataforma de transporte individual poderá ser responsabilizada por eventuais danos causados ou sofridos por seus usuários, cabe a ela analisar os riscos que envolvem manter ativo determinado perfil de motorista. 10. Sendo o ato cometido pelo motorista suficientemente gravoso, trazendo riscos ao funcionamento da plataforma ou a seus usuários, não há óbice para a imediata suspensão do perfil profissional, com a possibilidade de posterior exercício de defesa visando ao recredenciamento. 11. Se tiver sido conferido o direito de defesa ao usuário e ainda assim a plataforma concluir que restou comprovada a violação aos termos de conduta, não há abusividade no descredenciamento do perfil. Até mesmo porque não se afasta a possibilidade de revisão judicial da questão. 12. Na espécie, após ter violado os termos de conduta da plataforma, o recorrente foi informado das razões que levaram à suspensão temporária do seu perfil de motorista de aplicativo. Contudo, após o procedimento de análise das acusações, no qual o recorrente pôde apresentar alegações, a recorrida concluiu pelo descredenciamento definitivo do perfil. Assim, o Tribunal de origem entendeu que o descredenciamento foi legítimo. 13. Recurso especial conhecido e desprovido (REsp 2.135.783/DF, Rel. Min. Nancy Andrighi, 3ª Turma, j. 18.06.2024, *DJe* 21.06.2024).

TRIBUNAL DE ORIGEM	PROCESSO	EMENTA
STJ	REsp 2.092.096/SP	Civil, consumidor e processual civil. Ação indenizatória c/c obrigação de fazer. Violação dos arts. 489 e 1.022 do CPC. Ausência. Condições da ação. Teoria da asserção. Legitimidade passiva. Configuração. Cerceamento de defesa. Ausência. Fornecimento de serviços pela b3 aos investidores fora do âmbito das operações no mercado de capitais. Relação jurídica direta e autônoma de consumo. Incidência do CDC. Dissídio jurisprudencial. Similitude fática. Ausência. Plataforma virtual que armazena e utiliza dados pessoais dos investidores. Incidência da LGPD e do Marco Civil da Internet. Acesso não autorizado por terceiros. Exclusão dos dados inseridos indevidamente por terceiros. Possibilidade. Fornecimento de registros e dados cadastrais referentes ao acesso não autorizado. Possibilidade. 1. Ação indenizatória c/c obrigação de fazer, ajuizada em 17.02.2022, da qual foi extraído o presente recurso especial, interposto em 24.05.2023 e concluso ao gabinete em 21.08.2023. 2. O propósito recursal é decidir se (i) houve negativa de prestação jurisdicional; (ii) a relação jurídica em exame é regida pelo CDC; (iii) há legitimidade passiva da recorrente na espécie; (iv) houve cerceamento de defesa pelo indeferimento de provas; (v) a b3 tem a obrigação de excluir os dados cadastrais inseridos indevidamente por terceiros que obtiveram acesso não autorizado ao perfil do investidor em sua plataforma virtual; e (vi) a b3, por fornecer tal plataforma, se enquadra no conceito de provedora de aplicação de internet previsto no Marco Civil da Internet. 3. Não há ofensa aos arts. 489 e 1.022 do CPC, quando o tribunal de origem examina, de forma fundamentada, a questão submetida à apreciação judicial na medida necessária para o deslinde da controvérsia,

TRIBUNAL DE ORIGEM	PROCESSO	EMENTA
STJ	REsp 2.092.096/SP	ainda que em sentido contrário à pretensão da parte. Precedentes. 4. Conforme a jurisprudência desta corte, as condições da ação são verificadas segundo a teoria da asserção, de tal modo que, para o reconhecimento da legitimidade passiva *ad causam*, basta que os argumentos aduzidos na inicial possibilitem a inferência, em um exame puramente abstrato, de que o réu pode ser o sujeito responsável pela violação do direito subjetivo do autor. Na hipótese, das afirmações constantes da inicial, depreende-se, em abstrato, a legitimidade passiva da recorrente (b3). 5. Não configura cerceamento de defesa a sentença que julga antecipadamente os pedidos, resolvendo a causa sem a produção de outras provas em razão da suficiência probatória, porquanto cabe ao juiz decidir sobre os elementos necessários à formação de seu entendimento, sendo livre para, motivadamente, determinar as provas necessárias ou indeferir as inúteis ou protelatórias. Precedentes. 6. No âmbito das operações no mercado de capitais, não incide o CDC na relação jurídica entre o investidor titular das ações e a b3, tendo em vista que, no âmbito dessas operações, a bolsa não oferece serviços diretamente aos investidores, mantendo relação exclusivamente com as distribuidoras e corretoras de valores mobiliários. Precedente. 7. Não obstante, ao disponibilizar uma plataforma virtual para acesso direto, pessoal e exclusivo pelo investidor (canal eletrônico do investidor), de caráter informativo a respeito de seus investimentos, a b3 fornece serviços diretamente para o consumo do investidor, estabelecendo com ele relação jurídica autônoma de consumo, regida pelo CDC. 8. A b3, ao manter um sistema que armazena e utiliza dados dos investidores

TRIBUNAL DE ORIGEM	PROCESSO	EMENTA
STJ	REsp 2.092.096/SP	referentes à sua identificação pessoal, realiza operação de tratamento de dados pessoais e, assim, se submete às normas previstas na Lei Geral de Proteção de Dados (LGPD). 9. Em observância aos arts. 18, III e IV, da LGPD, o titular dos dados pessoais tem o direito de requisitar a correção de dados incompletos, inexatos ou desatualizados; e a anonimização, bloqueio ou eliminação de dados desnecessários, excessivos ou tratados em desconformidade com a lei. 10. O agente de tratamento de dados tem o dever de assegurar os princípios previstos na LGPD, dentre eles o da adequação e da segurança (art. 6º, II e VII), devendo, ainda, adotar medidas aptas a proteger os dados pessoais de acessos não autorizados e de situações acidentais ou ilícitas de alteração, destruição, perda, comunicação dos dados (art. 46). 11. Assim, havendo requisição por parte do titular, o agente de tratamento de dados tem a obrigação de excluir os dados cadastrais inseridos indevidamente por terceiros que obtiveram acesso não autorizado à conta do titular em sua plataforma, em observância aos arts. 18, IV, c/c os arts. 46 a 49 e 6º, II e VII, da LGPD. 12. Segundo a jurisprudência desta corte, o art. 22 do Marco Civil da Internet autoriza, com o propósito de formar conjunto probatório em processo judicial cível ou penal, em caráter incidental ou autônomo, a requisição judicial de registros de conexão ou de acesso daquele responsável pela guarda dos referidos dados, desde que preenchidos os requisitos previstos no parágrafo único do referido dispositivo legal. 13. Na espécie, a b3 se enquadra no conceito de provedor de aplicação de internet, em razão da sua função de administrar e fornecer uma plataforma virtual aos investidores, que é acessada por dispositivos conectados à internet, incidindo, no

TRIBUNAL DE ORIGEM	PROCESSO	EMENTA
STJ	REsp 2.092.096/SP	âmbito dessa atividade, as normas previstas no Marco Civil da Internet. 14. Hipótese em que foi afastada a responsabilidade civil da b3 por danos morais alegados pelo recorrido; sendo a b3 condenada apenas a fornecer informações, registros de conexão e dados relacionados ao acesso não autorizado pelos terceiros no perfil do recorrido; e a excluir os dados inseridos pelos fraudadores. 15. Recurso especial conhecido e não provido (REsp 2.092.096/SP, Rel. Min. Nancy Andrighi, 3ª Turma, j. 12.12.2023, *DJe* 15.12.2023).
STJ	AREsp 2.130.619/SP	Processual civil e administrativo. Indenização por dano moral. Vazamento de dados pessoais. Dados comuns e sensíveis. Dano moral presumido. Impossibilidade. Necessidade de comprovação do dano. I – Trata-se, na origem, de ação de indenização ajuizada por particular contra concessionária de energia elétrica pleiteando indenização por danos morais decorrentes do vazamento e acesso, por terceiros, de dados pessoais. II – A sentença julgou os pedidos improcedentes, tendo a Corte Estadual reformulada para condenar a concessionária ao pagamento da indenização, ao fundamento de que se trata de dados pessoais de pessoa idosa. III – A tese de culpa exclusiva de terceiro não foi, em nenhum momento, abordada pelo Tribunal Estadual, mesmo após a oposição de embargos de declaração apontando a suposta omissão. Nesse contexto, incide, na hipótese, a Súmula 211/STJ. *In casu*, não há falar em prequestionamento ficto, previsão do art. 1.025 do CPC/2015, isso porque, em conformidade com a jurisprudência do STJ, para sua incidência deve a parte ter alegado devidamente em suas razões recursais ofensa ao art. 1.022 do CPC/2015, de modo a permitir sanar eventual omissão através de novo

TRIBUNAL DE ORIGEM	PROCESSO	EMENTA
STJ	AREsp 2.130.619/SP	julgamento dos embargos de declaração, ou a análise da matéria tida por omissa diretamente por esta Corte. Tal não se verificou no presente feito. Precedente: AgInt no REsp 1737467/SC, Rel. Min. Napoleão Nunes Maia Filho, 1ª Turma, j. 08.06.2020, *DJe* 17.06.2020. IV – O art. 5º, II, da LGPD dispõe de forma expressa quais dados podem ser considerados sensíveis e, devido a essa condição, exigir tratamento diferenciado, previsto em artigos específicos. Os dados de natureza comum, pessoais mas não íntimos, passíveis apenas de identificação da pessoa natural não podem ser classificados como sensíveis. V – O vazamento de dados pessoais, a despeito de se tratar de falha indesejável no tratamento de dados de pessoa natural por pessoa jurídica, não tem o condão, por si só, de gerar dano moral indenizável. Ou seja, o dano moral não é presumido, sendo necessário que o titular dos dados comprove eventual dano decorrente da exposição dessas informações. VI – Agravo conhecido e recurso especial parcialmente conhecido e, nessa parte, provido (AREsp 2.130.619/SP, Rel. Min. Francisco Falcão, 2ª Turma, j. 07.03.2023, *DJe* 10.03.2023).
STJ	REsp 2.077.278/SP	Consumidor. Recurso especial. Ação declaratória de inexigibilidade de débito por vazamento de dados bancários cumulada com indenização por danos morais e repetição de indébito. Golpe do boleto. Tratamento de dados pessoais sigilosos de maneira inadequada. Facilitação da atividade criminosa. Fato do serviço. Dever de indenizar pelos prejuízos. Súmula 479/STJ. Recurso especial provido. 1. Ação declaratória de inexigibilidade de débito por vazamento de dados bancários cumulada com indenização por danos morais e repetição de indébito, ajuizada em 13.02.2020, da qual foi extraído o presente

TRIBUNAL DE ORIGEM	PROCESSO	EMENTA
STJ	REsp 2.077.278/SP	recurso especial, interposto em 15.02.2022 e concluso ao gabinete em 19.06.2023. 2. O propósito recursal consiste em decidir se a instituição financeira responde por falha na prestação de serviços bancários, consistente no vazamento de dados que facilitou a aplicação de golpe em desfavor do consumidor. 3. Se comprovada a hipótese de vazamento de dados da instituição financeira, será dela, em regra, a responsabilidade pela reparação integral de eventuais danos. Do contrário, inexistindo elementos objetivos que comprovem esse nexo causal, não há que se falar em responsabilidade das instituições financeiras pelo vazamento de dados utilizados por estelionatários para a aplicação de golpes de engenharia social (REsp 2.015.732/SP, j. 20.06.2023, *DJe* 26.06.2023). 4. Para sustentar o nexo causal entre a atuação dos estelionatários e o vazamento de dados pessoais pelo responsável por seu tratamento, é imprescindível perquirir, com exatidão, quais dados estavam em poder dos criminosos, a fim de examinar a origem de eventual vazamento e, consequentemente, a responsabilidade dos agentes respectivos. Os nexos de causalidade e imputação, portanto, dependem da hipótese concretamente analisada. 5. Os dados sobre operações bancárias são, em regra, de tratamento exclusivo pelas instituições financeiras. No ponto, a Lei Complementar 105/2001 estabelece que as instituições financeiras conservarão sigilo em suas operações ativas e passivas e serviços prestados (art. 1º), constituindo dever jurídico dessas entidades não revelar informações que venham a obter em razão de sua atividade profissional, salvo em situações excepcionais. Desse modo, seu armazenamento de maneira inadequada, a possibilitar que terceiros tenham conhecimento de informações sigilosas e causem

TRIBUNAL DE ORIGEM	PROCESSO	EMENTA
STJ	REsp 2.077.278/SP	prejuízos ao consumidor, configura defeito na prestação do serviço (art. 14 do CDC e art. 44 da LGPD). 6. No particular, não há como se afastar a responsabilidade da instituição financeira pela reparação dos danos decorrentes do famigerado "golpe do boleto", uma vez que os criminosos têm conhecimento de informações e dados sigilosos a respeito das atividades bancárias do consumidor. Isto é, os estelionatários sabem que o consumidor é cliente da instituição e que encaminhou e-mail à entidade com a finalidade de quitar sua dívida, bem como possuem dados relativos ao próprio financiamento obtido (quantidade de parcelas em aberto e saldo devedor do financiamento). 7. O tratamento indevido de dados pessoais bancários configura defeito na prestação de serviço, notadamente quando tais informações são utilizadas por estelionatário para facilitar a aplicação de golpe em desfavor do consumidor. 8. Entendimento em conformidade com Tema Repetitivo 466/STJ e Súmula 479/STJ: "As instituições financeiras respondem objetivamente pelos danos gerados por fortuito interno relativo a fraudes e delitos praticados por terceiros no âmbito de operações bancárias". 9. Recurso especial conhecido e provido para reformar o acórdão recorrido e reestabelecer a sentença proferida pelo Juízo de primeiro grau (REsp 2.077.278/SP, Rel. Min. Nancy Andrighi, 3ª Turma, j. 03.10.2023, *DJe* 09.10.2023).
STJ	REsp 1.914.596/RJ	Recurso especial. Ação cominatória. Pedido de fornecimento de dados cadastrais. Identificação de usuários para futura reparação civil e/ou criminal. Propagação de conteúdo ofensivo e difamante. Fake news. Vedação. Marco civil da internet e lei geral de proteção de dados. Compatibilização. Provedores de conexão que não integraram relação jurídico-processual. Dever

TRIBUNAL DE ORIGEM	PROCESSO	EMENTA
STJ	REsp 1.914.596/RJ	de guarda previsto na Lei 12.965/2014 (marco civil da internet). Possibilidade. Inexistência de violação dos limites objetivos e subjetivos da lide. Apresentação Prévia dos IPS pela provedora de internet (Google). 1. "Nos termos da Lei n. 12.965/2014 (art. 22), a parte interessada poderá pleitear ao juízo, com o propósito de formar conjunto probatório em processo judicial cível ou penal, em caráter incidental ou autônomo, que ordene ao responsável pela guarda o fornecimento de registros de conexão ou de registros de acesso a aplicações de internet [...] (REsp 1859665/SC, de minha relatoria, Quarta Turma, julgado em 09.03.2021, *DJe* 20.04.2021) 2. Em relação ao dever jurídico em si de prestar informações sobre a identidade de usuário de serviço de internet, ofensor de direito alheio, o entendimento mais recente da Corte reconhece a obrigação do provedor de conexão/acesso à internet de, uma vez instado pelo Poder Judiciário, fornecer, com base no endereço de IP ("Internet Protocol"), os dados cadastrais de usuário autor de ato ilícito, sendo possível a imposição de multa no caso de descumprimento da ordem, "mesmo que seja para a apresentação de dados cadastrais" (REsp 1.785.092/SP, Rel. Min. Nancy Andrighi, 3ª Turma, j. 07.05.2019, *DJe* 09.05.2019). 3. Tal conclusão encontra apoio no entendimento já consagrado nesta Corte Superior de que, enquanto aos provedores de aplicação é exigida a guarda dos dados de conexão (nestes incluído o respectivo IP), aos provedores de acesso ou de conexão cumprirá a guarda de dados pessoais dos usuários, sendo evidente, na evolução da jurisprudência da Corte, a tônica da efetiva identificação do usuário. 4. No caso em análise, ao contrário do que firmado pelas instâncias ordinárias, os

TRIBUNAL DE ORIGEM	PROCESSO	EMENTA
STJ	REsp 1.914.596/RJ	pedidos autorais traduziram com rigor a finalidade do provimento judicial, não havendo falar-se, portanto, em inobservância aos limites objetivos da lide. Do mesmo modo, a obrigatoriedade de identificação dos usuários pelas empresas de conexão de internet, ainda que não tenham integrado a relação jurídico processual, decorre do próprio dever legal da guarda, nos termos dos arts. 10, § 1º, e 22 da Lei 12.956/2014, circunstância que não implica a condenação de terceiros, mas sim desdobramento do processo. 5. Nesse contexto, havendo indícios de ilicitude e em se tratando de pedido específico voltado à obtenção dos dados cadastrais (como nome, endereço, RG e CPF) dos usuários cuja remoção já tenha sido determinada - a partir dos IPs já apresentados pelo provedor de aplicação -, a privacidade do usuário não prevalece. Conclui-se, assim, pela possibilidade de que os provedores de conexão/acesso forneçam os dados pleiteados, ainda que não tenham integrado a relação processual em que formulado o requerimento para a identificação do usuário. 6. Recurso especial provido (REsp 1.914.596/RJ, Rel. Min. Luis Felipe Salomão, 4ª Turma, j. 23.11.2021, *DJe* 08.02.2022).
STJ	AgInt nos EDcl no RMS 55.819/MG	Administrativo. Servidor público estadual. Disponibilização de informações. Bens e evolução patrimonial. Obrigatoriedade. Lei geral de proteção de dados pessoais. Violação. Inexistência. 1. O entendimento consolidado nesta Corte e no Supremo Tribunal Federal é de que os servidores públicos já estão, por lei, obrigados na posse e depois, anualmente, a disponibilizar informações sobre seus bens e evolução patrimonial, razão pela qual conclui-se que o Decreto Estadual 46.933/2016 não extrapolou o poder regulamentar, estando em sintonia com os princípios que regem a Administração

TRIBUNAL DE ORIGEM	PROCESSO	EMENTA
STJ	AgInt nos EDcl no RMS 55.819/MG	Pública, previstos no art. 37 da Constituição da República. 2. Hipótese em que a tese central dos recorrentes é no sentido de que inexiste previsão legal em sentido estrito criando a obrigação (ou autorizando sua criação) de os servidores estaduais terem de apresentar anualmente declaração de bens e valores, sendo certo que essa premissa só seria acolhível se o art. 13 da Lei de Improbidade fosse limitado ao âmbito federal. 3. Em ADPF (n. 411, rel. Ministro Edson Fachin) promovida com a intenção de questionar a constitucionalidade do Decreto em questão, o Supremo entendeu que a abrangência do art. 13 da Lei 8.429/1992 a todos os entes deriva do sistema de tutela da probidade na Administração Pública com gênese, fundamento e estatura constitucional, pelo que o recorte pretendido de afastar aquela norma geral é equivocado. 4. A entrega dos dados à Administração não implica dizer que eles deverão ser expostos ao público em geral, cabendo àquela, já com as informações em mãos, adotar as cautelas necessárias para dar concretude ao art. 5º, LXXIX, da CF, e à Lei Geral de Proteção de Dados Pessoais, ou seja, tais normas não proíbem a coleta dos dados, mas, antes, asseguram que os entes políticos-administrativos deverão respeitar o tratamento nelas conferido. 5. Agravo interno não provido (AgInt nos EDcl no RMS 55.819/MG, Rel. Min. Gurgel de Faria, 1ª Turma, j. 08.08.2022, *DJe* 17.08.2022).
STF	ADI 6.649	Direito constitucional. Direitos fundamentais à privacidade e ao livre desenvolvimento da personalidade. Tratamento de dados pessoais pelo Estado brasileiro. Compartilhamento de dados pessoais entre órgãos e entidades da Administração Pública Federal. ADI e

TRIBUNAL DE ORIGEM	PROCESSO	EMENTA
STF	ADI 6.649	ADPF conhecidas e, no mérito, julgadas parcialmente procedentes. Interpretação conforme à constituição. Declaração de inconstitucionalidade com efeitos futuros. 1. A ação direta de inconstitucionalidade é cabível para impugnação do Decreto 10.046/2019, uma vez que o ato normativo não se esgota na simples regulamentação da Lei de Acesso à Informação e da Lei Geral de Proteção de Dados Pessoais, mas inova na ordem jurídica com a criação do Cadastro Base do Cidadão e do Comitê Central de Governança de Dados. A arguição de descumprimento de preceito fundamental é cabível para impugnar o ato do poder público tendente à lesão de preceitos fundamentais, qual seja, o compartilhamento de dados da Carteira Nacional de Habilitação entre o Serpro e a Abin, ante a inexistência de outras ações aptas a resolver a controvérsia constitucional de forma geral, definitiva e imediata. 2. No julgamento da Ação Direta de Inconstitucionalidade 6.387, Rel. Min. Rosa Weber, o Supremo Tribunal Federal reconheceu a existência de um direito fundamental autônomo à proteção de dados pessoais e à autodeterminação informacional. A Emenda Constitucional 115, de 10 de fevereiro de 2022, positivou esse direito fundamental no art. 5º, inciso LXXIX, da Constituição Federal. 3. O tratamento de dados pessoais pelo Estado é essencial para a prestação de serviços públicos. Todavia, diferentemente do que assevera o ente público, a discussão sobre a privacidade nas relações com a Administração Estatal não deve partir de uma visão dicotômica que coloque o interesse público como bem jurídico a ser tutelado de forma totalmente distinta e em confronto com o valor constitucional da privacidade e proteção de dados pessoais. 4. Interpretação conforme à Constituição para subtrair

TRIBUNAL DE ORIGEM	PROCESSO	EMENTA
STF	ADI 6.649	do campo semântico da norma eventuais aplicações ou interpretações que conflitem com o direito fundamental à proteção de dados pessoais. O compartilhamento de dados pessoais entre órgãos e entidades da Administração Pública, pressupõe: a) eleição de propósitos legítimos, específicos e explícitos para o tratamento de dados (art. 6º, inciso I, da Lei 13.709/2018); b) compatibilidade do tratamento com as finalidades informadas (art. 6º, inciso II); c) limitação do compartilhamento ao mínimo necessário para o atendimento da finalidade informada (art. 6º, inciso III); bem como o cumprimento integral dos requisitos, garantias e procedimentos estabelecidos na Lei Geral de Proteção de Dados, no que for compatível com o setor público. 5. O compartilhamento de dados pessoais entre órgãos públicos pressupõe rigorosa observância do art. 23, inciso I, da Lei 13.709/2018, que determina seja dada a devida publicidade às hipóteses em que cada entidade governamental compartilha ou tem acesso a banco de dados pessoais, "fornecendo informações claras e atualizadas sobre a previsão legal, a finalidade, os procedimentos e as práticas utilizadas para a execução dessas atividades, em veículos de fácil acesso, preferencialmente em seus sítios eletrônicos". 6. O compartilhamento de informações pessoais em atividades de inteligência deve observar a adoção de medidas proporcionais e estritamente necessárias ao atendimento do interesse público; a instauração de procedimento administrativo formal, acompanhado de prévia e exaustiva motivação, para permitir o controle de legalidade pelo Poder Judiciário; a utilização de sistemas eletrônicos de segurança e de registro de acesso, inclusive para efeito de responsabilização em caso de abuso; e a observância dos princípios gerais de proteção e dos direitos

TRIBUNAL DE ORIGEM	PROCESSO	EMENTA
STF	ADI 6.649	do titular previstos na LGPD, no que for compatível com o exercício dessa função estatal. 7. O acesso ao Cadastro Base do Cidadão deve observar mecanismos rigorosos de controle, condicionando o compartilhamento e tratamento dos dados pessoais à comprovação de propósitos legítimos, específicos e explícitos por parte dos órgãos e entidades do Poder Público. A inclusão de novos dados na base integradora e a escolha de bases temáticas que comporão o Cadastro Base do Cidadão devem ser precedidas de justificativas formais, prévias e minudentes, cabendo ainda a observância de medidas de segurança compatíveis com os princípios de proteção da Lei Geral de Proteção de Dados Pessoais, inclusive a criação de sistema eletrônico de registro de acesso, para fins de responsabilização em caso de abuso. 8. O tratamento de dados pessoais promovido por órgãos públicos que viole parâmetros legais e constitucionais, inclusive o dever de publicidade fora das hipóteses constitucionais de sigilo, importará a responsabilidade civil do Estado pelos danos suportados pelos particulares, associada ao exercício do direito de regresso contra os servidores e agentes políticos responsáveis pelo ato ilícito, em caso de dolo ou culpa. 9. Declaração de inconstitucionalidade, com efeitos *pro futuro*, do art. 22 do Decreto 10.046/2019. O Comitê Central de Governança de Dados deve ter composição independente, plural e aberta à participação efetiva de representantes de outras instituições democráticas, não apenas dos representantes da Administração Pública federal. Ademais, seus integrantes devem gozar de garantias mínimas contra influências indevidas (ADI 6.649, Rel. Gilmar Mendes, Tribunal Pleno, j. 15.09.2022, *DJe*-s/n divulg. 16.06.2023, public. 19.06.2023).

TRIBUNAL DE ORIGEM	PROCESSO	EMENTA
STF	ADI 4.906	Ação direta de Inconstitucionalidade. Lei 9.613/1998, art. 17-B. Compartilhamento de dados cadastrais com órgãos de persecução criminal. Desnecessidade de autorização judicial. 1. A Associação Brasileira de Concessionárias de Serviço Telefônico Fixo Comutado (Abrafix) não tem legitimidade para impugnar inteiro teor de dispositivo quando impactadas entidades por ela não representadas. Preliminar da Advocacia-Geral da União acolhida, conhecendo-se parcialmente da ação, somente no que diz respeito à expressão "empresas telefônicas". 2. Conforme entendimento do Supremo, a proteção versada no art. 5º, XII, da Constituição Federal refere-se à comunicação de dados, e não aos dados em si mesmos. 3. O direito à privacidade, entre os instrumentos de tutela jurisdicional, se consubstancia no sigilo, que consiste na faculdade de resistir ao devassamento de informações cujo acesso e divulgação podem ocasionar dano irreparável à integridade moral do indivíduo. O acesso ao conteúdo de certos objetos é medida excepcional que depende de autorização judicial e somente se justifica para efeito de investigação criminal ou instrução processual penal. 4. O objeto de tutela mediante a imposição de sigilo não alcança os dados cadastrais. Isso não significa que essas informações dispensem tutela jurisdicional, mas apenas que a tutela em virtude do direito à privacidade não se concretiza via sigilo. 5. O direito fundamental à proteção de dados e à autodeterminação informativa (CF, art. 5º, LXXIX) impõe a adoção de mecanismos capazes de assegurar a proteção e a segurança dos dados pessoais manipulados pelo poder público e por terceiros. 6. É compatível com a Constituição de 1988 o compartilhamento direto de dados cadastrais genéricos com os órgãos de persecução penal, para fins

TRIBUNAL DE ORIGEM	PROCESSO	EMENTA
STF	ADI 4.906	de investigação criminal, mesmo sem autorização da Justiça. 7. Ação direta de inconstitucionalidade de que se conhece em parte, e, nessa extensão, pedido julgado improcedente (ADI 4.906, Rel. Nunes Marques, Tribunal Pleno, j. 11.09.2024, *DJe* 24.10.2024).